第四版前言

随着信息社会的不断发展，现代金融业下的理财业务呈现出日新月异的发展态势。金融产品的多样化、金融市场的完善化、金融政策的不断成熟以及数据信息技术的迅速发展，改变了人们对传统金融服务保守、刻板的印象，增强了人们的理财意识，个人理财也呈现出新的发展特点。本教材顺应其发展趋势，并根据高等职业院校教学的特点编写，教材出版至今，已经被越来越多的个人和高校所认同，同时也收到广大读者提出的意见和建议。本次修订主要结合国家相关政策，尤其是个人所得税政策的变化对教材内容进行了完善和补充。

为了方便广大师生对本教材的使用，本次修订仍保持原有的结构安排，内容主要包括以下三个方面：

1. 个人投资理财的基础理论部分

没有完备的理论支撑的学科是不完整的学科，是没有发展前途的学科，如同建在没有基础的沙漠上的大厦，随时都有倒塌的风险。因此，全面介绍个人投资理财的理论知识十分重要。本教材的全部内容以个人投资理财原理为导引，全方位展开理财规划、储蓄规划、证券投资、房地产规划等理财知识，为选修个人投资理财课程的学生确立个人投资理财的理念。

2. 个人投资理财的技能部分

个人投资理财不仅是一门学问和艺术，而且是一种生活习惯和方式。也就是说，不仅仅要有投资理财的理念，更重要的是要具备个人投资理财的技能。本教材以个人财务管理和分析、储蓄规划、证券投资、房地产规划、保险规划、税收规划、子女教育规划和退休规划等为主体，帮助学生形成强大的理财技能知识储备，为将来进行个人投资理财打下坚实的基础。

3. 个人投资理财的综合应用部分

个人投资理财是一门实用性很强的课程，注重培养学生的动手能力和实际操作能力，使学生能将学得的知识应用到实际生活中去，是我们培养学生的最终目标。本教材更注重案例教学，通过教师讲授和学生实际操作，使学生能够熟练地应用各种个人投资理财工具，进行综合理财规划。

本教材由广州工程技术职业学院郭秀兰、广州工程技术职业学院王冬吾任主编，由河南财政金融学院赵自强、郑州财经学院朱苗苗、郑州财经学院黄梦涯、贵州财经职业学院覃谷叶任副主编。教材编写分工如下：郭秀兰负责项目一、项目四、项目五、项目六的编写以及全书的统稿工作，王冬吾负责项目二、项目三的编写，赵自强负责项目七、项目八的编写，朱苗苗负责项目九的编写，黄梦涯负责项目十的编写，覃谷叶负责项目十一的编写。

中国经济的持续发展必然会推动个人理财市场的不断进步，由于编者水平有限，本教材难免存在不足之处，还望广大读者予以指正！

本教材在编写过程中编者参阅了国内外大量的相关文献资料，在此对文献作者表示衷心的感谢！

编者

2021 年 3 月

目 录

第一篇　基础知识篇

第二篇　投资理财规划

第一篇
基础知识篇

项目一　个人理财概述

【案例导入】

胡适先生是著名的学者、作家。他的一生始终处于社会的上层，在步入中年之前，一直收入丰厚。1917 年，27 岁的胡适留学回国，在北京大学当教授，月薪 280 银元。那时 1 银元相当于现在的人民币 40 多元，月薪合人民币 11 200 元。除了薪水，胡适还有稿酬。1931 年，胡适从上海回到北京大学，担任文学院院长，月薪 600 银元。那一时期他著作更多，稿酬更加丰厚。据估算，胡适约每月收入 1 500 银元。那时 1 银元约合现在的人民币 30 多元，胡适的月收入相当于现在人民币 45 000 元，年收入达到 50 多万元。胡适家住房十分宽敞，雇有 6 个用人，生活富裕。但胡适不注重理财，长期没有积蓄。胡适步入中年以后，他的生活开始拮据起来，且持续后半生。进入暮年，胡适每次生病住院医药费都告急，总要坚持提前出院。胡适先生在晚年多次告诫身边的工作人员："年轻时，要注意多留点积蓄。"

与此同时，我们可以从一枚硬币的故事来看李嘉诚的理财之道。一次在取汽车钥匙时，李嘉诚不慎丢落一枚 2 港元（1 港元约等于 0. 86 元人民币，下同）硬币，硬币滚到车底。李嘉诚估计若汽车开动，硬币会掉到坑渠里，李嘉诚便蹲下身欲拾取。此时旁边一名印度籍值班员见到，立即代他拾起。李嘉诚收回该硬币后，竟给了值班员 100 港元酬谢。李嘉诚对此的解释是："若我不拾那枚硬币，让它滚到坑渠里，2 港元便会在世上消失。而 100 港元给了值班员，值班员便可将之用去。我觉得钱可以用，但不可以浪费。"

模块一　个人理财和个人理财规划

任务一　个人理财

一、什么是个人理财

"理财"一词，最早见于 20 世纪 90 年代初期的报端。随着我国股票债券市场的扩容，商业银行、零售业务的日趋丰富和市民总体收入的逐年上升，"理财"概念逐渐走俏。一般人谈到理财，想到的不是投资，就是赚钱，实际上理财的范围很广。

现在我们说到理财，会认为理财是人们为了实现自己的生活目标，合理管理自身财务资源的一个过程，是贯穿一生的过程。通俗地说，理财就是以“管钱”为中心，通过抓好攒钱、生钱、护钱三个环节，管好现在和未来的现金流，让资产在保值的基础上实现稳步、持续的增值，使自己兜里什么时候都有钱花。理财的最终目的是实现财务自由，让生活幸福和美好。用一种形象的说法解释：收入是河流，财富是水库，花出去的钱就是流出去的水，理财就是开源节流，管好自家的水库。

关于个人理财的定义，目前业内有不同的说法。我们这里认为个人理财是在对个人收入、资产、负债等数据进行分析整理的基础上，根据个人对风险的偏好和承受能力，结合预定目标运用储蓄、保险、证券、外汇、收藏、住房投资等多种手段管理资产和负债，合理安排资金，从而在个人风险可以接受的范围内实现资产增值最大化的过程。

个人理财包括个人生活理财和个人投资理财。

个人生活理财是指通过制订财务计划对个人消费性财务资源进行适当管理，并通过不断调整计划以追求财务安全和财务自由为目标的经济活动。生活理财的核心在于根据个人的消费性资源状况和消费偏好来实现个人的人生目标。

个人投资理财就是通过制订财务计划对个人投资性财务资源进行适当管理，并通过不断调整计划以追求财务安全和财务自由为目标的经济活动。投资理财是在生活理财目标得到满足以后，追求投资于股票、债券、黄金等各种投资工具以期得到优厚的回报，加速个人或家庭资产的增长，从而提高家庭生活质量和生活水平。投资理财的核心在于根据个人的投资性资源状况和风险偏好来实现个人的人生目标。

总而言之，个人生活理财侧重于对现有消费性资源的规划和管理，而个人投资理财则侧重于对现有投资性资源的规划和管理，满足未来消费需求和人生目标。

二、个人理财的意义

目前，我们正处在一个资产泡沫的时代，周边的各种资产都在“涨价”，这些资产的价格未来将继续上涨。资产泡沫的根源在于流动性泛滥，不管是国际上还是在国内，钱都太多了。国内钱多的原因有很多，既包括经济发展，又包括人民币持续而又长远的升值压力。央行要对冲外汇占款压力，又不愿短时间大幅升值，那么必定只能不断发行货币，以致每年广义货币（M2）增长都在20%左右，货币供应量增加导致资产回报率普遍降低，各种资金都在寻找着出路。

历史上的每一次资产泡沫，都是财富重新分配的过程。在这个财富分配过程中，若一个家庭不抓紧时间理财，说严重点，相当于其财富在“合法合理”地转移到别人的口袋中。比如一个家庭现在不买房，那么等房价上涨后再买房，则多支付的房价相当于在为别人打工，在为别人挣钱。资产泡沫过程中，社会真实财富并未增加，但一个不理财家庭的财富，在总财富中的比重是减少的。因此，不理财的家庭，其财富将越来越少，这是无法抵抗的结局。

你不理财，财不理你。每个人都应该早有理财意识，把钱存在银行是最大的浪费。

成千上万受过教育的人追求到了职业上的成功，也有了令人羡慕的收入，却最终仍在财务问题中挣扎。他们努力工作，但并无进展，他们所受的教育是如何挣钱，如何花钱，而不是如何管钱，如何让钱为自己工作，以及挣了钱后该怎么办。大多数人不明白为什么他们会身处财务困境，人们关注自己的职业，关注收入问题，却没有关注理财。“钱不是万能的，但没钱是万万不能的”。要实现普通老百姓不再为钱而发愁，最好的办法就是好好打理我们现有的财富。

那么，我们为什么要理财呢？不理财究竟能给我们今后的生活造成什么样的影响呢？这些问题可能是大家最为关注的话题。

人的一生，从出生、幼年、少年、青年、中年直到老年，各个时期都需要用钱。自家的“水库”里必须有“水”，才能应对各种各样的生活需要。具体说来，理财要应对人一生六个方面的需要。

第一，应对恋爱和结婚的需要。

对绝大多数的人来讲，恋爱和结婚是人生必经的过程。恋爱是需要钱的，结婚也需要钱。

我们先说说恋爱。没有钱光有爱情是不够的，女孩子多多少少都喜欢浪漫，在忙完一周的辛苦工作之后能够和心爱的恋人一起去吃一顿浪漫的烛光晚餐，这是多少女孩子在恋爱时期期盼的事情。但是，如果没有钱，也许就只能让女朋友在失望中度过这个周末了。

我们再说说结婚。有一个情感类访谈节目，节目中有男女主人公互相倾诉的一个情节。当女主人公拉着男主人公的手说：“亲爱的，我们结婚吧。”男主人公说：“我觉得我们最好再等等，现在还年轻，要以事业为重。”这时候女主人公说：“我和你恋爱都八年了，可你为什么还不娶我？”看到这个情节，你应该明白很多人不结婚是因为家里的“水库”没有那么多“水”，只能寄希望于工作上的发展、工资收入的增长。

第二，应对提高生活水平的需要。

每个人都希望过上越来越好的生活。从租房子到自己买房子，从没有汽车到自己有汽车，再从普通汽车换上更高级的汽车，这是人们的普遍愿望。要提高生活水平，就需要钱的支持。拿买房子来说，我们不说买高档的房子，你可以以买普通的住宅为例来算一笔账。

第三，应对赡养父母的需要。

人们常说“不养儿不知父母恩”，父母的恩情是我们一辈子都报答不完的。赡养父母是每个人应尽的义务。现在有些年轻人的父母有比较稳定的收入，有各种各样的社会医疗保险，年轻人的财务负担就减轻了。但是也有一些年轻人，他们的父母没有稳定的收入，需要儿女来提供财务上的支持。因此，很多年轻人每月都要有固定的钱供父母养老。此外，人年纪大了容易生病，如果父母生病或者发生其他的意外，也需要从儿女家的“水库”中取“水”。因此，年轻人自家的“水库”还应该备出一些“水”用来应对父母发生意外的需求。

第四，应对抚养子女的需要。

从孩子出生，到孩子上幼儿园、小学、中学、大学，每个时期都需要用钱。因此，抚养子女也是一个很重要的问题。在生小孩的时候，家庭就面临这样一种财务现象：支出在增加，而收入在减少。一般的家庭都是夫妻二人工作，获得工资收入。一般人的工资都分成两部分，包括基本工资和效益工资。当妻子生小孩、休产假期间，她只能领到基本工资而领不到效益工资，因此家庭收入是减少的。但是，因生小孩家庭的支出却在增加。例如，请保姆的钱、买奶粉的钱、买尿不湿的钱以及其他的钱。为此，在生小孩以前，应该在家里“水库”存足够的“水”，什么时候生孩子，不是随机的，而是应该考虑自家“水库”的情况。

第五，应对意外事故的需要。

人们常说“天有不测风云，人有旦夕祸福”。有时候会有很多意想不到的事情发生。这些事情会对家庭生活造成巨大的影响。有些意外的发生会导致家庭开支异常增加，如重大疾病，还有些意外的发生会导致家庭失去收入，如失业。我们应该通过理财来达到转嫁风险的目的。

一个人需要买保险，就如同一个人需要穿衣服；一个没有保险的人，就如同一个人赤体，我们称之为“财务赤体”。

第六，应对养老的需要。

2021 年 5 月 11 日，国家统计局发布了第七次全国人口普查主要数据公报。我国 60 岁及以上人口的比重达到 18.70%，其中 65 岁及以上人口比重达到 13.50%，趋近深度老龄化社会的占比标准（14%），与 2010 年老龄化人口比重相比，上升了 5.44%。数据显示，人口老龄化是社会发展的重要趋势，也是今后较长一段时期我国的基本国情。所以养老真的是谁都避不开的烦恼。那么养老金这笔钱，又该靠谁呢？年幼靠父母，成年靠自己，那么年老靠什么呢？养儿防老曾经是中国人的普遍心理，但是社会发展到今天，人们的观念已经发生了变化，“养儿防老”也越来越难实现。在这种情况下，要想有一个幸福的晚年，自己就要在年轻时未雨绸缪，搞好理财，多留一点积蓄，为自己家的“水库”积蓄足够数量的“水”，以期应对晚年的需要。

综上所述，人的一生至少要应对六个方面的理财需求，为了能够实现财务自由，过上有尊严的幸福生活，我们从现在起就要注重理财，学习理财。

任务二　个人理财规划

一、个人理财规划的定义

“个人理财规划”虽然称不上是一个新名词，但是能够对它进行深入了解，或是已经为自己制订了相关理财方案的人却少之又少。人们通过日常频繁接触的媒体宣传已经对个人理财规划的概念有所耳闻了，但是能够具体了解什么是个人理财规划、怎样制订和实施个人理财规划方案的人可谓寥寥无几。那么，究竟什么是个人理财规划呢？

个人理财规划是个人或家庭根据家庭客观情况和财务资源（包括存量和增量预期）而制订的旨在实现人生各阶段目标的一系列互相协调的计划，包括职业规划、现金规划、子女教育规划、退休规划、房产规划、风险管理与保险规划、投资规划、资产传承规划、税收规划等。个人理财规划是一个人一生的财务计划，通过不断调整计划实现人生目标，达到财务自由和财务尊严的最高境界。

理财规划可以帮助一个人平衡现在和未来的收支，追求高品质的生活，高效运用自身有限的财务资源，科学合理地分析日后的财务状况，抵御风险和灾害，促进家庭关系的和谐，造福子女和造福社会。总体上来说，一份好的理财计划能使人过上幸福的生活，或者说至少比以前感觉更幸福。

二、个人理财规划的具体内容

个人理财规划主要包括现金规划、保险规划、投资规划、税收规划、房产规划、教育规划、退休规划等内容。

1. 现金规划

现金规划就是确保你有足够的费用来支付一段时期内计划中和计划外的费用，并且你的消费模式是在你的预算限制之内。在个人理财规划中，现金规划有助于你将所拥有的资金在去满足家庭费用的同时又能满足储蓄的计划。使得预期的需求可以用手头现金来满足，而未预期的或者将来的需求则可以通过各种类型的储蓄或短期理财工具来满足。通过分析家庭现金流结构寻找提高家庭储蓄的可能方式，设计出合理的家庭储蓄方案，从而提高家庭的储蓄额。

2. 保险规划

保险规划是完备理财计划中不可缺少的一部分。个人参加保险的目的就是为了个人和家庭生活、生命和财产的安全和稳定。从这个目的出发，我们投保时主要应掌握转移风险、量力而行的原则，通过对家庭的风险进行分析，确定出行之有效的保险规划来实现其他理财产品所不能实现的功能和目的。

3. 投资规划

投资规划在个人总投资中往往占有很高的比例。根据期限长短和风险收益特征，证券投资工具分为固定收益性工具、权益性工具和金融衍生工具。证券投资规划要求个人在充分了解自己的风险偏好与投资需求的基础上，通过合理的资产分配，使投资组合既能满足流动性要求与风险承受能力，又能够获得充足的回报。

4. 税收规划

税收规划是在充分了解本国税收制度的前提下通过运用收入分解转移、收入延期、投资于资本利得、资产销售、杠杆投资、税负抵减等各种税务筹划策略，合法地减少税负。

5. 房产规划

房产投资是一种长期的大额投资，房产除了用于个人消费以外，还具有明显的投资价值。投资者购买房产主要出于四种考虑：自己居住、对外出租、投机获利和减免税收。这就要求我们既要对所在国的房地产方面的法律法规和影响房地产的各种因素有一定的了解，又要详细了解自己的支付能力以及金融机构关于房地产的各种规定，以帮助确定最合理的房地产购置计划。

6. 教育规划

教育投资是一种智力投资，不仅可以提高人的文化水平和生活品位，还可以使受教育者增加人力资本。教育投资可以分为两类，即对自身的教育投资和对子女的教育投资。在进行教育投资计划时，首先要对自身的教育需求和子女的基本情况进行分析，确定未来的教育投资资金需求；其次要分析收入状况，并根据具体情况确定自身和子女教育投资资金的来源；最后要综合运用各种投资工具来弥合教育投资来源和需求之间的差距。

7. 退休规划

退休规划是一个长期的过程，不是简单地通过在退休之前存一笔钱就能解决的。个人在退休之前的几十年就要开始确定目标，进行详细的规划。提早做好退休规划不仅可以使自己的退休生活更有保障，同时也可以减轻子女的负担。

模块二　理财观念

【案例导入】

有一个故事，说的是固执人、马大哈、懒惰者和机灵鬼四个人结伴出游，结果在沙漠中迷了路，这时他们身上带的水已经喝光，正当四人面临死亡威胁的时候，上帝给了他们四个杯子，并为他们祈来了一场雨。但这四个杯子中有一个是没有底儿的，有两个盛了半杯脏水，只有一个杯子是拿来就能用的。

固执人得到的是那个拿来就能用的好杯子，但他当时已经绝望至极，固执地认为即使喝了水，他们也走不出沙漠，所以下雨的时候，他干脆把杯子口朝下，拒绝接水。马大哈得到的是没有底儿的坏杯子，由于他做事太马虎，根本就没有发现自己杯子的缺陷，结果下雨的时候杯子成了漏斗，最终一滴水也没有接到。懒惰者拿到的是一个盛有脏水的杯子，但他懒得将脏水倒掉，下雨时继续用这个接水，虽然很快接满了，可他把这杯被污染的水喝下后却得了急症，不久便不治而亡。机灵鬼得到的也是一个盛有脏水的杯子，他首先将脏水倒掉，重新接了一杯干净的雨水，最后只有他自己平安地走出了沙漠。

这个故事不但蕴涵着“性格和智慧决定生存”的哲理，同时也与当前人们的投资理财观念和方式有着惊人的相似之处。

有媒体称中国已经进入个人理财时代，拒绝贫穷、做个有钱人成为居民理财的最大追求。但是受传统观念的影响，许多人就和故事中的固执人一样，认准了银行储蓄一条路，拒绝接受各种新的理财方式，致使自己的理财收益难以抵御物价上涨，造成了家庭财产的贬值。有的人就和故事中的马大哈一样，只知道不停地赚钱，却忽视了对财富的科学打理，最终因不当炒股、民间借贷等投资失误导致了家庭财产的缩水甚至血本无归，成了“前面挣，后面跑”的“漏斗式”理财。有的人则和故事中的懒惰者一样，虽然注重对新收入的打理，但对原有的不良理财方式却懒得重新调整，或者存有侥幸心理，潜在的风险没有得到排除，结果因原有不当理财影响了整体的理财收益。但是，也有许多投资者和故事中的机灵鬼一样，他们注重把家庭理财中有风险、收益低的投资项目进行整理，也就是先把脏水倒掉，然后把杯子口朝上，积极地接受新的理财方式，从而取得了较好的理财效果。

“杯子哲理”告诉我们，理财中的固执、马虎和懒惰行为只能使你越来越贫穷。积极地借鉴机灵鬼式的理财方式，转变理财观念，调整和优化家庭的投资结构，让新鲜雨水不断注入你的杯子，这样你才能离成为有钱人的目标越来越近。

任务一　树立正确的理财观

你认为钱是万恶之源吗？如果回答“不是”则表明你有科学理财、让钱生钱的愿望。那么接着问，你是从什么时候开始进行理财规划的？许多人会说：“当然是在有收入以后了，没钱怎么理财？”也有人会说：“我现在退休了，一辈子都是稀里糊涂地挣钱、花钱，现在再谈理财岂不是为时已晚？”国内外理财专家的研究和一些理财实例表明：理财观念是一生一世的事，从三岁顽童，到耄耋老者，只要生命存在，只要你需要生活，你就不应离开理财。

一、传统与现代理财观念比较

中国人的传统观念至少在下述四个方面有别于现代人的个人理财观念：

1. 节俭生财

节俭是一种美德，但如果现在还一味地秉持节俭的理财习惯，实在是一种滞后于时代发展的理财习惯。节俭本身并不生财，并不能增大资产规模，而仅仅是减少支出，这会影响现代人生活质量的改善。俗话说，理财的关键是开源节流。节俭虽然符合节流的要求，但是单一靠节俭，断不会成为富翁。

2. 理财是富人、高收入家庭的专利，要先有足够的钱，才有资格谈投资理财

人们总是先入为主地认为，理财是有钱人的专利，因为只有他们才有财可理，却从没想过，相对于有钱人，低收入的家庭更需要财富的保值和增值。大家可以试想一下，意外的发生对谁的影响更大？谁又更迫切地需要通过理财来改善自己的生活状态？

事实上，影响未来财富的关键因素是投资报酬率的高低与时间的长短，而不是资金的多寡。毫不夸张地说，个人理财已成为我们每个人生活中不可缺少的部分。

3. 理财就是投资增值

在很多人的意识里，理财的目的是为了实现增值，即理财就是投资增值，这是对理财目的的一种错误认识。事实上，理财与投资两者之间有着本质的区别。我们说理财的根本目的是从财务上帮助自己过上更加幸福美满的生活。教材前面提到，理财是

要帮助人们满足生活中恋爱、教育、投资、养老等各方面的需要，因此，投资并不等同于理财，它只是理财过程中的一部分而已。

4. 只有把钱放在银行才是理财

应该说在人们的传统观念中，储蓄理财是最稳妥，最安全的。据中国人民银行的有关统计数据显示，最近几年，中国的储蓄率一降再降，2019 年中国的储蓄占 GDP 的比重下降到 44. 6%，相比 2010 年的 51. 8%，大幅下跌了 7. 1%。尽管如此，中国仍是世界上储蓄占比较高的国家之一。可见，储蓄是我国大部分人传统的理财方式。但是基于低水平的储蓄利率，把钱存在银行从短期看好像是安全的，长期而言却是非常危险的理财方式，因为利息的收入远远赶不上货币贬值的速度，不适宜作为长期投资工具。与 10 年前相比中国储蓄率有了大幅度回落，同时也没有明显增长。这说明银行储蓄已经不再是人们进行安全理财的首选，原因之一可归功于日益发展的互联网金融，使人们有了京东金融、余额宝等更多的选择，当然更重要的原因则是因为国人的理财思维已经发生了较大转变。

二、更新你的理财观

1. 观念一：树立坚强信念，投资理财不是有钱人的专利

在我们的日常生活中，总有许多工薪阶层或中低收入者持有“有钱才有资格谈投资理财”的观念。这些人普遍认为，每月固定的工资收入应付日常生活开销就差不多了，哪来的余财可理呢?“理财投资是有钱人的专利，与自己的生活无关”仍是大众的想法。

事实上，越是没钱的人越需要理财。举个例子，假如你身上有 10 万元，但因理财失误，造成财产损失，很可能立即出现危及你的生活保障的许多问题，而拥有上百万元、上千万元、上亿元“身价”的有钱人，即使理财失误，损失一半财产亦不会影响其原有的生活。因此，必须先树立一个观念，不论贫富，理财都是伴随人生的大事，在这场“人生经营”的过程中，越穷的人就越输不起，对理财更应要严肃而谨慎地去看待。

2. 观念二：理财重在规划，别让“等有了钱再说”误了你的“钱程”

在我们身边，有许多人一辈子工作勤奋努力，辛辛苦苦地存钱，既不知有效地运用资金，又不敢过于消费享受。还有些人想“以小博大”，不看自己的能力，把理财目标定得很高，在金钱游戏中“打滚”，失利后不是颓然收手放弃从头开始的信心，就是后半辈子悔恨抑郁再难振作。

要圆一个美满的人生梦，除了要有一个好的人生目标规划外，也要懂得如何应对各个人生不同阶段的生活所需，而将财务做适当规划及管理就更显其必要。因此，既然理财是一辈子的事，何不及早认清人生各阶段的责任及需求，制订符合自己的生涯理财规划呢?

3. 观念三：拒绝各种诱惑，不良理财习惯可能会使你两手空空

每个月领薪日是上班族最期盼的日子，可能要购置家庭用品，或是购买早就看中

的一套服饰，或是与朋友约好去搭一份“人情”……各种生活花费都在等着每个月的薪水进账。

在我们身边不时地看到这样的人，他们固定而常见的收入不多，花起钱来每个都有“大腕”气势，身穿名牌服饰，皮夹里现金不能少，信用卡也有厚厚一叠，随便一张刷两下，获得的虚荣满足胜于消费时的快乐。月初领薪水后，就像过节似的大肆花钱，月末时再一边节衣缩食，一边再盼望下个月的领薪日快点到来，这是许多上班族的写照。尤其是初入社会经济刚独立的年轻人，往往最无法抗拒消费品的诱惑。也有许多人是以金钱（消费能力）来证明自己的能力，或是补偿心理某方面的不足，这就使得自己不能完全掌握对金钱的支配力。

4. 观念四：没人是天生的高手，能力来自学习和实践经验的积累

常听人以“没有数字概念”“天生不擅理财”等借口规避与每个人生活休戚相关的理财问题。似乎一般人易于把“理财”归为个人兴趣的选择，或是一种天生具有的能力，甚至与所学领域有连带关系，非商学领域学习经验者自认与“理财问题”绝缘，而自暴自弃、随性而为，一旦被迫面临重大的财务问题，不是任人宰割就是自叹没有金钱处理能力。事实上，任何一项能力都非天生具有，耐心地学习与实践经验地不断积累才是重点，理财能力也是一样。

5. 观念五：不要奢求一夕致富，别把“鸡蛋”全放在一个“篮子”里

有些保守的人，把钱都放在银行里生利息，认为这种做法最安全且没有风险；也有些人买黄金、珠宝寄存在保险柜里以防不测。这两种人都是以绝对安全、有保障为第一标准，走极端保守的理财路线，或是说完全没有理财观念。还有些人对某种单一的投资工具有偏好，如房地产或股票，遂将所有资金投入其中，孤注一掷，急于求成，这种人若能获利也就罢了，但市场行情有好有坏、波动无常，单凭一种投资工具进行理财的风险未免太大了。

有部分的投资人是走投机路线的，也就是专做热门短期投资，今年或这段时期流行什么，就一窝蜂地把资金投入。这种人有投资观念，但因“赌性坚强”，宁愿冒高风险，也不愿扎实从事较低风险的投资。这类投机客往往希望“一夕致富”，若时机好也许能大赚其钱，但时机坏时亦不乏血本无归甚至倾家荡产的活生生的例子。

不管选择哪种投资方式，上述几种人都犯了理财上的大忌：急于求成，把“鸡蛋”都放在一个“篮子”里，缺乏分散风险的观念。

6. 观念六：管理好你的时间，胜于管理好你的金钱和财富

现代人最常挂在嘴边的一句话就是“忙得找不出时间来了”。每日为工作而庸庸碌碌，常常觉得时间不够用的人，就像常怨叹钱不够用的人一样，是“时间的穷人”。这类人似乎都有恨不得把24小时变成48小时来过的愿望。但上天公平地给予每人一样的时间资源，谁也没有多占便宜。在相同的“时间资本”下，就看各人运用的巧妙与否了：有些人是“任时间宰割”，毫无管理能力，24小时的资源似乎比别人少了许多；有人却能“无中生有”，有效运用零碎时间；而有些懂得“搭现代化便车”的人，干

脆利用自动化及各种服务业代劳，“用钱买时间”。“时间即金钱”，尤其对于忙碌的现代人而言更能深切感受，每天时间分分秒秒地流失，虽然不像金钱损失直接让人感受到“切肤之痛”，但是钱财失去尚可复得，时间却是“千金换不回”的。如果你对上天公平给予每个人 24 小时的资源无法有效管理，不仅可能和理财投资的时机性失之交臂，甚至还可能终生一事无成，可见“时间管理”对现代理财人的重要性。既然想向上帝“偷”时间是不可能的，那么学着自己“管理”时间，把分秒时间都花在“刀刃”上，提高效率，才是根本的途径。

学习活动

请结合自己的实际情况针对当今大学生的理财观念和理财方法进行讨论。

本章小结

本章主要向大家介绍了理财的重要性、个人理财与个人理财规划、个人理财规划的内容以及树立正确的个人理财观。

个人理财是在对个人收入、资产、负债等数据进行分析整理的基础上，根据个人对风险的偏好和承受能力，结合预定目标运用诸如储蓄、保险、证券、外汇、收藏、住房投资等多种手段管理资产和负债，合理安排资金，从而在个人风险可以接受范围内实现资产增值最大化的过程。个人理财包括个人生活理财和个人投资理财。

个人理财规划是个人或家庭根据家庭客观情况和财务资源（包括存量和增量预期）而制订的旨在实现人生各阶段目标的一系列互相协调的计划，包括职业规划、现金规划、子女教育规划、退休规划、房产规划、风险管理与保险规划、投资规划、资产传承规划、税收规划等。

理财观念树立是人一生一世的事，从三岁顽童到耄耋老者，只要生命存在，只要你需要生活，你就不应离开理财。因此，树立正确的理财观是进行个人理财的重要前提。

项目二　个人理财的基础知识

【案例导入】

“放在桌子上的现金”是西方经济学家最常使用的隐喻，喻指人们错过获利的机会。

用中国人的话讲，“放在桌上的现金”就是“压在床板下的钱”，之所以说错过了获利机会，是因为货币具有时间价值。货币的时间价值（TVM）是指当前所持有的一定量货币比未来获得的等量货币具有更高的价值。也就是说，今天的10万元比10年后的10万元更值钱。

到底值多少呢？如果这笔钱压在床板下，10年来，平均每年的通货膨胀率为3%，相对于目前的购买力水平，你10年后只能购买到相当于目前价值7万多元的物品，相当于平白损失了2万多元。

如果这笔钱放在银行，假定每年的利率为1.98%，则10年后总值为121 660.63元；如果存5年定期，年利率为2.79%，5年后本利再存5年，年利率不变，则总值为131 676.62元。如果这笔钱投资某类基金，如股票类价值成长型基金，年平均回报率为8%（在过去20年，美国基金的年平均回报率为12%，以中国国内生产总值最近几年增长一般在8%左右计，该类基金年平均回报率有望达到8%），则10年后你的10万元总价值达215 892.50元。

然而，在日常生活中，人们又不得不错过一些获利的机会，放弃获得更高收益的投资，而“放一笔钱在桌子上”。

模块一　生命周期理论

生命周期理论是个人理财规划理论中十分重要的基础，它将人的生命周期和理财策略相联系。

弗兰科·莫迪利安尼（Franco Modigliani）美国经济学家，他和理查德·布伦伯格（Richard Blumberg）共同创立了储蓄生命周期假说。该理论将储蓄与个人生命周期紧密地联系在一起，独树一帜地分析了决定和影响储蓄行为的各种因素，得到西方经济学界的高度评价。该理论主要是引用跨时期消费的概念来阐释个人的储蓄行为与消费行为。

生命周期理论认为，消费者追求整个生命周期内的效用最大化，通过在工作期间进行正储蓄和退休后负储蓄（提取储蓄）来实现一生中各个时期的平滑消费。图 2.1 就是该理论的直观表述，它隐含着以下几个假设：

（1）不存在有预期寿命或者工作时间的任何不确定性因素；

（2）储蓄不赚取利息，价格保持不变，从而当前储蓄将等额地转换为未来可能的消费；

（3）工作期的收入保持不变；

（4）在开始工作时个人没有财富。

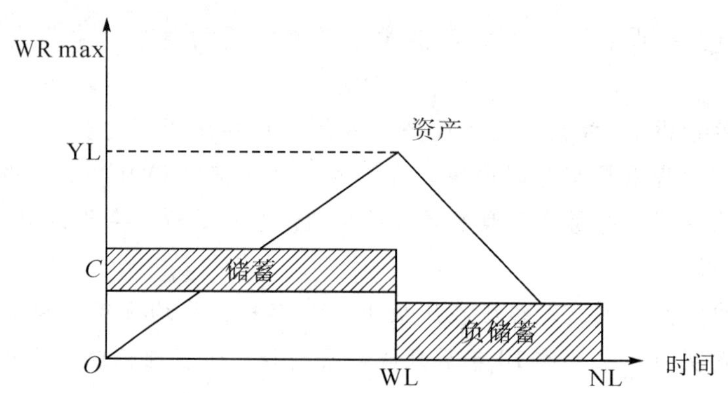

图 2.1　个人储蓄的驼峰形态分布

注：图 2.1 中 NL 表示预期寿命；WL 表示工作期；*C* 表示消费；YL 表示劳动收入。

任务一　生命周期理论在个人理财中的应用

一、个人（家庭）生命周期的划分

家庭生命周期理论是经济学中的一个重要理论，是基于一个家庭在一生中的不同阶段，具有不同的经济行为这一基本事实而研究出来的，用家庭生命周期的概念可以更方便地判断一个家庭的理财需求。

家庭生命周期各阶段的划分规范是以夫妇平均年龄及与生活在一起的家中子女的年龄来配合确定的，从生命周期和理财投资能力两个维度看，基本的家庭生命周期模型一般要经历五大阶段：青年单身期、家庭形成期、家庭成长期、家庭成熟期和退休养老期。五个阶段的基本特征可由表 2.1 表示。

表 2.1　五个阶段的基本特征

理财要素	生命周期不同阶段理财要素的重要性				
	青年单身期	家庭形成期	家庭成长期	家庭成熟期	退休养老期
储蓄规划	H	H	H	M	L
所得税	L	M	M	H	M

表2.1(续)

理财要素	生命周期不同阶段理财要素的重要性				
	青年单身期	家庭形成期	家庭成长期	家庭成熟期	退休养老期
风险管理	L	M	H	M	M
债务管理	M	M	H	L	L
投资	L	M	L	H	L
退休规划	L	L	L	M	H

注：L 表示不重要；M 表示中等重要；H 表示很重要

例如，以表 2.1 中家庭生命周期为家庭成长期为例，就储蓄规划而言，这个阶段的家庭面临储备子女教育金的问题，因此储蓄规划就非常重要；就投资规划而言，处于成长期的家庭通常很少有闲钱去投资。

需要大家注意的是，没有一个家庭生命周期的分类是完美的。这是因为总是有一些家庭不属于任何的类别，由于家庭的状况在不同时期处于不断变化中，如娶妻生子、离婚，不断变化的人口特征以及缩小的家庭规模，对于家庭的分类不能包括所有的情形。

二、各生命周期阶段的理财策略

实践表明，个人所处的家庭生命周期阶段不同，往往会拥有不同的短期和长期理财目标（见表 2.2）。因此，针对不同的生命周期阶段和理财目标关注度的不同，应相应地采取不同的理财策略。

表 2.2　不同家庭生命周期阶段的理财目标

生命周期	青年单身期	家庭形成期	家庭成长期	家庭成熟期	退休养老期
短期目标	租赁住房 满足日常支出 进行本人教育投资 建立备用金储蓄	购买住房 满足日常支出 旅游 购买保险	子女教育开支 更换住房 满足日常支出 赡养父母 旅游 购买保险	购买新家具 满足日常开支 提高投资收益稳定性 退休生活保障投资 购买保险	满足日常开支 退休旅游计划 医疗基金准备
长期目标	购买住房 进行组合投资 建立退休金 购买保险	子女教育开支 赡养父母 进行投资组合 建立退休金	增加子女教育金 投资工具分散化 建立退休金	制定遗嘱 养老金的调整 退休后的旅游计划	

1. 青年单身期

在这个阶段，人们通常刚刚参加工作，收入比较低且不稳定，消费支出较大。这阶段的主要任务是通过学习、工作等提高自身的素质和技术水平。此阶段的人们可承受风险的能力最强，因此其在重点进行储蓄理财，培养未来的获利能力的同时还通常会包括较高风险的资产增值投资。因此，该阶段的理财顺序应该是：节财计划>资产增值计划>应急基金>购置住房。

2. 家庭形成期

这一阶段是指从结婚到新生儿诞生前的这段时间。这一时期是家庭的主要消费期，经济收入较之前有所增加且相对稳定，家庭已经有一定的财力和生活用品。但是为了提高生活质量，此阶段的家庭往往需要较大的家庭建设开支，如贷款买房。针对这一阶段的理财，应将重点放在合理安排家庭建设支出上。因此，该阶段的理财顺序应该是：购置住房>购置硬件>节财计划>应急基金。

3. 家庭成长期

这一阶段是指青年夫妇生育子女时到子女上完大学期间。在该阶段，家庭成员不再增加，家庭成员的年龄都在增长，父母精力充沛，又积累了一定的工作经验和投资经验，投资能力增强，但是家庭开支在子女教育、家庭成员的医疗保健上会大大增加，尤其是子女开始上大学的阶段，教育费用的猛增使家庭此阶段的财务负担加重。因此，该阶段的理财顺序应该是：子女教育规划>资产增值管理>应急基金>特殊目标规划。

4. 家庭成熟期

这一阶段是指子女毕业参加工作到父母退休前的这段时间。该阶段夫妇双方的工作能力、工作经验、经济状况都达到高峰状态，子女也已完全自立，债务已经基本还清，理财的重点就转移到扩大投资上来。因此，该阶段的理财顺序应该是：资产增值管理>养老规划>特殊目标规划>应急基金。

5. 退休养老期

这一阶段是指退休后的生活期间。该阶段的人们主要目的是为了安度晚年，又因为年龄和身体状况的限制，人们的投资和花费通常变得比较保守，可承受的风险能力较弱，故股票投资比重变低，债券和存款比重较高。因此，该阶段的理财顺序应该是：养老规划>遗产规划>应急基金>特殊目标规划。

【案例 2.1】李先生现年 42 岁，税后年收入为 6 万元，妻子王女士比他小两岁，税后年收入为 4 万元，夫妻俩都是公务员，育有一子，今年 14 岁，正在读初中。夫妻俩希望 5 年后能将儿子送出国读大学。李先生一家现居住在北三环一套 70 平方米的住房。由于夫妻俩生活比较节俭，已有 30 万元 2 年期定期存款，有一辆经济型轿车每年花费 2 万元左右，除此之外每年要花费 2 万元教育费，以及每年给双方父母 2 万元零用钱，李先生家庭月平均生活费为 3 000 元左右。李先生一家应如何进行理财规划？

【案例分析】

李先生的家庭正处于家庭成熟期阶段，在此阶段的收支相对较稳定。正值初中在读的孩子再过几年便可独立，目前应当开始为孩子 5 年后的国外深造学费筹备教育金，如何做到进一步开源节流将成为家庭考虑的重点问题。从理财目标上看，李先生的家庭近期理财目标主要集中在保险规划和子女教育金规划上，而远期目标就是退休规划。

现金规划：30 万元的 2 年期存款应即刻“处理”，留足家庭 6 个月消费支出总额用于紧急备用金存在原有账户中即可，剩余 28.2 万元应该进行合理投资，获取更大收益。

教育规划：考虑到子女教育的刚性要求，应排在家庭理财目标达成的第一顺序。5年后，孩子面临接受3年的国外本科教育。假设3年留学费用需要50万元左右，从家庭目前条件看，教育金缺口较大，还需筹集50－28＝22万元。5年的积累时间并不很长，选择投资产品要从资金的安全性和收益性综合考虑，推荐购买信托公司的中期理财产品，投资方向以债券、票据类、优质信贷稍加配置股票为主。

养老规划：假定李先生60岁退休，王女士55岁退休，综合考虑二人的退休时间，按还有16年积攒养老金的时限，在先达成孩子出国深造后考虑的话，仅有11年筹备期。建议将年度结余以基金定投的形式积累养老金，10余年的时间十分适合购买定投指数型基金的理财产品，分享我国经济快速增长带来的与市场持平的收益。

保险规划：考虑到国家公务员医疗保险保障待遇很是优厚，商业医疗费用保险不作为考虑重点，可以购买无返还型定期寿险保险，不含任何投资功能，真正满足家庭需求，被保险人为李先生，受益人为妻子或孩子。

【案例2.2】陈小姐现年28岁，就职于北京某私企，月收入8 000元，公司尚有“三险一金”。陈小姐于2018年10月结婚，丈夫就职于某协会，月收入1万元，有“三险一金”，工作稳定，通常年底会有4万元左右的年终奖。两人目前在北京有住房一套，面积为60平方米，购置时每平方米3万元，总房款180万元，首付110万元（由双方父母支付），贷款70万元，月还款6 500元。两人有存款7万元，无其他投资。若希望10年后换购一套90平方米左右的住房，应如何筹划？

按照生命周期理论，陈小姐处于哪个生命周期阶段？其理财需求有哪些？请按照顺序写出她的理财需求。

【案例分析】

陈小姐与丈夫步入婚姻殿堂，组建了幸福的家庭。年轻家庭财务需求较旺盛，风险承受能力较强，可将投资规划重视起来，以获取良好收益。由于陈小姐有10年后换购房屋的理财目标，理财师对其建议：投资规划中主要使用以股票、基金为主的金融工具。

现金规划：现金储备不宜过多。现金规划中，我们经常使用的金融工具是活期储蓄、各类银行存款和货币市场基金等。陈小姐家庭的存款为7万元，可用于家庭现金储备，一般是以3~6个月的生活支出作为储备金，多余的部分可用于投资。假设陈小姐家庭月开支为4 000元，那么家庭现金储备可控制在12 000~24 000元，储蓄中可用于初期投资的本金为5万元。

投资规划：年轻家庭不妨调高风险承受度。根据陈小姐提供的信息，理财师判断陈小姐家庭的投资偏好较为保守，并无投资股票或其他金融产品的经历，但年轻家庭的投资规划应以较激进为主基调，理财师建议陈小姐在经过投资风险测试后，进行倾向于投资标的兼有股票及债券的混合式投资组合或股票型基金。若年收益率保持在15%，经过复利计算，10年后5万元本金的终值有望达到20.26万元。

当然在资本积累到一定程度后，应通过资产配置进行相应的分散投资，审时度势，变化投资策略。

换购房屋的规划：选取循环贷方式。10 年后陈小姐一家已经拥有了现住房的产权，便可选取循环贷的方式，抵押住房 80%的贷款额度，进行循环使用，同时配合 10 年的长期投资规划，陈小姐一家 10 年的换房规划将轻松实现。

风险保障规划：商业保险必不可少。未来的 10 年中，陈小姐家庭从组建期向成长期过渡，家庭成长期的理财规划重点转向风险保障规划。在这个过程中，虽然陈小姐夫妇都有基本保险，但应根据自身的状况补充商业保险，打好家庭财务的基石。应先考虑选择保障型的险种，可以用定期寿险搭配终身寿险来构建人生保障，再搭配意外险、医疗险及防癌险即可。保险费用的支出比例建议以年收入的 1/10 配置，保额约为年收入的 10 倍。

此外，陈小姐与丈夫现阶段工作稳定，若有进一步进修意愿，可尽早准备再教育基金，以便提高自身能力，为家庭理财开源做准备。同时可未雨绸缪，通过基金定投的方式为子女的出生做好准备。

模块二　货币的时间价值

货币时间价值，也称资金的时间价值，是指货币经历一定时间的投资和再投资所增加的价值。由于不同时间单位货币的经济价值不同，不同时间单位的货币收入需要换算到相同时间单位的基础上才能相互比较。货币时间价值的计算在个人理财中的应用非常重要，它通过量化的方法具体分析如何满足人生的各个财务目标，从而将理财规划体现于实际的数据。

货币之所以具有时间价值，至少有三个方面的原因：第一，货币可用于投资，获得利息，从而在将来拥有更多的货币量。例如，将现在持有的一单位的货币存入银行获得利息，从而在将来获得一个增量的货币。现在的一单位货币可以给投资者带来未来的超额收益，因此现在的单位货币价值要高于未来的单位货币价值。第二，货币的购买力会因通货膨胀的影响而随时间改变。如果现在持有一单位货币，但经济中存在通货膨胀，那么在将来由于物价的上涨使得未来单位的货币购买力小于现在的一单位货币。第三，一般来说，未来的预期收入具有不确定性。对于普遍厌恶风险型的投资者而言，确定的获得一单位货币肯定要比风险中的一单位货币有更大的效用。

任务一　单利与复利的计算

一、单利

单利是指按照固定的本金计算的利息。单利的特点就是对已过计息日而不提取的利息不计利息。

单利的计算公式如下：

$$C=P\times r\times n \tag{2.1}$$

$$S=P\times(1+r\times n) \tag{2.2}$$

其中：C 为利息额，P 为本金，r 为利息率，n 为借贷期限，S 为本金和利息之和（简称本利和）。

单利计算简单，便于理解。目前，我国的银行存款在一定的存期内都是单利计息，除非到期后连本带利再次存入，投资品中的国债通常也是单利计息。

【案例 2.3】今天到银行存入 1 000 元，假定银行的存款利率为 3%，那么按照单利计算，8 年后能得到多少本息？

【解答】8 年后的本息和 = 1 000×（1+3%×8）= 1 240（元）

按照单利计算，8 年后能得到本息和为 1 240 元。

二、复利

复利是指由本金和前一个利息期内应计利息共同产生的利息，即由未支取利息按照本金的利率赚取的新利息，常称息上息、利滚利，不仅本金产生利息，利息也产生利息。爱因斯坦称复利是“世界第八大奇迹”。

复利的计算公式如下：

$$S=P(1+r)^{n} \tag{2.3}$$

注：①在后面的学习过程中，我们将都以复利法来计算货币的时间价值。

②使用上述公式时，要注意利率 r 对应的计息周期应与时间期限 n 保持一致。

【案例 2.4】本金为 50 000 元，利率或者投资回报率为 3%，投资年限为 30 年，那么 30 年后所获得的利息本息收入按复利来计算是多少？

【解答】30 年后的本息和 = 50 000×$(1+3\%)^{30}$ = 121 363（元）

按复利计算，30 年后所获得的本息收入为 121 363 元。

任务二　终值与现值的计算

一、终值

终值又称未来值，是指从当前时刻看，发生在未来某时刻的一次性支付（收入）的现金流量。终值通常是把现在或未来某些时刻之前多次支付（收入）的现金额，按照某一利率（亦可以理解为贴现率）计算出的在未来某一时点的值。终值按计算利息的方法不同，可分为单利终值和复利终值。

复利终值计算公式如下：

$$F=P(1+i)^{n} \tag{2.4}$$

其中：F 为终值，P 为现值，i 为利率，n 为计息期数。

公式2.4是计算复利终值的一般公式，其中的（$1+i$）^{n}被称为复利终值系数或1元的复利终值，用符号（F/P，i，n）表示。例如，（F/P，6%，2）表示利率为6%，2年期复利终值的系数。为了便于计算，可通过财经计算器计算出复利终值系数，通过计算可知，（F/P，6%，2）= 1.123 6，可理解为在货币时间价值为6%的情况下，现在的1元和2年后的1.123 6元在价值上是相等的。根据复利终值系数，可以把现值换算成终值。

在复利终值计算过程中，可以按年，也可以按半年、按季度、按月和按日等不同的周期计算复利，称为周期性复利。

计算周期性复利的公式如下：

$$F = P\ (1+i/m)^{mn} \tag{2.5}$$

其中：F为终值，P为现值，i年为利率，m为1年中计算复利的次数，n为年数。

【案例2.5】某人将100 000元投资于一个项目，年报酬率为6%，计算分别经过1年、2年和3年后的终值是多少。

【解答】经过1年时间的期终金额计算如下：

F=100 000×（1+6%）= 106 000（元）

若此人并不提走现金，将106 000元继续投资于该事业，则第2年年末本利和计算如下：

F=100 000×（1+6%）^{2}=100 000×1.123 6=112 360（元）

同理，第3年的期终金额计算如下：

F=100 000 ×（1+6%）^{3}=100 000 ×1.191 0=119 100（元）

【案例2.6】本金的现值为1 000元，年利率为8%，期限为3年。如果每季度计算复利一次，则3年后的终值为多少？

【解答】F=1 000×（1+8%/4）$^{3\times4}$

=1 268.24（元）

3年后的终值为1 268.24元。

二、现值

现值指未来的货币收入在目前时点上的价值。现值既可以是未来一次支付（收入）的现金流量折算到现在的值，也可是未来某些时刻多次支付（收入）的现金流量，按某种利率贴现到现在的价值。

现值按计算利息的方法不同，也可分为单利现值和复利现值。

复利现值计算公式可以从复利终值公式中推导出如下计算公式：

$$P = F\ /\ (1+i)^n \tag{2.6}$$

其中：P为现值，F为未来的现金收入，i为利率，n为计息期数。

公式2.6中（$1+i$）$^{-n}$称为现值系数，它与贴现率和年限有关，也称为贴现因子。这个数值可以理解为n期以后的1元钱，以贴现率i折算到现在的数值。

同样，对于周期性复利，其现值计算公式如下：

$$P = F / (1+i/m)^{mn} \tag{2.7}$$

可见，现值计算是终值计算的逆运算。终值是计算现在一笔钱在未来某一时刻的本利和，而现值是计算将来一笔钱相当于现在多少钱。这是现金流量计算和分析中最基本也是最重要的换算关系。随着期限的增长，现值系数 $(1+i)^{-n}$将减少，即同样一笔钱，离现在时间越长，现值越小（例如按揭）。同时，随着利率（贴现率）的提高，现值系数将减少，即同样一笔钱，利率（贴现率）越大，现值越小。反之，随着年数的增长，本利和系数将增大，即同样一笔钱，离现在时间越长，终值越大。同时，随着利率的提高，本利和系数将增大，即同样一笔钱，利率越大，终值越大。

【案例 2.7】吴某的姑姑允诺在吴某年满 25 岁时给吴某 10 000 元，吴某现在已经 20 岁了。假设 5 年期债券的平均年收益率为 6%，那么吴某的姑姑现在应该给吴某多少钱，才会在 5 年后刚好等于 10 000 元？

【解答】$P=10\ 000 \div (1+0.06)^5 = 7\ 472.58$（元）

吴某的姑姑现在应该给吴某 7 472.58 元钱，才会在 5 年后刚好等于 10 000 元。

任务三　年金的计算

一、年金

年金是指等额、定期的系列收支。例如，分期付款赊购、分期偿还贷款、发放养老金、分期支付工程款、每年相同的销售收入等，都属于年金收付形式。

年金额是指每次发生的金额，简称年金。年金期间是指相邻两次年金额的间隔时间算作一期。年金时期是指整个年金问题的起讫期间，分为若干期。

依起讫日期划分可将年金划分为确定年金和不确定年金。确定年金是指起讫日期都确定的年金。不确定年金是指起始日期或终了日期取决于某种意外事故的发生而发生的年金。

依每期年金额发生的时刻划分可将年金划分为期末年金和期初年金。期末年金是指在年金时期内，每期年金额都在每期末发生的年金。期初年金是指在年金时期内，每期年金额都在每期初发生的年金。

依年金时期是否有限划分可将年金分为有限年金和无限年金。有限年金是指年金时期有限的年金。无限年金是指年金时期无限长的年金。

依年金发生期间与计息期间的关系划分，可将年金分为简单年金和一般年金。简单年金是指年金发生期间与计息期间相同的年金。一般年金是指年金发生期间与计息期间不相同的年金。

递延年金是指迟延若干期后才开始发生的年金额。

年金计算可以分为年金终值计算和年金现值计算。

二、年金的终值计算

1. 复利期初年金终值

每期期初发生等额的现金流量 A，利率为 i，则 n 期的现金流量按复利计算的和称为复利期初年金终值。按年金发生的时间，可以分为期初年金终值和期末年金终值，利率通常采用复利形式，年金终值用符号 Fa 表示。

$$\mathrm{Fa} = A(1+i)[(1+i)^n-1]/i \tag{2.8}$$

其中：$(1+i)[(1+i)^n-1]/i$ 称为期初年金本利和系数。

【案例 2.8】某个客户在未来 10 年内能在每年期初获得 1 000 元，年利率为 8%，则 10 年后这笔年金的终值是多少？

【解答】$1\,000\times(1+0.08)\times[(1+0.08)^{10}-1]\div0.08 = 15\,645.49$（元）

10 年后这笔年金的终值是 15 645.49 元。

2. 复利期末年金终值

每期期末发生等额的现金流量 A，利率为 i，则 n 期的现金流量按复利计算的和称为复利期末年金终值。

$$\mathrm{Fa} = A[(1+i)^n-1]/i \tag{2.9}$$

其中：$[(1+i)^n-1]/i$ 称为期末年金本利和系数。

【案例 2.9】如客户的年金在每年期末获得，则 10 年后这笔年金的终值是多少？

【解答】$1\,000\times[(1+0.08)^{10}-1]\div0.08 = 14\,486.56$（元）

10 年后这笔年金的终值是 14 486.56 元。

3. 偿债基金

偿债基金是指为使年金终值达到既定金额，每年应支付的年金数额。

根据年金终值计算公式 $\mathrm{Fa} = A[(1+i)^n-1]/i$，可知偿债基金计算公式如下：

$$A = \mathrm{Fa}\times i/[(1+i)^n-1] \tag{2.10}$$

其中：$i/[(1+i)^n-1]$ 是期末年金终值系数的倒数，称偿债基金系数，记作 $(A/s, i, n)$，它可以把年金终值折算为每年需要支付的金额。偿债基金系数可以根据年金终值系数求倒数确定。

【案例 2.10】如果你想向银行借款 100 000 元，期限 5 年，银行利率为 10%，那么每年年末应还银行多少钱才能够还清债务？

【解答】

$$\begin{aligned} A &= 100\,000\times(A/s, i, n) \\ &= 100\,000\times10\%/[(1+10\%)^5-1] \\ &= 100\,000\times0.163\,8 \\ &= 16\,380\text{（元）} \end{aligned}$$

在银行利率为 10%时，每年年末存入 16 380 元，5 年后便可得 100 000 元用来还清债务。

三、年金现值的计算

将每期等额的现金流量 A，按一定贴现率折算到现在，称为年金现值。按年金等额发生量发生的时间，可以分为期初年金现值和期末年金现值，贴现率通常采用复利形式，年金现值用符号 Pa 表示。

1. 复利期初年金现值

每年初发生等额的现金流量 A，利率为 i，则 n 期的现金流量按复利计算的现值和称为复利期初年金现值。

$$Pa = A\left[(1+i)^{n}-1\right]/i(1+i)^{n-1} \quad (2.11)$$

其中：$A\left[(1+i)^{n}-1\right]/i(1+i)^{n-1}$ 称为期初年金现值系数。

【案例 2.11】某个客户在未来 10 年内能在每年期初获得 1 000 元，年利率 8%，则这笔年金的现值是多少？

【解答】

$$Pa = 1\,000 \times \left[(1+0.08)^{10}-1\right] \div 0.08 \times (1+0.08)^{10-1}$$

$$= 7\,246.89\text{（元）}$$

这笔年金的现值是 7 246.89 元。

2. 复利期末年金现值

每期末发生等额的现金流量 A，利率为 i，则 n 期的现金流量按复利计算的现值和称为复利期末年金现值。

$$Pa = A\left[(1+i)^{n}-1\right]/i(1+i)^{n} \quad (2.12)$$

$$= A\left[1-(1+i)^{-n}\right]/i$$

其中：$\left[1-(1+i)^{-n}\right]/i$ 称为期末年金现值系数。

【案例 2.12】在案例 2.11 中，如客户的年金在每年期末获得，则这笔年金的现值是多少？

【解答】

$$Pa = 1\,000 \times \left[(1+0.08)^{10}-1\right] \div 0.08 \times (1+0.08)^{10}$$

$$= 6\,710.08\text{（元）}$$

如客户的年金在每年期末获得，则这笔年金的现值是 6 710.08 元。

【案例 2.13】假设以 10%的利率借款 200 000 元，投资于某个寿命为 10 年的设备，每年至少要收回多少现金才是有利的？

【解答】根据期末年金现值的计算公式可知：

$$Pa = A\left[1-(1+i)^{-n}\right]/i$$

$$A = Pa \times i/\left[1-(1+i)^{-n}\right]$$

$$= 200\,000 \times 10\% \div \left[1-(1+10\%)^{-10}\right]$$

$$= 200\,000 \times 0.162$$

$$= 32\,400\text{（元）}$$

因此，每年至少要收回现金 32 400 元，才能还清贷款本利。

上述计算过程中的 $i/[1-(1+i)^{-n}]$ 是期末年金现值系数的倒数，它可以把现值折算为年金，称投资回收系数。

当年金的期数永久持续，即 $n\to\infty$ 时，无限期定额支付的年金就称为永续年金。现实中的存本取息可视为永续年金的一个例子。永续年金的终值是发散的，终值无穷大或者说没有极值，即永续年金没有终止的时间，也就没有终值。永续年金的现值是收敛的，有极值。永续年金的现值可以通过普通年金现值的计算公式导出来。

根据复利期末年金现值公式 2. 12：

$$Pa=A[1-(1+i)^{-n}]/i$$

当 $n\to\infty$ 时，即 n 趋向于无穷大时 $(1+i)^{-n}$ 的极限为零，故上式可写为：

$$Pa=A/i \qquad (2.13)$$

因此，永续年金的现值就是每期年金数额除以贴现率。

【案例 2. 14】某人拟在某中学建立一项永久性的奖学金，每年计划颁发 10 000 元奖金。若利率为 10%，现在应存入多少钱？

【解答】$P=10\,000/10\%=100\,000$（元）

据计算，现在应存入 100 000 元钱。

上述关于年金计算的方法在个人理财中有广泛用途，如分期付款购房、养老金策划、筹措教育基金等。

请使用学过的货币时间价值理论计算下列各题。

学习活动

（1）拟在 5 年后还清 100 000 元债务，从现在起每年年末等额存入银行一笔款项。假设银行存款利率为 10%，每年需要存入多少元？

（2）6 年分期付款购房子，每年年初付 50 000 元，设银行利率为 10%，该项分期付款相当于一次现金支付的购价是多少？

（3）如果 1 股优先股每季分得股息 2 元，而年利率是 6%，对于一个准备买这种股票的人来说，他愿意出多少钱来购买此优先股？

学习小贴士

我们要明白理财最大的奥妙在于何处，那就是利用了货币的时间价值，也就是“复利”投资的奥妙。“数学有史以来最伟大的发现”，爱因斯坦曾经这样形容复利。复利听起来复杂，说穿了就是除了用本金赚利息，累积的利息也可以再用来赚利息。

关于复利，美国早期的总统富兰克林还有一则轶事。1791 年，富兰克林过世时，捐赠给波士顿和费城这两个他最喜爱的城市各 5 000 美元（1 美元约等于 6. 456 人民币）。这项捐赠规定了提领日，提领日是捐款后的 100 年和 200 年：100 年后，两个城市分别可以提50万美元，用于公共计划；200年后，才可以提领余额。1991年，200年期满时，两个城市分别得到将近2 000万美元。

富兰克林以这个与众不同的方式向我们显示了复利的神奇力量。富兰克林喜欢这样描述复利的好处："钱赚的钱，会赚钱。"

而理财中最重要的数字又是多少呢？几乎所有的理财专家都会告诉我们，不是100%，而是"72"——"七二法则"，一个与复利息息相关的法则。

所谓"七二法则"，就是一笔投资不拿回利息，利滚利，本金增值一倍所需的时间为72除以该投资年均回报率的商数。例如，你投资30万元在每年平均收益率为12%的基金上，约需6年（72除以年报酬率，亦即以72除以12）本金就可以增值一倍，变成60万元；如果基金的年均回报率为8%，则本金增值一倍约需要9年时间。

掌握了这其中的奥妙，就能够帮助你快速计算出财富积累的时间与收益率关系，非常有利于你在进行不同时期的理财规划选择不同的投资工具。例如，你现在有一笔10万元的初始投资资金，希望给12年后上大学的女儿用作大学教育基金，同时考虑各种因素，估算出女儿的大学教育金到时候一共需要20万元。那么为了顺利实现这个目标，你应该选择长期年均收益率在6%左右的投资工具，比如平衡型基金。

再拿比较保守的国债投资者来说，年收益水平为3%。那么用72除以3得24，就可推算出投资国债要经过24年收益才能翻番。

当然，想要利用复利效应让你快速累积财富，前提就是要尽早开始储蓄或投资，让复利成为你的朋友。否则，你和别人财富累积速度的差距会越来越大。

学习小贴士

复利系数表和金融计算器

在进行终值、现值以及年金的计算中，大家会发现单纯使用公式进行计算的话，计算过程比较复杂，如果涉及的幂级数非常高，就无法通过普通计算方法快速计算出结果。为简化计算过程，快速计算出结果，这里介绍两种方法：复利系数表和金融计算器。

复利系数表是将上述终值、现值和年金各公式的系数值列在表格中，按不同的利率值列出各个系数。若已知利率、计息周期，属于哪种系数，便可直接从表上查得需要的系数值。常见的复利系数表有复利终值系数表、复利现值系数表、普通年金终值系数表和普通年金现值系数表。

金融计算器是一款金融领域专用的计算器，包含强大的金融计算功能，如TVM计算器、货币转换器、贷款计算器、复利计算器、信用卡还清计算器、投资回报率（ROI）计算器、贷款计算器、内部收益率净现值计算器等。目前市面上有普惠金融、德州仪器、卡西欧等各种品牌及型号的金融计算器，按照不同型号的计算器使用说明可以快速准确计算出货币的时间价值。

模块三　风险特征分析

【案例导入】

你到底能够承担多少风险?

如果你的收入为每月 2 000 元，还要养活妻小，你能够进行股票或者房地产投资吗？如果你把辛苦了很久积攒下来的钱投到了股票上，你能够容忍你的股票亏损掉多少？每个人或者每个家庭因其自身的原因能够承受的风险程度各不相同，这取决于你的年龄、职业、家庭状况、接受教育的程度等多个因素。

一、投资者的风险特征

风险是对预期的不确定性，是可以被度量的。风险特征是进行理财前要考虑的重要因素之一。

通常，投资者的风险特征可以由以下三个方面构成:

1. 风险偏好

风险偏好反映的是投资者主观上对风险的态度，也是一种不确定性在其心理上产生的影响。产生不同风险偏好的原因很多，主要与其所处的成长环境、文化氛围等有很深的联系。

2. 风险认知度

风险认知度反映了投资者主观上对风险的基本判断，这也是影响其对风险态度的心理因素。拥有不同生活经验、知识水平的人对相同的风险会产生不一样的判断。

3. 实际风险承受能力

实际风险承受能力则反映了风险客观上对投资者的影响程度，一样的风险对不同的人的影响是不一样的。例如，同样都是拿 10 万元投资股票，其风险是客观的，但对于一个拥有数百万资产的富商和一个仅有 10 万元存款的新婚夫妇来说产生的影响是截然不同的。

综上所述，这三个方面对每个人或家庭的影响都是不同的，将这三个方面综合起来分析就能了解一个人的风险特征。结合风险特征的三个方面，我们可以分别用风险承受能力和风险承受态度两个指标来分析投资者的风险特征。

二、其他理财特征

除了风险特征外，还有许多其他的理财特征会对个人理财方式和产品选择产生很大的影响。例如，投资渠道偏好、知识结构、生活方式、个人性格等。

任务一　风险承受能力分析

个人或家庭可以承受风险的能力，与年龄、性别、家庭结构等有关。同样的风险对不同职业、负担、财务状况、投资经验的理财对象而言影响是大相径庭的。例如，一个单薪且有孩子的家庭的风险承受能力显然比双薪又无子女的家庭的风险承受能力要低。

风险承受能力的测评通常通过理财专家设计的测试表或测试题来进行，表 2.3 是香港中文大学财务系研制的风险承受能力评估表，供参考。

表 2.3　风险承受能力评估表

1. 你的年龄
   A. 25 岁及以下　B. 26~35 岁　C. 36~45 岁
   D. 46~55 岁　E. 56~65 岁　E. 66 岁或以上
2. 你的婚姻状况
   A. 单身　B. 已婚　C. 离婚
3. 你有多少孩子
   A. 没有　B. 一个　C. 两个　D. 三个　E. 四个及以上
4. 你的教育程度
   A. 小学　B. 中学　C. 专科或中专　D. 大学及以上
5. 如果把你所有的流动资产加起来（银行存款、股票、债券、基金等）减去未来一年的非定期开支（如结婚、买车等），约等于你每月薪金的多少倍？
   A. 20 倍以上　B. 15.1~20 倍　C. 10.1~15 倍
   D. 5.1~10 倍　E. 2.1~5 倍　F. 2 倍及以下
6. 你估计 5 年后的收入会较现在增长多少倍？
   A. 50%以上　B. 30.1%~50%　C. 20.1%~30%
   D. 10.1%~20%　E. 0.1%~10%　F. 收入不变或下降
7. 你平均每月的支出占收入的比重为多少？
   A. 100%以上　B. 80.1%~100%　C. 60.1%~80%
   D. 40.1%~80%　E. 20.1%~40%　F. 20%及以下

分值表

	A	B	C	D	E	F
1	14	8	6	4	2	0
2	12	0	6			
3	17	9	4	2	0	
4	0	2	4	6		
5	15	12	9	6	3	0
6	18	14	10	5	2	0
7	0	2	4	8	12	18

专家分析：

81 分或以上：由于你没有多少财务的负担，可以很轻松地接受高于一般的风险，以赚取较高的回报。

61~80 分：你只有少量财务上的负担，能接受较高水平的风险，对于比平均风险略高的投资项目均可以接受。

41~60 分：你接受风险的能力属于一般水平，可以接受普通程度的风险。

21~40 分：由于你个人负担较一般人为重，故接受风险的能力亦属于偏低，不可以接受太高的风险投资项目。

20 分及以下：你接受风险的能力属于极低水平，你有沉重的负担，投资组合中应取向低风险型投资项目。

任务二　风险承受态度分析

风险承受态度是分析投资者风险特征的另一个指标。从前面内容可以看出，风险承受能力指标更倾向于使用财富值等相对客观的数据进行分析。与此同时，风险承受态度则着重分析投资者的主观心理因素，如个人爱好、投资的得失心理等。因此，设计一份专业的风险承受态度测评表就格外重要。

你是怎样看待风险的？像保守型的人一样把钱都存到银行，还是像冒险型的投资者那样把大部分的积蓄都投到股票上？你属于冒险型的、积极型的、稳健型的、中性型的还是保守型的？通过下面的风险承受态度测验表（见表 2.4）来了解一下吧。

表 2.4　风险承受态度测验表

1. 某大企业想邀请你任职公司部门主管，薪金比现在高 20%，但你对此行业一无所知，你是否考虑接受这个职位？
   A. 不用想便立即接受
   B. 接受职位，却担心自己未必能应对挑战
   C. 不会接受
   D. 不肯定
2. 你独自到国外旅游，刚巧碰到一个十字路口，你会选择冒险试行其中一条路线，还是向其他人问路？
   A. 自己冒险试行　　B. 向他人问路
3. 你去看魔术表演，魔术师邀请观众上台参与表演，你是否会立刻上台？
   A. 会　　B. 不会　　C. 视情况而定
4. 你认为买期指会比买股票更容易获取利润？
   A. 绝对是　　B. 可能是　　C. 可能不是
   D. 一定不是　　E. 不肯定
5. 若你需要把大量现金整天携带在身的话，你是否会感到非常焦虑？
   A. 非常焦虑　　B. 会有点焦虑　　C. 完全不会焦虑

6. 你于上星期用 50 元购入一股票，该股票现在升到 60 元，而根据预测，该股票下周有一半的机会升到 70 元，另一半的机会跌倒 50 元，你现在会怎么办？
   A. 立即卖出　　B. 继续持有　　C. 不知道
7. 同样的情况，你于上周用 50 元买入的股票现在已经跌到 40 元，而你估计该只股票有一半的机会于下星期回升到 50 元，另一半的机会会继续下跌到 30 元，你现在会怎么办？
   A. 即刻卖出　　B. 继续持有　　C. 不知道
8. 当你做出投资决定时，以下哪个因素最为重要？
   A. 保本　　B. 稳定增长　　C. 抗通胀
   D. 短期获利　　E. 获取高回报
9. 当你做出投资决定时，以下哪个因素最不重要？
   A. 保本　　B. 稳定增长　　C. 抗通胀
   D. 短期获利　　E. 获取高回报

分值表

	A	B	C	D	E	F
1	15	11	0	6		
2	11	0				
3	11	0	5			
4	7	5	2	0	3	
5	0	3	7			
6	0	13	7			
7	0	14	7			
8	0	3	7	10	13	
9	9	7	4	2	0	

专家分析：

81 分或以上：你是一位冒险型投资者，对任何有赚钱机会的项目都会勇于参与，喜欢追寻冒险的刺激感。

61~80 分：你是一个进取型投资者，对自己的投资项目有信心，能够接受较高水平的风险。

41~60 分：你是一个稳健型投资者，愿意接受一般程度的风险，目的是获取稳健收益。

21~40 分：你是一个保守型投资者，忍受风险的程度比一般人低，投资时不愿意碰运气，也不愿意冒险。

20 分及以下：你是一位无风险型投资者，不愿意接受任何风险，愿意做无风险投资。

判断你是不是一个爱冒险的人或者说是可以冒险的人，需要将风险承受能力和风险态度两个指标结合起来综合分析。你可以用下面的公式进行计算：

分数=风险承受态度-风险承受能力

高于 21 分（包括 21 分）：说明你虽然敢于冒险，但是最好做好风险管理，或是投资一些低风险产品。

高于 6~20 分：你应该增加一些低风险的投资。

相差 5 分以内：两者基本吻合，保持现有组合。

低于 6~20 分：事实上你有较强的承受风险的能力，可以在组合中增加一些风险较高的投资，以获得更好的回报。

低于 20 分（不包括 20 分）或以下：你是从心理上不愿意接受风险，会错过不少的投资机会，你应该增加一些高风险的投资。

本章小结

本章主要向大家介绍了进行个人理财需要掌握的三项基础知识：生命周期理论、货币的时间价值以及个人（家庭）风险特征分析。

从生命周期和理财投资能力两个维度看，基本的家庭生命周期模型一般要经历五大阶段：青年单身期、家庭形成期、家庭成长期、家庭成熟期和退休养老期。这五个阶段所具备的基本特征决定了每个阶段的理财策略。

货币时间价值也称资金的时间价值，是指货币经历一定时间的投资和再投资所增加的价值。由于不同时间单位货币的经济价值不同，不同时间单位的货币收入需要换算到相同时间单位的基础上才能相互比较。货币时间价值的计算在个人理财中的应用非常重要，它通过量化的方法具体分析如何满足人生的各个财务目标，从而将理财规划体现在实际的数据中。

每个人或者每个家庭因其自身的原因能够承受的风险程度各不相同，这取决于一个人的年龄、职业、家庭状况、接受教育的程度等多个因素。通常，投资者的风险特征由风险偏好、风险认知度和风险承受能力三个方面构成。

项目三　家庭财务管理

【案例导入】

金先生的家庭是一个处于成长期的三口之家，家里有房子，生活比较殷实。金先生43岁，是单位供销科的科长，年收入12万元左右；金太太42岁，是商场的一名售货员，年收入约为2.5万元。他们有一个刚上大学的儿子，且双方父母都有住房，金太太的父母有医疗保障和退休金，金先生的父母在农村，双方父母在经济上基本上不用他们操心。金先生家里有50万元的存款，其中的5万元是活期存款，其余为定期存款和投资工具。金先生家有两套房子，一套由金太太的父母居住（因金太太的父母原来的房子已经拆迁，现在的房子还有几间房间是空着的），目前市值50万；另一套金先生一家三口居住的，120平方米，市值70万元，但用金先生的公积金贷款20万元，月还款2 000元，要到2018年还完。金先生家年支出7.4万元（包括通信费、上网费等），家庭除了20万元的负债之外，并没有其他的负债。

你认为金先生的家庭财务状况如何?

模块一　编制家庭财务报表

企业有企业的财务报表，家庭也有家庭的财务报表，编制一套包括资产负债表、收支损益表、现金流量表等在内的家庭财务报表，有利于清楚地认识家庭的财务状况，这样才能知道该从什么地方入手进行财务规划。家庭财务报表分析可以帮助人搞清楚如下几个方面的情况：

现在有多少资产，其中自用资产（自用的房产、汽车等）占比多少、生息资产（存款、投资品等）占比多少，这些比例是否合理；

现在有多少负债，其中消费方面的负债、投资方面的负债、自用资产形成的负债各占比多少，这些比例是否合理；

每月家庭收入中有多少是工作收入，多少是理财收入（一旦退休或停止工作，理财收入能支撑多少家庭支出）；

每月家庭支出中日常必需品支出是多少、非必需品支出是多少，比例是否合理，可以进行怎样的调整；

每月能有多少储蓄，储蓄比例是否合理，是否能够支持理财计划；

家庭资产中对哪些市场因素比较敏感，利率、汇率、股市表现等因素会对家庭资产产生怎样的影响等。

由此可见，深入了解家庭的财产内容，及时合理地计量家庭财产，有利于正确了解个人（家庭）的资产状况，对正确设定理财目标、选择合适的投资组合、合理安排收入支出比例及资产的保值增值途径有十分重要的意义。

因此，学习理财，首先要学会阅读简单的财务报表，明白每项投资对现金流量的影响。资产负债表能够帮助你了解你有多少财可理，有多少债还没有偿还；收支表能够帮助你做好收支管理，记录好每天的收支情况，定期检查你是否有不必要的开支，对未来的收入和支出预先做好规划。

任务一　编制家庭资产负债表

一个个人或家庭的资产负债表或者净资产表是这个个人或家庭在某一时刻的财务状况的反映，它显示了个人或家庭所管理的经济资源，以及所承担的一切债务。资产负债表是对个人资产、个人负债以及个人净资产的总结。简单地说，就是希望通过编制家庭资产负债表来了解你家有多少资源可用，有多少负债还没有偿还，这是进行理财起码要搞清楚的。有好多人连自己有多少资产都不太清楚，有多少债务也不甚了解，这怎么可能理好财呢？

一、资产的组成

只要具有货币价值，任何经济要素都可以成为资产。资产的组成如下：

（1）现金，如现钞、定期存款等；

（2）可以变现的证券，如债券、证券投资基金等；

（3）可在未来产生价值的某种资源，如地产投资、教育投资等。

无论是用现金购买的，还是贷款购买的，都可以划归为资产。尽管一个人的某项资产还未偿清欠款，如按揭贷款买房，但可以认为该资产已经属于这个人所有，应该被列入资产负债表中。出于制订个人理财规划的目的，我们对家庭的资产进行详细分析。

家庭资产是指个人或家庭所拥有的全部资产。家庭资产大体可以分为以下三类：

（1）现金和现金等价物是低风险的流动资产，或者是现金，或者很容易兑换成现金。通常，这些资产是用以满足日常需要、紧急需要和无法预知需要的。

（2）投资资产指的是以获得回报为目的的资产。拥有这些资产的目的是为了升值。常见的投资资产包括股票、证券投资基金、债券、社会保障基金和不动产。拥有投资资产是为了最终实现个人的财务目标。

（3）个人实物资产指的是个人正在使用的资产，如住宅、珠宝、手表、交通工具、收藏品等。在编制资产负债表时，需要依据当时的市价对资产进行评估。由于评估的目的只是要编制相对合理的资产负债表，因此在许多情况下，并不一定要进行专业的评估。

对于资产的划分，有的学者按照资产的流动性大小将资产划分为流动资产、投资、不动产和个人动产等。个人可以按照自己的实际情况设计个人或家庭的资产表。

二、负债的组成

负债指的是个人目前所承担的债务，简单地说就是包括全部家庭成员欠非家庭成员的所有债务。负债会导致今后资金的流出。通常，负债可分为流动负债（也被称为短期负债）和长期负债。从编制资产负债表当日算起，一年内需要偿清的负债被认为是流动负债；从编制资产负债表当日算起，超过一年后才需要偿清的负债被认为是长期负债。

（1）流动负债。流动负债通常来自消费产生的费用。例如，信用卡未偿还余额、未偿还的短期贷款等。

（2）长期负债。从编制资产负债表当日算起，最后偿还期限为一年以上的债务被归入长期负债。例如，住房抵押贷款未偿还余额、中长期贷款未偿还余额（如汽车消费贷款）等。

（3）资产净值（所有者权益）。资产净值是个人实际财富数额，是总资产扣除总负债后的余额。个人的资产净值每天都在发生变化。资产负债表是在特定日期，对资产、负债和资产净值进行结算而编制成的报表。通过对一段时间里不同日期的资产负债表进行比较，我们就可以评估个人的财务目标实现情况。通常，在人的一生中，个人的净资产是不断增加的。例如，一个 16 岁的普通中学生，他的财务状况非常简单，主要是适量的现金和现金等价物，如储蓄以及少额债务（或根本没有债务），因此他的净资产很少。但对一个 30 岁的人来说，他肯定会有更多的资产，这些资产包括数额更多的现金、投资资产，以及实物资产。他的所有者权益可能会增加，也可能由于负债增多而降低。表 3. 1 是个人资产负债表的一个样本。

表 3. 1　资产负债表

姓名：　　　　　　　　　　　　日期：

<table>
<tr><th colspan="3">资产</th><th>金额/元</th></tr>
<tr><td rowspan="7">金融资产</td><td rowspan="6">现金与
现金等价物</td><td>现金</td><td></td></tr>
<tr><td>活期存款</td><td></td></tr>
<tr><td>定期存款</td><td></td></tr>
<tr><td>其他类型银行存款</td><td></td></tr>
<tr><td>货币市场基金</td><td></td></tr>
<tr><td>人寿保险现金收入</td><td></td></tr>
<tr><td colspan="2">现金与现金等价物小计</td><td></td></tr>
</table>

表3.1(续)

<table>
<tr><th colspan="3">资产</th><th>金额/元</th></tr>
<tr><td rowspan="11">金融资产</td><td rowspan="10">投资资产</td><td>债券</td><td></td></tr>
<tr><td>股票及权证</td><td></td></tr>
<tr><td>基金</td><td></td></tr>
<tr><td>期货</td><td></td></tr>
<tr><td>外汇实盘投资</td><td></td></tr>
<tr><td>人民币(美元、港币)理财产品</td><td></td></tr>
<tr><td>保险理财产品</td><td></td></tr>
<tr><td>证券理财产品</td><td></td></tr>
<tr><td>信托理财产品</td><td></td></tr>
<tr><td>其他</td><td></td></tr>
<tr><td colspan="2">其他金融资产小计</td><td></td></tr>
<tr><td colspan="3">金融资产小计</td><td></td></tr>
<tr><td rowspan="6">实物资产</td><td colspan="2">自住房</td><td></td></tr>
<tr><td colspan="2">投资的房地产</td><td></td></tr>
<tr><td colspan="2">机动车</td><td></td></tr>
<tr><td colspan="2">家具和家用电器类</td><td></td></tr>
<tr><td colspan="2">珠宝和收藏品类</td><td></td></tr>
<tr><td colspan="2">其他个人资产</td><td></td></tr>
<tr><td colspan="3">实物资产小计</td><td></td></tr>
<tr><td colspan="3">资产总计</td><td></td></tr>
<tr><th colspan="3">负债</th><th>金额（元）</th></tr>
<tr><td rowspan="6">负债</td><td rowspan="2">流动负债</td><td>信用卡透支</td><td></td></tr>
<tr><td>消费贷款（含助学贷款）</td><td></td></tr>
<tr><td rowspan="3">非流动负债</td><td>创业贷款</td><td></td></tr>
<tr><td>汽车贷款</td><td></td></tr>
<tr><td>住房贷款</td><td></td></tr>
<tr><td colspan="2">其他贷款</td><td></td></tr>
<tr><td colspan="3">负债总计</td><td></td></tr>
<tr><td colspan="3">净资产（资产总计减去负债总计）</td><td></td></tr>
</table>

学习活动

根据导入案例的资料内容编制金先生家的家庭资产负债表

任务二　编制家庭现金流量表

不少细心于家务的人，往往会留下买东西的小票或者每天登记用钱的流水账，这是一个好习惯，但光登记日常的流水账还和理财有很大区别。不过每日记录花销和收入是编制个人或家庭现金流量表的基础。

一、个人或家庭的现金流量

个人或家庭的现金流量，是指某一时期内个人或家庭现金流入和流出的数量。个人或家庭的日常经济活动，如消费活动、投资活动及筹资活动等，是影响现金流量的重要因素，但并不是所有的经济活动都影响现金流量。

（1）现金与现金等价物之间的替代性增减变动，如将现金存入银行、用现金购买3个月内到期的公司债券等，不会影响现金流量净额的变动。

（2）非现金项目之间的增减变动，如用房地产对外投资、用家具清偿债务等，也不会影响现金流量净额的变动。

（3）现金项目和非现金项目之间的增减变动，如用现金购买家用电器、购买长期债券等，将影响现金流量净额的变动。

二、家庭现金流量表

所谓现金流量表，通常是指在一定时期内的现金收入与支出的变化情况表。这里的一定时期通常是指1年，年度的确定一般是从每年的1月1日到12月31日，或者根据具体情况确定。现金流量表能够反映家庭收支情况，进行家庭收支预算。现金流量表是理财师为顾客进行理财策划最重要的工具，也是个人理财规划工作的基础。

总的来说，现金流量表能够反映顾客年度盈余、存款余额等信息及目前拥有的一些财产，起到传递信息的功能。现金流量表作为传递顾客信息的一种中介工具，是传递现在与将来、理财师与顾客、顾客与家庭成员之间信息的桥梁和纽带。现金流量表是顾客最基本的信息，从顾客每年的收支情况可以判断其存款能力、资产运营能力、偿还债务能力、生存（养老金）保障能力。

对于顾客来说，现金流量表将帮助顾客掌握自己一定时期的经济情况作为目标。对于理财师而言，现金流量表是制作理财策划书的基本依据，是更正修改理财策划书的基础。现金流量表没有固定的形式，所列出的项目也比较灵活，现金流量表的制作要根据具体情况而定。理财策划基本上都是中长期的，一般在10年左右。因为时间太长，与实际的偏差就会很大。

三、编制个人或家庭的现金流量表

按月编制个人或家庭的现金流量表的目的并不是为了能对一个月的理财有什么帮助，而是积累起来就能提供个人或家庭的现金收支情况的时间分布，以利于统计分析和正确地进行消费和投资决策。

1. 编制原则

编制个人或家庭现金流量表需要符合的原则有：真实可靠原则、反映充分原则、明晰性原则、及时性原则、本币反映原则、充分揭示原则。需要说明的是，如果个人或家庭持有外币资产，汇率变动对现金的影响要在现金流量表中单独列示。根据充分揭示原则，对于不涉及现金的投资和筹资活动，应在现金流量表中的附注中反映，以说明其对个人或家庭财务状况的影响。

2. 编制步骤

个人或家庭的现金流量表的编制步骤主要包括：记录收入和支出日记账、整理日记账等资料、确定本期现金和现金等价物的变动额、分析原因和分类编制、检验确定、附注披露、最后汇总等步骤。其中，关键的环节是确定本期现金与现金等价物的变动额，即“现金净增（减）额=现金与现金等价物期末余额-现金与现金等价物期初余额”，这一数额既是现金流量表所要分析的对象，又可以用来与现金流量表中计算出的现金净流量相互核对检验，以保证编报的准确性。

3. 基本结构

个人或家庭的现金流量表一般是以“现金流入-现金流出=现金净流量”这一方程式为基础，采用多步式列示，最终计算并填列本期现金净流量。个人家庭的现金流量表的基本结构如表 3.2 所示。

表 3.2　现金流量表

姓名：　　　　　　　　　　　　　　日期：

一、收入			
		金额/元	占总收入的比率/%
工资和薪金（税后净收入）	金先生		
	金太太		
自雇收入（稿费及其他非薪金收入）			
奖金和佣金			
投资收入	利息		
	资本利得		
	分红		
	租金收入		
	其他收入		
其他收入			
（Ⅰ）总收入			

表 3.2（续）

二、支出			
		金额/元	占总支出的比率/%
房产	租金/抵押贷款支付（包括保险和纳税）		
	修理、维护和装饰		
教育费用	学费		
	兴趣班费用		
	特长培训费		
汽车	贷款支付		
	汽油		
	维修保养		
	过路费		
	停车费等		
	保险费		
	车船税		
日常生活开支	水、电、气等费用		
	通信费		
	交通费		
	日常生活用品		
	外出就餐		
	其他费用		
购买衣物开支	衣服、鞋子及附件		
个人护理开支	化妆品、头发护理、美容、健身		
休闲和娱乐	度假		
	其他娱乐和休闲		
商业保险费用	人身保险		
	财产保险		
	责任保险		
医疗费用	医疗费用		
其他支出项目			
（Ⅱ）总支出			
现金结余（或超支）[（Ⅰ）-（Ⅱ）]			

通过不同时期个人或家庭现金流量表的对比，可以获得现金流入、流出的变动额度，并从变动的总体趋势上把握个人和家庭的财务状况。

个人理财规划的第一步，通过记账来了解自己的财务状况。前面介绍的资产负债表及现金流量表的编制就是个人理财的记账方式。虽然这里不对记账格式进行统一要求，但是还是有不少人因为怕麻烦而放弃记账。还有一部分人虽然能够坚持记账，但是却选择了最简单的记账格式——流水账。无论是上述哪种情况，都导致理财规划的第一步未能做好，从而不能很好地了解自己的财务状况，也就无法正确地进行后续的理财规划步骤。互联网金融则充分利用信息时代的特点为我们很好地解决了上述问题。

在互联网金融迅速的扩张性发展下，个人理财也逐渐利用互联网作为载体，承载多元化的理财服务业务，更好地满足社会理财服务需求，因此，移动互联网理财 App 应运而生且具有广阔的发展空间。从我国国内的记账理财 App 发展历程来看，挖财是最早的代表，其 App 应用包括“挖财钱管家”“挖财信用卡管家”“挖财记账理财”，能够帮助手机用户实现理财数据的移动化、便利化，对自己的财务状况做出清晰的支出记录和预算计划。此外还有随手记、网易理财、口袋记账等记账理财 App。

根据导入案例的资料内容编制金先生家的家庭现金流量表。

学习活动

模块二　家庭财务状况分析

人的健康体检是为了及时发现身体存在的问题与隐患，及时做出治疗，防患疾病进一步恶化，保证身体健康。而对自己的家庭财务进行检查是为了发现日常家庭理财过程中存在的误区与隐患，这些误区与隐患如果不及时发现，易造成累积爆发，影响正常的家庭生活。只有及时发现并消除理财隐患，家庭财务才能处于安全的状态，才能更好地应对危机。

任务一　家庭资产负债表分析

一、家庭资产负债表基本等式

解读家庭资产负债表首先需要掌握的一个基本会计等式可以简单表述如下：

资产净值=总资产-总负债

通过该会计等式，我们可以了解特定时点家庭的财务状况，还可以通过比较一段时间内的资产净值来分析财务变化情况。应根据家庭财务状况的变动相应地调整家庭理财规划。

该会计公式还可表示如下：

总资产=总负债+资产净值

该公式告诉我们资产由负债和资产净值组成。当负债相对于资产净值来说过高时，家庭有出现财务危机的风险。通过分析家庭资产负债表，不仅可以了解家庭的资产负债信息，而且能够通过计算其净资产来判断家庭拥有的实际财富数量。此外，还可以通过将家庭目前的资产负债状况和往年的情况相比较，制订出改善家庭目前财务状况的方案。

二、家庭资产负债表财务比率分析

检查家庭财务状况是否健康主要通过家庭财务比率来进行分析。财务比率分析是指通过家庭的资产负债表和现金流量表中若干专项的数值之比进行分析，从而找出改善家庭财务状况的方法和措施，以期实现家庭的目标。我们主要根据以下几个财务比率来进行分析。

1. 家庭资产结构分析

（1）金融资产权数。金融资产权数计算公式如下：

金融资产权数=金融资产/总资产

金融资产市值的波动一般较大，因此若家庭的金融资产权数较大，则总资产的起伏将比较大。但是，金融资产的获利能力远大于自用资产，是未来收益的保障。

一个家庭金融资产一般是由一系列风险收益情况各异的金融资产组合构成的，可以通过分析其中各类风险资产的比重来考察该家庭的财务风险状况。

（2）自用资产权数。自用资产权数计算公式如下：

自用资产权数=自用资产/总资产

自用资产是以提供使用价值为主要目的，一般家庭未购房前此比例较低。在购房后贷款未缴清前，多数家庭均将积蓄用来偿还贷款，以致家庭无法累积金融资产，因此此时自用资产权数一般在七八成以上。

（3）奢侈资产权数。奢侈资产权数计算公式如下：

奢侈资产权数=奢侈资产/总资产

中高收入家庭往往会持有较多的奢侈资产，此权数的大小可以在一定程度上反映家庭的收入状况。

2. 财务结构分析

（1）负债比率。负债比率计算公式如下：

负债比率=总负债/总资产

一般来说，负债比率越高，财务负担越大，收入不稳定时无法还本付息的风险也越大。但是由于总负债由自用资产负债、投资负债和消费负债三大部分组成，因此需要考虑总负债中各种负债组合的比重以及市场形势，才能最终较为准确地判断家庭的财务风险。

（2）融资比率。融资比率计算公式如下：

融资比率=投资负债/金融资产市值

投资负债额可以是以存单、保单、有价证券等投资工具质押获得的贷款，也可以是个人自用资产抵押获得的贷款，但是用途必须是投资金融资产，以期在投资报酬率高于融资利息率的情况下，加速资产的成长，获得财务杠杆效应。融资比率过高则会造成家庭的财务风险过大，因此必须时刻关注该比率，尽可能及早清偿投资负债，以减少利息支出。

家庭投资净资产越多，则家庭资产的成长潜力越大。投资净资产计算公式如下：

投资净资产=金融资产-投资负债

投资净资产增加的主要原因来自金融资产的增加和贷款的减少。

（3）自用资产贷款乘数。自用资产贷款乘数计算公式如下：

自用资产贷款乘数=自用资产贷款额/个人使用资产市价值

自用住宅在自用资产中占据最大的比例，若无其他自用资产，该比率计算公式如下：

自用住宅在自用资产中所占比例=房贷额/自用住宅的市值

随着房贷余额的减少，此比率会逐步减小，但在房地产市值大幅度下降的情况下，该比率也可能反向走高。

（4）消费负债资产比。消费负债资产比计算公式如下：

消费负债资产比=消费负债额/总资产

在理财上应该尽量避免消费负债，若需要借款时，在没有自用资产负债或投资负债的前提下，该比率等于总负债比率，此时消费负债的合理额度不宜超过总资产的一半。

根据案例导入的资料内容分析金先生的家庭资产状况。

学习活动

任务二　家庭现金流量表分析

一、家庭现金流量表基本等式

在掌握了收入和支出的信息后，就可以计算出每年的盈余/赤字了。盈余/赤字的计算公式如下：

盈余/赤字=收入-支出

现金盈余可被用于储蓄和投资，从而获得资产，减少负债。当出现现金赤字时，就必须从储蓄或投资中变现一定数额的资产（这将减少相应资产的数额），或借助贷款（这将增加个人的负债）弥补赤字。现金盈余（或赤字）的数额并不一定表现为有待使用的资金。现金流量表反映的只是已经发生的现金收支情况，该盈余（或赤字）的具体科目则反映于资产负债表的资产、负债和净资产上。

家庭现金流量表可以作为衡量个人是否合理使用其收入的工具，还可以为制订个人理财规划提供以下帮助：

（1）有助于发现个人消费方式上的潜在问题；

（2）有助于找到解决这些问题的方法；

（3）有助于更有效地利用财务资源。

二、家庭现金流量表财务比率分析

1. 家庭支出比率分析

支出比率=总支出/总收入=消费率+财务负担率

消费率=消费支出/总收入

财务负担率=理财支出/总收入

通常我们将家庭支出分成两个部分，即家庭消费支出和家庭理财支出。

家庭消费支出安排的基本原则是“量入为出”，尤其是在初期资本积累阶段，必须控制消费支出的比重，增加金融资产的累积，以期为以后的理财活动积聚足够的资金。随着家庭收入的增加，消费率指标也会逐步减小，即符合经济学中所说的边际消费率递减规律。

理财支出指利息支出与保障型寿险、财产险的保费支出及为了投资所支付的交易成本或顾问费用。若投资亏损，通常视为负的理财收入，为总收入的减项，不视为理财支出。通常情况下，财务负担率以利息支出占总收入的20%、保障型保费支出占总收入的10%为合理上限，因此合计不应超过总收入的30%。

2. 家庭财务弹性分析

自由储蓄额=总储蓄额-已经安排的本金还款或投资

自由储蓄率=自由储蓄额/总收入

已经安排的本金还款或投资包括房贷定期摊还的本金额、应缴储蓄性保费、定期定额投资额等提前安排的固定资金使用额。因此，自由储蓄额即总储蓄额扣除了这些固定资金使用额后可以自由动用的部分。自由储蓄率越高，则家庭的财务弹性越大，通常以10%作为自由储蓄率的下线。

3. 收支平衡点收入

收支平衡点收入=固定支出负担/工作收入净结余

工作收入净结余比率=工作收入净结余/工作收入

其中，固定支出负担包括每月的固定生活费用、房贷支出等近期每月固定支出；工作收入净结余指工作收入扣除所得税、社保缴费以及交通、通信、饮食、娱乐等日常开支后的净节余。

个人（家庭）获得收入是有阶段性的，因此应储蓄一部分的收入作为未来退休生活的准备。分析收支平衡点的主要目的是要计算出现在以及退休后的生活水准，掌握需要创造多少收入才能量入为出。当提升收入难以达到时，则必须考虑降低固定费用支出来提高工作收入净结余比率，以确保有足够的积蓄维持未来的退休生活。

使用相关比率指标分析张先生家庭财务状况。

学习活动

张先生现年46岁，为某公司主管，月薪3万元，年终奖10万元；张先生的妻子吴女士现年42岁，是某公司的财务主管，月薪8 000元。该家庭2005年12月31日对资产负债状况进行清理的结果为：价值100万的住房一套和80万的郊区度假别墅一幢，一辆别克轿车，银行定期存款15万元、活期存款5万元，现金2万元。家庭房产均为5年前购买，买价分别为50万元和30万元，首付二成，其余进行10年期按揭贷款，每月还款5 800元；轿车为2年前购买，使用年限为10年，买价为45万元，每年花费1万元购买汽车保险，当前该车型市场价格降为40万元。该家庭3年前投入20万资金进行股票投资，目前账户中的价值为15万元；一年前购入10万元的3年期记账式国债，目前价值12万元。张先生爱好字画收藏，陆续花费40万元购买的名家字画，当前市价已达到100万元，吴女士的翡翠及钻石首饰的市价达到了30万元。夫妇两人从1995年开始还每年购买中国人寿保险公司的意外伤害医疗保险，每年交保费500元。

自选并下载一款记账理财App，使用并体验其记账理财功能。

学习活动

模块三　家庭未来现金流量的分析和预测

任务一　预测未来收入

分析了家庭现时的现金流量状况后，个人理财规划可以针对未来的现金流量表进行一定的预测和分析。

每个人未来的收入都会受到工资、奖金、利息和红利等项目变化的影响，考虑到各种因素的不确定性，进行分析时应该对两种不同的收入预测：一种是估计收入最低时的情况，这一分析将有助于了解在经济萧条时的生活质量以及如何选择有关保障措施；另一种是可以根据以往收入和宏观经济的情况对其收入变化进行合理的估计。

一般而言，在这种收入预测方法下，未来的收入会有一定的涨幅。在预测未来的收入时，可以将收入分为常规性收入和临时性收入两类。常规性收入一般在上一年的基础上预测其变化率即可，如工资、奖金和津贴、股票和债券投资收益、银行存款利息和租金收入等。每种收入的性质不同，变化幅度也不一样。工资和奖金等收入可以根据当地的平均工资水平增长幅度进行预测，而股票债券的投资收益以及银行存款利息等收入，则可以参照有关机构对未来市场利率的预期进行估计。有些收入（尤其是股票投资收益）随着市场环境的变化有很大的波动，因此如果家庭所在地区经济情况不稳定，有必要对这些收入进行重新估计，而不能以上年的数值为参考。同时，如果未来会增加新的收入来源，理财规划时也应该注意。2017 年某家庭的收入预期如表 3.3 所示。

表 3.3 2017 年某家庭的收入预期表

收入预测表	家庭：×××			预期年份：2017	
收入项目	2016 年实际数值/元	最低增长比率/%	最低增长比率收入/元	适度增长比率/%	适度增长比率收入/元
工资	151 040	3	155 571	5	158 592
奖金和津贴	36 000	3	37 080	6	38 160
租金收入	15 200	5	15 960	6	16 112
有价证券的红利	79 200	1	79 992	8	85 536
银行存款利息	7 840	2	7 997	2	7 997
债券利息	25 600	N/A	0	N/A	0
信托基金红利	25 600	2	26 112	3	26 368
其他固定利息收入	4 800	0	4 800	2	4 896
捐赠收入	2 464	N/A	1 500	N/A	1 500
遗产继承	48 560	N/A	0	N/A	0
新增出售债券收入	N/A	N/A	300 000	N/A	300 000
新增关联公司收入	N/A	N/A	30 000	N/A	35 000
收入总计	396 304		659 012		674 161

注：表中的“N/A”表示在该项目下并无具体数值与之对应。

对家庭的收入进行预测时，我们设置了两个收入增长率，一个是最低增长比率，另一个是适度增长比率。其中，最低增长比率的设置方面，如果是常规工作收入，一般以通胀率为参考；如果是投资性收入，则以近几年市场行情相对较差时的表现为依据。而适度增长率综合考虑正常经济环境下各项收入的市场表现进行设置。

在表 3.3 中，由于个人将会把手中的债券出售，同时不再有遗产继承收入，所以“债券利息”和“遗产继承”这两项在 2017 年的数值都为 0。由于出售债券可以获得 300 000 元的现金收入，所以在表 3.3 中列出。而家庭预计在 2017 年将会有 15 000 元左右的捐赠收入，该收入和 2016 年的捐赠收入没有必然的联系，所以也不应该采用比率进行计算。此外，从 2017 年开始，该家庭的关联公司将每年分给其红利 30 000~35 000 元，在收入预测中应加以体现。从总体上说，该家庭在 2017 年的收入为 674 161 元，高于 2016 年的收入 396 304 元。

任务二　预测未来支出

在估计未来的支出时，需要了解两种不同状态下的支出，一种是满足最低生活水平的支出，另一种是期望实现的支出水平。这里所指的“最低生活水平”，并非指仅实现温饱状态的生活水平，而是指在保证正常生活水平不变的情况下，考虑了通货膨胀后的支出数额预测。而有很多个人或者家庭在维持现有消费水平的基础上，都期望能够进一步提高生活质量，因此要根据一些特殊要求制定出期望实现的支出水平。无论是预测生活最低水平必需的支出，还是其期望达到的消费水平支出，都要考虑个人或家庭所在地区的通货膨胀率的高低，这一数据可以从有关部门公布的经济统计指标中获得。2017 年某家庭的支出预期表如表 3.4 所示。

表 3.4　2017 年某家庭的支出预期表

收入预测表			家庭：×××		预期年份：2017 年
支出项目	2016 年实际数值/元	最低增长比率/%	最低增长比率支出/元	期望增长比率/%	期望增长比率支出/元
膳食费用	38 900	3	40 067	5	42 070
交通费用	16 000	3	16 480	5	17 304
子女教育费用	41 350	3	42 591	9	46 424
所得税	9 800	3	10 094	6	10 699
医疗费	53 20	3	5 480	6	5 808
人寿和其他保险	32 000	0	32 000	0	32 000
房屋保险	4 000	0	4 000	0	4 000
房屋贷款偿还	38 000	0	38 000	0	38 000
个人贷款偿还	11 200	0	11 200	0	11 200
衣物购置费用	6 000	3	6 180	10	6 798
子女津贴	5 800	3	5 974	5	6 273
电器维修费用	800	0	800	0	800
捐赠支出	2 100	N/A	0	N/A	0
旅行费用	20 800	3	21 424	8	22 464
新增房屋维修费	N/A	N/A	5 500	0	5 500
新增房地产投资	N/A	N/A	0	N/A	500 000
支出总计	232 070	N/A	239 790		749 340

注：表中的“N/A”表示该项目下并无具体数值与之对应。

表 3.4 中对家庭最低水平之处的预计就只是在 2016 年的基础上加上了通货膨胀率（这里假定是 3%）引起的变化，而对家庭期望达到的生活质量水平开支则由每个项目

的预期增长率来决定。人寿和其他保险、房屋保险、房屋贷款偿还和个人贷款偿还等支出由于在责任产生时其金额就已经确定下来了，因此每年在这些方面的费用相同。由于该家庭在 2017 年不打算赠送给第三方财物，所以没有这一项支出。家庭准备在 2017 年对房屋进行一次维修，费用大约为 5 500 元。另外，由于该家庭看好 2017 年所在地区的房地产市场，准备在这方面投资 500 000 元，因此这两项都进入新增的开支中。综合起来，该家庭在 2017 年的期望开支比 2016 年多了 749 340 − 232 070 = 517 270 元。

任务三　编制现金收支预算表

现金流量表反映的是过去的现金收支情况，而现金预算表则是针对未来的现金收支的计划。历史的现金流量表为未来的现金收支预算表提供了决策的参考和分析依据。编制现金收支预算表是为了更好地控制开支，但是前提是必须对个人有很好的约束能力。制作现金收支预算表主要是为了发现我们自己在现金规划和实际用度之间的差异，并逐渐将差异减到最小。制作现金收支预算表还有一个用处是，财务规划总是由设定最后要达到的目标开始，然后往前推，制订支出计划，也就是预算，那么通常在开始总是很难做到预算支出与实际支出平衡，现金收支预算表也起到帮助我们分析确定如何在各个项目之间调整，以及养成约束自己遵守收支计划的好习惯。

编制现金收支预算表也有一些必须遵循的原则，首先是量入为出的收支平衡原则，即“预算收入总额+期初现金资产=预算支出总额+期末预计的现金资产”。其次是合理的投资消费比例原则，即应尽量减少不是非常必要的消费，将节省的钱用于投资。最后是重要性原则，即要将有限的收入资源用于重要目标的实现。

个人和家庭在编制现金收支预算表时可以采用如表 3. 5 所示的格式。

表 3. 5　现金收支预算表

××年××季度　　　　　　　　　　单位：元

	上期实际数	本期预计数	本期实际数	本期预决算差额
收入				
1. 工资性收入	6 300	6 300	7 100	800
2. 财产经营收入	700	700	700	0
3. 不固定收入	0	0	8 000	8 000
4. 债务收入	0	0	0	0
5. 其他收入	0	0	0	0
收入合计	7 000	7 000	15 800	8 800
支出				
1. 饮食支出	3 000	3 000	3 200	200

表3.5(续)

	上期实际数	本期预计数	本期实际数	本期预决算差额
2. 衣服鞋帽支出	200	300	0	300
3. 日用品支出	500	500	500	0
4. 交通费	100	100	0	100
5. 文化娱乐支出	300	300	100	200
6. 医疗保健支出	0	0	200	200
7. 教育支出	300	300	300	0
8. 人际交往支出	400	200	300	100
9. 各种用具支出	100	100	0	100
10. 住房支出	0	0	0	0
11. 投资支出	12 500	1 500	1 600	100
12. 所得税	800	800	800	0
13. 其他支出	200	200	100	100
支出合计	18 400	7 300	7 100	200
预算盈余 (收入合计-支出合计)	11 400	300	8 700	8 600

现金预算表也完全是根据现金流量表的各大项收入和支出来列的，对于一些临时发生的项目可以放入其他一栏。如果节余额为正数（黑字表示），则说明收大于支。若余额为负数（红字表示），则说明入不敷出、寅吃卯粮。现金控制能否成功，取决于对建立的现金预算是否忠实地执行。对于出现差异的项目，就应该参考当月现金流量表去找原因并且采取纠正的措施。

总之，记现金日记账（或者保留当月所有收入支出的票据）、编制现金流量表和现金预算表都需要平时花费一些时间，并且要用预算来控制自己，这些要求和必要的付出对于每个人来讲，都不是一件轻松易做的事情。不持之以恒地坚持下去，是不会取得显著效果的。这项工作最易流于形式而逐渐被放弃，但是如果不做这个基础工作，理财就是空中楼阁，根本无法进行。

学习活动

请结合自己家庭的实际情况为自己的家庭编制一份现金预算收支表。

本章小结

家庭财务报表分析是进行个人理财规划的基础，本章主要向大家介绍了家庭财务报表编制和分析的方法。

一个个人或家庭的资产负债表或者净资产表是这个个人或家庭在某一时刻的财务状况的反映，它显示了个人或家庭所管理的经济资源，以及所承担的一切债务。资产负债表是对个人或家庭资产、个人或家庭负债以及个人或家庭所有者权益的总结。

个人或家庭的现金流量是指某一时期内个人或家庭现金流入和流出的数量。现金流量表能够反映个人或家庭收支情况，进行个人或家庭收支预算。现金流量表是进行理财策划最重要的工具，也是理财工作的基础

现金预算表则是针对未来的现金收支的计划。历史的现金流量表为未来的现金收支预算表提供了决策的参考和分析依据。编制现金收支预算表是为了更好地控制开支，但是前提是必须对个人有很好的约束能力。制作现金收支预算表，主要是为了发现我们自己在现金规划和实际用度之间的差异，并逐渐将差异减到最小。

第二篇
投资理财规划

第二章

项目四　现金规划

【案例导入】

24 岁的小于曾在外企工作，月薪 6 000 元，但花钱没有节制，是一个典型的“月光族”。金融危机来袭，遭遇公司裁员，从来都没想到会失业的小于失业了，生活一下子陷入窘境，她为此懊恼不已：“早知道生活会突遇如此变故，我之前就会合理理财，而不是一味消费了。”目前小于刚找到新工作，月薪 4 000 元，每月的花销比以前少了，大概是 2 000 元，还有 1 000 多元的积蓄，她想请教专家，积蓄应怎样打理？

小于之前的状况显示出其具有“月光族”的典型特征：日常花销大，原始积累少，消费无节制。伴随着工作的变化以及收入的减少，小于应该尽快树立正确的理财观念，运用科学的理财手段，为自己的生活寻找坚实的经济保障。

【案例分析】

根据小于的实际情况，理财规划师为其提供了以下几点理财建议：

1. 开支预算

理财的根本在于有财可理，因此首先必须要聚集财富。对于像小于这样的“月光族”来说，最好的做法是每月列出一个强制性的开支预算，主要包括住房、食品、衣着、通信、休闲娱乐等方面，制订一个计划，按照预算进行，尽量不要超支。建议小于从现在开始就学会每月记账，通过记账分析出哪些是弹性支出，哪些是刚性支出，从而严格控制不该有的弹性支出，达到理性消费。

信用卡是很好的记账工具，小于可以考虑办一张信用卡，但信用额度最好控制在 3 000 元之内，防止冲动消费。另外，巧用信用卡还可以享受到最大的免息期，以达到理财的效果。

2. 开始储蓄

根据小于目前的情况以及当前市场利率较低的状况，建议小于可考虑阶梯式组合储蓄法进行储蓄。在前 3 个月时，根据自身情况每个月拿出 1 000 元存入 3 个月定期存款。这样，从第 4 个月开始，每个月便有一个存款是到期的。如果不想到期提取，可事先与银行约定自动将其改为 6 个月、1 年或者 2 年的定期存款。这样“阶梯式”操作不仅保证了资金的流动性，避免了提前支取时利息受损，还可最大限度地获取利息收益。

3. 尝试投资

传统的银行储蓄方式尽管比较适合“月光族”积累储蓄，但缺点是收益相对较低，因此建议小于可适度尝试进行一些投资。小于尚年轻，投资策略可以考虑多一点进攻性，建议选择风险适中的稳健型基金，每月拿出几百元进行定期定额投资，尽管每期资金较少，但只要持之以恒，也能积累大量财富。

模块一　现金规划概述

现金规划可以说是个人家庭理财规划中最重要的部分，无论是日常消费，还是买房、买车、教育投资，都要在家庭现金流中体现出来。家庭进行现金管理，首先要计划好手中应该留有多少的流动资金才算合适，太少容易感觉捉襟见肘，出现重大意外花费情况下发生困难，太多又使资金的利用效率过低，在目前银行实际负利率的情况下不如拿去投资更合算。

理财规划的常识告诉大家，一般把 3~6 个月的生活费用总额作为最低应急准备金。这样算来，如果一个家庭的每月生活费用是 3 000 元，那么就需要准备至少 9 000 元的现金或者活期存款。这样就可以在应急情况发生时解决手中流动资金不足的问题。

任务一　现金规划的含义

一、现金与现金等价物的概念

现金与现金等价物也可以统称为客户的流动资产，包括现金、支票账户、储蓄账户、货币市场账户和其他短期投资工具。它们之所以能称为流动资产，是因为这些资产要么是现金本身，要么是随时可以在价值没有损失或损失极小的情况下转换为现金。通常，期限在 3 个月以内、流动性强、价值变动风险很小、易于转换成已知金额现金的资产都可视为现金等价物。尽管对于保持多少流动资金的观点各异，但是对绝大多数家庭来说，普遍认同的看法是，保持相当于 3~6 个月税后收入的流动资金是最佳的。假设一个人（家庭）的税后月收入是 5 000 元，那么，保持 15 000~30 000 元的流动资金储备是比较合适的。

二、现金规划的内容

现金规划是对家庭或个人日常的、日复一日的现金及现金等价物进行管理的一项活动，就是确保家庭或个人有足够的费用来支付短期内计划中和计划外的费用，并且家庭或个人的消费模式是在家庭或个人的预算限制之内。

在个人或家庭的理财规划中，现金规划既能够使所拥有的资产保持一定的流动性，满足个人或家庭支付日常家庭生活费用的需要，又能够使流动性较强的资产保持一定的收益。一般来说，在现金规划中有这样一个原则，即短期需求可以用手头的现金来满足，而预期的或者将来的需求则可以通过各种类型的储蓄或者短期投资工具和融资工具来满足。

三、现金规划的作用

在个人理财规划中，现金规划有助于所拥有的资金既能满足家庭的费用又能满足储蓄的计划。

使得预期的或者现在的需求可以用手头现金来满足，而未预期的或者将来的需求则可以通过各种类型的储蓄或短期工具来满足。

四、现金规划考虑的基本范畴

1. 持有现金的成本

对于金融资产来说，通常流动性和回报率是成反方向变化的。现金具有很高的流动性，因此现金必将伴随着一定的机会成本。现金的机会成本在金融资产里一般被看成是进行活期储蓄的所得。如果你持有现金，就意味着你放弃收益，要在资本的流动性和收益性之间进行权衡。

2. 应急备用金的重要性

我们每个人都会碰到收入突然减少，甚至中断的情况，若没有一笔应急备用金可以动用，则会陷入财务困境。例如，因为失业或失能（因为意外身心遭受伤害，导致无法工作，在保险术语上称之为失能）导致收入中断，则会面临生活费用、买车或买房贷款的月供款、房租等债务压力。又如，因为应急医疗或者意外灾害而导致的超支费用，这时也需要一笔应急预备金来应付这些突发状况。

假如有突发事件发生，需要大量资金，而我们把资金都投入到收益较高的投资上去，没有建立应急准备金。这就会导致我们不得不将投资变现，而将高收益投资变现将会付出巨大的成本，并且大多投资还会损失掉大量的收益。因此，应急备用金能够很好地防止这类损失的出现，保证投资规划正常运作。

五、现金规划中常犯的错误

第一，由于冲动购物和使用信用卡导致过度消费；

第二，流动资产（现金、活期账户）不足以支付流动性开支；

第三，动用储蓄或借款来支付当期费用；

第四，没有把闲置资金进行储蓄或投资。

任务二　建立应急备用金

在现实生活中，计划总是没有变化快。在正常的收入与支出范围内，每月或多或少有结余，但是当收入突然中断或支出突然暴增时，此时若没有一笔应急备用金可供动用则会让人捉襟见肘，陷入一时的财务困境。例如，全家休闲逛商店，本没想着花多少钱，但恰好看中了一套花色、面料、款式、品味、规格都很符合太太气质的服装，就是贵一点。若买下，当月的消费支出就超计划了；若放弃，又怕可遇而不可求，让人遗憾，这就需要应急备用金来拾遗补阙了。又如，家里有些急事需要花钱，这也需要应急备用金来进行应对和弥补。但是，这种家庭经济中不可或缺的应急备用金，既不可留得太多，也不可留得太少。这部分钱，留多了，将影响私人资本的效率；留少了，则可能将家庭经济弄得一团糟，进而影响私人资本的投资获利。

一、应急备用金的用途

在家庭经济生活中，应急备用金始终扮演着一个十分重要的角色。应急备用金是家庭经济生活的润滑剂、缓冲器和平衡器。因此，建立应急备用金主要为满足以下用途：

1. 应对失业或失能导致的工作收入中断

失业后能否顺利找到工作，视当时的市场状况与自己的调整弹性而定。经济景气时，3 个月内要找到与原待遇类似的工作不难；经济不景气时，即使自动降低收入，一年半载还找不到工作也是常事。因此，为应对失业的应急备用金，至少应准备 3 个月的固定支出，较保守者可准备 6 个月。而月固定支出等于月生活费支出与应偿还负债本息的和。除了家庭必须保持温饱以外，不能因为一时的失业，无法偿还银行借款应摊还本金利息，让自己信用受损，影响长期的购车、买房计划。

因意外伤害或身心疾病因素导致暂时无法工作，在保险术语上称作“丧失劳动能力”。丧失劳动能力的时间视受创或病症的严重程度而定，虽然可以投保残疾收入保险来获取生活费用需求，但残疾收入保险主要保障的是长期丧失劳动能力的风险，因此最少也有 3 个月的免责期间，也就是说丧失劳动能力的前 3 个月没有月理赔金，必须自己负责。即使自认不可能失业者，若已投保残疾收入险，仍要针对丧失劳动能力状况，准备至少 3 个月免责期固定支出的应急预备金，而未投保残疾收入险者则以准备 6 个月为宜。

丧失劳动能力可能导致失业或延缓再就业的时间，因此就收入中断的风险而言并非两者相加，而是取其高者。整体上来说，3 个月的固定支出是最基本的应急备用金，6 个月的支出是建议的应急备用金额度。因应急备用金存款收益率低，故最长的应对时间可以 1 年为限。

2. 应对应急医疗或意外灾变所导致的超支费用

虽然有时并没有出现失业或失能导致收入中断，但是有时因为自己或家人需要应急医疗或因为天灾、被盗等导致财产损失，需要重建或重购支出时，一时的庞大支出可能远超过收入能力，此时也要有一笔应急备用金才能应对这些突发的状况。应对费用超支的应急备用金额度应为多少才足够呢？通常以单一事故可能发生的巨额费用来估计。若没疾病危险，并非就高枕无忧，不用准备应对应急支出的备用金了。建议以 5 000 元作为应急备用金的安全存量额度。因为收入中断与意外超支费用现象有可能同时发生，所以所需的应急备用金额度应为两者相加，而非取其高者。

二、衡量应急备用金的应对能力指标

1. 失业保障月数

失业保障月数计算公式如下：

失业保障月数=存款、可变现资产或净资产/月固定支出

其中：存款保障月数等于存款除以月固定支出，为最保守的保障，一般而言3个月的保障已足够；最广义的失业保障月数，以净资产除以月固定支出进行计算。

依照保障的资产范围不同，资产可分为存款、可变现资产与净资产三项指标。可变现资产包括现金、活期储蓄、定期存单、股票、基金等，不包括汽车、房地产及古董字画等变现性较差的资产。月固定支出除生活费开销的固定支出以外，还包括分期付款支出等已知负债方面的固定现金支出。失业保障月数指标越高，越表示即使失业也暂时不会影响生活，可审慎地寻找下一个适合的工作。可变现资产失业保障月数可定为6个月，需要用钱的时候，除存款外还可能需要变现股票。其中3个月的部分是因应暂时失业、丧失劳动能力、医疗意外支出的应急备用金，应以现金、活期储备、定期存单为主，变现时不会有多少损失。另外3个月的部分可以股票、基金为主，使用的机会不大，但万一需要时，要在几天内变现，不过变现时根据当时的市场行情或利率水准可能会有所损失。

当持续失业时不仅要领出存款或变现股票，可能还要卖掉个人使用资产，还清房贷后以余额来支应生活费用。如以最广义的定义，则净资产的失业保障月数应在12个月以上。

【案例4.1】如有存款1万元，股票2万元，自住房屋价值30万元，贷款20万元，若月固定支出为5 000元，使用失业保障月数分析应对能力。

【案例分析】

存款保障月数=10 000÷5 000=2（个月）

变现资产保障月数=（10 000+20 000）÷5 000=6（个月）

净资产保障月数=（1+2+30−20）÷0.5=26（个月）

由此可见，短期存款保障月数略低，会降低其短期应对能力，中长期失业保障月数显示的应对能力正常。

需要注意的是，假使以过去所累积的储蓄都当成首付款，所有的月储蓄都用来缴房贷的话，其可变现的资产便会偏低，而失业保障月数也仅有1个月。当失业的状况发生时，生活的压力会迫使人需要急切地找工作，很可能屈就于不是很理想的工作。

因伤病或意外发生丧失劳动能力的情况，可以投保失能险或意外失能险附约。无法工作时可得到最多达收入七成的残疾收入险月给付，也建议投保医疗费用险来弥补国家医疗保险给付的不足。如果已投保残疾投入险及医疗费用险，万一发生此种状况仍有保险理赔给付，因此可降低应急备用金的需要额度，将其移转至获利性较高的资产上。如果现有的工作在离职时可领取6个月以上的离职金，或已到可领取退休金的资格，那么为预防失业的最低可变现资产额度也可降低，不动产及收藏品等保值性佳

但流动性差的资产稍高也无妨。

2. 意外或灾变承受能力

意外或灾变承受能力计算公式如下：

意外或灾变承受能力=(可变现资产+保险理赔金−现有负债)÷(5~10年生活费+房屋重建装潢成本)

其中：保险包括人身保险（寿险及意外险）及产险（房屋险或家财险），不管是亲人突然身故或灾变导致房屋毁损，都会影响到家庭财务的顺利运作。要准备几年的生活费，视若有亲人变故，遗属需要多久才能从破败中重新站起来而定，短则5年，最长可能需要10年。如果此比率大于1，表示万一发生灾变承受能力较高；若小于1，则发生灾变后的损失将影响家庭短期生活水准及居住环境。若此比率呈现负数，可能并未有任何保险，表示当资产减损时负债依旧，将无力重整家园。

若发现灾变承受能力偏低时，最快的改善方式是加保寿险、意外险、房屋险或家财险等产险。以此比率等于1计，合理的寿险保额应该包括5~10年的生活费、现有负债再扣除可变现资产，若觉得寿险的保费过高，可用意外险代替。

三、应急备用金的储备形式——存款或备用贷款额度

可以用两种方式来筹备应急备用金，一种方式是流动性高的活期存款或短期定期存款；另一种方式为备用的贷款额度。两种筹备应急备用金的方式的比较如下：

1. 在机会成本方面的比较

以存款筹备的机会成本是因准备资金的流动性而可能无法达到长期投资的平均报酬率。以两者的报酬率差异5%计，这5%就是应急备用金存款的机会成本。

假设每个月固定支出为6 000元，准备5个月的支出为应急备用金共30 000元，则一年5%的差异的机会成本为30 000×5%=1 500元。若把所有的钱都拿去做长期投资，短期急用时抛售可能会有资本损失，因此以救急贷款来应付。若此短期信用贷款的利率为12%，额度亦为30 000元，30 000×12%÷12=300元，即每月需付300元的利息。因此，若运用期达5个月，借款利息也达到1 500元。以存款准备的机会成本是相对的，若当时投资环境不佳，持有现金才是上策，则机会成本可为0。若以贷款额度准备，一旦动用就要支付高利率的利息。当存款利率与短期信用贷款利率的差距越大时，以部分资金保留流动性，而以存款当应急准备金的诱因就越大。如果事故一旦发生后，借款持续的时间较短，因为应急备用额度是有支用才按日计息，所以利率虽高，但借用的日子不多，就可以用经常性收支余额还清，负担也不会太大。

2. 两者搭配的方式比较

最好的方式是两者搭配，各形式作为应急备用金的一部分。例如，月固定支出为5 000元，拟订的应急备用金为6个月的固定支出30 000元，此时可以10 000元放在活期存款当作第一笔应急备用金，另外再向银行设定应急备用额度20 000元。可能有七成以上机会，即使当月收入无法应对当月支出，10 000元的活期存款额度可以随时挪用应急，待有收支结余时再补回。可能有三成以内的机会，一时的大笔支出连10 000

元的存款余额也不够支应，此时就要用预先设定的备用额度，虽然支付较高的利率，但预料时间不会太长，整体来说此种搭配较为稳健。

【案例 4.2】家庭基本信息如下：

丈夫：31 岁，私营业主，年收入约 30 万元，无任何保险。妻子：28 岁，中学教师，月薪 2 000 元左右（13 个月），有社保，公积金 300 元/月。

支出：家庭日常支出每月 4 000 元，每月孩子支出 1 500 元，每月车费 1 500 元，家庭旅游一年 1.2 万元。

资产状况：现金 1 万元，银行活期存款 90 万元，3 年定期存款 10 万元，股票 8 万元，一套房产现市值 86 万元，一辆宝来车市值 16.8 万元，无负债。

该家庭应该如何管理家庭的现金实现真正意义上的富有？

【案例分析】现金规划是为了保证该家庭的资金在具有较强的流动性的同时，其余暂时不需要的资金能够得到充分的运用。这里针对现金做出如下规划：

首先，计算家庭生活费用支出。

家庭每月支出共计 7 000 元，家庭一年的消费支出现金共计 9 万元左右，这一部分资金我们采用组合存款的方式，满足了家庭每个月的现金支出，保证了较强的流动性。在存款方式上这里为该家庭选择了一套 1 万元现金、2 万元活期存款、3 万元 3 个月定期存款、3 万元 6 个月定期存款相组合的方式，1 万元现金和 2 万元活期存款，至少可以满足家庭 3 个月的消费支出，配合以 3 个月和 6 个月的定期存款，保证了家庭现金流的连续，使其银行存款合理运转起来。

其次，建立家庭应急准备金。

在满足了基本的家庭消费支出后，还需建立一个家庭应急备用金账户。

家庭应急备用金预留 3 万元，采用货币市场基金形式。家庭在急需用资金的时候，可以通过赎回很快变现。

同时单独设立妻子工资账户（每月 2 000 元），每年 2.6 万元，作为家庭应急备用金的补充。

为了使该家庭的应急备用金部分更为完善，建议其办理一张银行信用卡，将每月的透支额度限定为 5 000 元。

学习活动

根据导入案例的资料内容，为该家庭建立应急备用金。

模块二　现金规划的工具

现金规划的一般工具包括：现金、相关储蓄产品、货币市场基金。现金是现金规划的重要工具，流动性最强；相关储蓄品种有活期储蓄、定活两便储蓄、整存整取定期储蓄、零存整取定期储蓄、整存零取储蓄、存本取息储蓄、个人通知存款、定额定期储蓄；货币市场基金是指仅投资于货币市场工具的基金。但在某些时候，家庭有未预料的支出，而现金和现金等价物额度不够时，需要利用其他融资工具，包括：信用卡、国债或存单抵押贷款、保单抵押贷款、典当等。

任务一　个人存款工具

一、储蓄存款

储蓄存款指为居民个人积蓄货币资产和获取利息而设定的一种存款。储蓄存款基本上可分为活期储蓄存款和定期储蓄存款两种。活期储蓄存款虽然可以随时支取，但取款凭证——存折不能流通转让，也不能透支。传统的定期储蓄存款的对象一般仅限于个人和非营利性组织，且若要提取，必须提前 7 天事先通知银行，同时存折不能流通和贴现。目前，美国允许营利性公司开立储蓄存款账户，但存款金额不得超过 15 万美元。除此之外，西方国家一般只允许商业银行的储蓄部门和专门的储蓄机构经营储蓄存款业务，且管理比较严格。

下面，让我们一起来了解一下目前我国银行为个人提供的储蓄存款种类。

1. 活期存款

活期存款是指不规定期限，可以随时存取现金的一种储蓄。活期储蓄以 1 元为起存点，多存不限。开户时由银行发给存折，凭折存取，每个季度结算一次利息。参加这种储蓄的货币大体有以下几类：

（1）暂不用于消费支出的货币收入。

（2）预备用于购买大件耐用消费品的积攒性货币。

（3）个体经营户的营运周转货币资金，在银行为其开户、转账等问题解决之前，以活期储蓄的方式存入银行。

2. 定期存款

定期存款是指存款人同银行约定存款期限，到期支取本金和利息的储蓄形式。定期储蓄存款的货币来源于城乡居民货币收入中的结余部分、较长时间积攒以购买大件消费品或设施的部分。这种储蓄形式能够为银行提供稳定的信贷资金来源，其利率高于活期储蓄。

3. 整存整取

整存整取是指开户时约定存期，整笔存入，到期一次整笔支取本息的一种个人存款。人民币 50 元起存，外汇整存整取存款起存金额为等值人民币 100 元的外汇。另外，整存整取提前支取时必须提供身份证件，代他人支取的不仅要提供存款人的身份证件，还要提供代取人的身份证件。该储种只能进行一次部分提前支取。计息按存入时的约定利率计算，利随本清。整存整取存款可以在到期日自动转存，也可根据客户意愿，到期办理约定转存。人民币存期分为 3 个月、6 个月、1 年、2 年、3 年、5 年 6 个档次。外币存期分为 1 个月、3 个月、6 个月、1 年、2 年 5 个档次。

4. 零存整取

零存整取是指开户时约定存期、分次每月固定存款金额（由储户自定）、到期一次支取本息的一种个人存款。开户手续与活期储蓄相同，只是每月要按开户时约定的金额进行续存。储户提前支取时的手续比照整存整取定期储蓄存款有关手续办理。一般 5 元起存，每月存入一次，中途如有漏存，应在次月补齐。计息按实存金额和实际存期计算。存期分为 1 年、3 年、5 年。利息按存款开户日挂牌零存整取利率计算，到期未支取部分或提前支取按支取日挂牌的活期利率计算利息。

5. 整存零取

整存零取是指在存款开户时约定存款期限、本金一次存入，固定期限分次支取本金的一种个人存款。存款开户的手续与活期相同，存入时 1 000 元起存，支取期分 1 个月、3 个月及半年一次，由储户与营业网点商定。利息按存款开户日挂牌整存零取利率计算，于期满结清时支取。到期未支取部分或提前支取按支取日挂牌的活期利率计算利息。存期分为 1 年、3 年、5 年。

6. 存本取息

存本取息指在存款开户时约定存期、整笔一次存入，按固定期限分次支取利息，到期一次支取本金的一种个人存款。一般是 5 000 元起存。可一个月或几个月取息一次，可以在开户时约定的支取限额内多次支取任意金额。利息按存款开户日挂牌存本取息利率计算，到期未支取部分或提前支取按支取日挂牌的活期利率计算利息。存期分 1 年、3 年、5 年。其开户和支取手续与活期储蓄相同，提前支取时与定期整存整取的手续相同。

7. 定活两便

定活两便是指在存款开户时不必约定存期，银行根据客户存款的实际存期按规定计息，可随时支取的一种个人存款种类。50 元起存，存期不足 3 个月的，利息按支取日挂牌活期利率计算；存期 3 个月以上（含 3 个月），不满半年的，利息按支取日挂牌定期整存整取 3 个月存款利率打 6 折计算；存期半年以上的（含半年）不满 1 年的，整个存期按支取日定期整存整取半年期存款利率打 6 折计息；存期 1 年以上（含 1 年），无论存期多长，整个存期一律按支取日定期整存整取 1 年期存款利率打 6 折计息。

8. 通知存款

通知存款是指在存入款项时不约定存期，支取时事先通知银行，约定支取存款日期和金额的一种个人存款方式。最低起存金额为人民币 5 万元（含），外币等值 5 000 美元（含）。为了方便，储户可在存入款项开户时即可提前通知取款日期或约定转存存款日期和金额。个人通知存款需一次性存入，可以一次或分次支取，但分次支取后账户余额不能低于最低起存金额，当低于最低起存金额时银行给予清户，转为活期存款。个人通知存款按存款人选择的提前通知的期限长短划分为 1 天通知存款和 7 天通知存款两个品种。其中 1 天通知存款需要提前 1 天向银行发出支取通知，并且存期最少需 2 天；7 天通知存款需要提前 7 天向银行发出支取通知，并且存期最少需 7 天。

9. 教育储蓄

教育储蓄是为鼓励城乡居民以储蓄方式为其子女接受非义务教育积蓄资金，促进教育事业发展而开办的储蓄。教育储蓄的对象为在校小学四年级（含四年级）以上学生。

存期规定：教育储蓄存款按存期分为 1 年、3 年和 6 年 3 种。

账户限额：教育储蓄每一账户起存 50 元，本金合计最高限额为 2 万元。

利息优惠：客户凭学校提供的正在接受非义务教育的学生身份证明一次支取本金和利息时，可以享受利率优惠，并免征储蓄存款利息所得税。

学习小贴士

储蓄存款技巧

第一招：阶梯存储法

此种方法既流动性强，又可获取高利息。

具体操作方法：3 万元中，1 年期、2 年期、3 年期定期储蓄分别存 1 万元。1 年后，将到期的 1 万元再存 3 年期。以此类推，3 年后持有的存单则全部为 3 年期的，只是到期的年限不同，依次相差 1 年。

这种方法可使年度储蓄到期额保持平衡，既能应对储蓄利率的调整，又可获取 3 年期存款的高利息，适宜工薪家庭为子女积累教育基金。

第二招：存单四分存储法

此种方法既可满足应急资金的使用，又可避免急用时因动用大存单而造成的损失。

具体操作方法：如果现在有 1 万元且在 1 年内有急用，并且每次用钱的具体金额与时间不确定，那就最好选择存单四分法，即把存单分为 4 张，即 1 000 元一张、2 000 元一张、3 000 元一张、4 000 元一张，这样想用多少钱就用多少钱的存单。

第三招：交替存储法

此种方法不仅不会影响家庭急用，还会取得比活期储蓄高的利息。

具体操作方法：假设有 5 万元现金，可以将 5 万元分为两份，每份为 2.5 万元，分别按半年、1 年的存期存入银行，1 年期存款设为自动转存。若在半年期存款到期后，有急用便取出，若用不着，则也转为 1 年期定期存款，并设立自动转存功能。这样两笔存款的循环时间为半年，若半年后有急用，可以取出任何一张存单。

第四招：利滚利存储法

此种方法又称“驴打滚”存储法，即存本取息储蓄和零存整取储蓄有机结合的一种储蓄法。

具体操作方法：假如有3万元，可以把这3万元存成存本取息储蓄，1个月后取出存本息储蓄的第一个月利息，再用这1个月的利息开设一个零存整取储蓄户，以后每个月把利息取出后存入零存整取储蓄，这样不仅存本取息得到利息，而且其利息在参加零存整取后又取得利息。

第五招：自动续存法

具体操作方法：在办理定期存款时选择了“定期存款约定转存期限”，则在存款到期后银行将按照储户的意愿为储户办理无限次自动转存，自动转存后再次起息时按转存日挂牌公告的同档次利率计息。当遇到降息时，如果钱是自动续存的整存整取，并正好在降息不久到期，则千万不要去取，银行自动在到期日按续存约定的转存，并且利率还是原来的利率。

二、货币市场基金

在现金规划的一般工具中，现金流动性最强，收益率最低，在通货膨胀条件下，现金不仅没有收益，反而会贬值。国内储蓄机构的储蓄业务虽然流动性较强，但收益率较低，在一般情况下低于居民消费物价指数（CPI）。

货币市场基金是一种功能类似于银行活期存款，而收益却高于银行存款的低风险投资产品。货币基金为个人及企业提供了一种能够与银行中短期存款相替代，相对安全、收益稳定的投资方式。货币基金既可以在提供本金安全性的基础上为投资者带来一定的收益，又具有很好的流动性。就流动性而言，货币市场基金的流动性很好，甚至比银行7天通知存款的流动性还要好。前者赎回日后1天（T+1日）或2天（T+2日）就可以取得资金，而后者则需要赎回日后7天（T+7日）。货币基金有类似于活期存款的便利。当天赎回（T日），资金最快第二天（T+1日）上午10点以前到账。就安全性而言，由于货币基金投资于短期债券、国债回购及同业存款等，投资品种的特性基本决定了货币基金本金风险接近于零。就收益率而言，货币市场基金的收益率远高于7天通知存款。货币基金没有认购费、申购费和赎回费，只有年费，总成本较低。

根据2004年8月16日中国证监会、中国人民银行制定的《货币市场基金管理暂行规定》，货币市场基金是指仅投资于货币市场工具的基金。具体来讲，货币市场基金应当投资于以下金融工具：

（1）现金；

（2）一年以内（含一年）的银行定期存款、大额存单；

（3）剩余期限在397天以内（含397天）的债券；

（4）期限在一年以内（含一年）的债券回购；

（5）期限在一年以内（含一年）的中央银行票据；

（6）中国证监会、中国人民银行认可的其他具有良好流动性的货币市场工具。

货币市场基金不得投资于以下金融工具：

（1）股票；

（2）可转换债券；

（3）剩余期限超过 397 天的债券；

（4）信用等级在 AAA 级以下的企业债券；

（5）中国证监会、中国人民银行禁止投资的其他金融工具。

近几年货币基金借力互联网，兴起一大批“宝类”产品，取代活期存款深入百姓心中，成为理财人士空前关注的大热品种。其中最具代表性的就是由蚂蚁金服于 2013 年 6 月推出的余额增值服务和活期资金管理服务产品余额宝。

学习小贴士

互联网金融理财产品：货币基金“余额宝”

余额宝是由第三方支付平台支付宝打造的一项余额增值服务，于 2013 年 6 月 13 日上线的存款业务。通过余额宝，用户不仅能够得到较高的收益，还能随时消费支付和转出，无任何手续费。用户在支付宝网站内就可以直接购买基金等理财产品，获得相对较高的收益，同时余额宝内的资金还能随时用于网上购物、支付宝转账等支付功能。转入余额宝的资金在第二个工作日由基金公司进行份额确认，对已确认的份额会开始计算收益。

余额宝支持支付宝账户余额支付、储蓄卡快捷支付的资金转入且不收取任何手续费。通过余额宝，用户存留在支付宝的资金不仅能拿到“利息”，而且比银行活期存款利息收益更高。根据其官方介绍，2012 年，10 万元一年定期储蓄利息为 3 250 元/年，如通过余额宝收益能超过银行利息 750 多元/年。

余额宝的服务特点是：

操作流程简单，余额宝服务是将基金公司的基金直销系统内置到支付宝网站中，用户将资金转入余额宝，实际上是进行货币基金的购买，余额宝的收益也不是“利息”，而是用户购买货币基金的收益。整个流程与给支付宝充值、提现或购物支付一样简单。

最低购买金额没有限制，余额宝的目标是让那些零花钱也能获得增值的机会，让用户哪怕一两元、一两百元都能享受到理财的快乐。

收益高，使用灵活，余额宝不仅能够提供高收益，还全面支持网购消费、支付宝转账等几乎所有的支付宝功能，这意味着资金在余额宝中一方面在时刻保持增值，另一方面又能随时用于消费。同时，与余额宝合作的天弘增利宝货币基金，支持 $T+0$ 实时赎回，转入支付宝余额宝中的资金可以随时转出至支付宝余额，也可直接提现到银行卡。

摘自“百度百科”

任务二　个人贷款融资工具

在某些时候，家庭有未预料到的支出，而家中的现金和现金等价物额度不够时，就需要利用贷款融资工具，这类主要包括：信用卡、国债或存单抵押贷款、保单抵押贷款、典当等。

一、信用卡融资

1. 信用卡的含义

信用卡是银行或其他财务机构签发给那些资信状况良好的人士，用于在指定的商家购物和消费，或在指定银行机构存取现金的特制卡片，是一种特殊的信用凭证。

随着信用卡业务的发展，信用卡的种类不断增多，概括起来，一般有广义信用卡和狭义信用卡之分。从广义上说，凡是能够为持卡人提供信用证明、消费信贷或持卡人可凭卡购物、消费或享受特定服务的特制卡片均可称为信用卡。广义上的信用卡包括：贷记卡、准贷记卡、借记卡等。从狭义上说，信用卡主要是指由金融机构或商业机构发行的贷记卡，即无须预先存款就可贷款消费的信用卡。狭义的信用卡实质是一种消费贷款，它提供一个有明确信用额度的循环信贷账户，借款人可以支取部分或全部额度。偿还借款时也可以全额还款或部分还款，一旦已经使用余额得到偿还，则该信用额度又重新恢复使用。

信用卡在扮演支付工具的同时，也发挥了最基本的账务记录功能。再加上预借现金、循环信用等功能，更使信用卡超越了支付工具的单纯角色，具备了理财功能。

2. 信用卡的特点

（1）信用卡相比普通银行储蓄卡来说，最方便的使用方式就是可以在卡里没有现金的情况下进行普通消费，在很多情况下只要按期归还消费的金额就可以了。

（2）不需存款即可透支消费，并可享有 20～50 天的免息期，按时还款分文利息不收。

（3）购物时刷卡不仅安全、卫生、方便，还有积分礼品赠送。

（4）持卡在银行的特约商户消费，可享受折扣优惠。

（5）积累个人信用，在个人的信用档案中增添诚信记录，让个人终身受益。

（6）通行全国无障碍，在有银联标识的自动柜员机（ATM）和销售终端机（POS）机上均可取款或刷卡消费。

（7）全年多种优惠及抽奖活动，让持卡人只要用卡就能时刻感到惊喜。

（8）每月免费邮寄对账单，让持卡人透明掌握每笔消费支出情况。

（9）特有的附属卡功能，适合夫妻共同理财，或掌握子女的财务支出。

（10）自由选择的一卡双币形式，通行全世界，境外消费可以境内人民币还款。

（11）免费 800 电话 24 小时服务，挂失即时生效，失卡零风险。

3. 信用卡的功能

（1）信用额度功能。信用额度是指信用卡最高可以使用的金额。信用额度是依据个人申请信用卡所填写的资料和提供的相关信用记录、财务能力等证明文件综合评定的。发卡机构将根据持卡人信用状况的变化定期调整信用额度。

（2）免费融资。信用卡持卡人进行非现金交易时，可享受免息还款期待遇，即从银行记账日起至到期还款日之间的日期为免息还款期。在此期间，持卡人只要全额还清当期对账单上的本期应还金额（总欠款金额），便不用支付任何非现金交易由银行代垫给商店资金的利息（预借现金则不享受免息优惠）。

免息还款期根据各行规定有所不同，最短为账单日到最后还款日，最长为账单日次日到下月最后还款日。

如账单日为1日，最后还款日为20日，则最短为20日，最长为50日。

【案例4.3】张小姐办理了一张信用卡，该信用卡每个月的18日为结算日，每个月的8日为最后还款日。如果张小姐在8月18日、19日消费，则其享受的最长免息期为几天?

【案例分析】如果张小姐在8月18日消费，当天是账单日，在9月7日最后还款日全额还款，即享受了最短20天的免息期。如果张小姐在8月19日消费，结算在9月18日账单上，在10月8日最后还款日全额还款即享受了最长50天免息期（8月19日到10月8日）。

（3）循环信用功能。循环信用是一种按日计息的小额、无担保贷款。持卡人可以按照自己的财务状况，在每月到期还款日前，自行决定还款金额的多少。当持卡人偿还的金额等于或高于当期账单的最低还款额，但低于本期应还金额时，剩余延后还款的金额就是循环信用余额。循环信用是一种十分方便的短期贷款工具，当持卡人无法一次付清账单上的金额时，并可以利用此功能，自行决定偿还的金额与时间，不需提供任何抵押品，并可随时结清。循环信用可让持卡人暂时不必清偿全部账款，但每个月须至少缴付月结单上所列之“最低应缴金额”。

计算基准是持卡人未缴清的金额，计算基期则依各银行规定而不同，有依银行垫缴日、账单结账日或账单缴款截止日等。

循环利息计算法则：如每期消费在最后还款日前未全额还款，则需要从消费入账日起计算利息。使用信用额度提取现金是从当天开始计算循环利息。请持卡人按照每月对账单上的金额还款，如以最低还款额还款，持卡人能在支付循环利息条件下让持卡人的资金流动更加自由同时又不影响持卡人的信用记录。

循环利息计算方式：以上期对账单的每笔消费金额为计息本金，自该笔账款记账日起至该笔账款还清日止为计息天数，日息万分之五为计息利率。循环信用的利息将在下期的账单中列示。

用公式表示，使用循环信用满足的条件是：本期应还金额>实际还款的金额≥最低还款额。

【案例4.4】假设你的账单日为每月10日，到期还款日为每月28日。你在10月1日发生了一笔5 000元的消费，10月10日的账单上显示你的本期应还款金额为5 000元。但很不幸的是，你在10月30日之前经济拮据，无法做到全额还款。于是你在10月16日偿还了其中的4 500元，剩余的500元直到10月31日才全部还清。请问：你将为此支付多少利息？（假设日利率为万分之五）

【案例分析】一个头脑正常的人或许会做出以下的计算：截至10月28日，我仍有500元没有偿还。这笔钱已过了最后还款期限，因此我将不能享受免息期待遇。从记账日10月1日起直到10月30日，一共应支付30天的利息，即500×(5/10 000)×30=7.5元。至于另外的4 500元，因为已在规定期限内履行了还款义务，所以不需要缴纳任何费用。因此，应支付的利息总额为7.5元。

这样的想法其实并无不妥，只可惜这已是多年前国内部分发卡行使用的计算方法，现在的情况已经完全变了。如果你还用这样的方法计算自己的应付利息，那么账单上"应付利息"一栏的金额定会令你大吃一惊。在你拿到账单之前，可以斩钉截铁地通知你，你应付利息的金额绝不会为7.5元，而应为41.25元。怎么会有如此大的差距？关键就在于那按期偿还的4 500元也将被征收15天的利息。银行方面的解释是由于未按时偿清欠款，持卡人不得享有免息期待遇；银行对当期全部欠款按日征收利息，"日数"的计算按照"先刷先还"的原则。但实际上，大部分银行在信用卡使用条款中仅罗列了循环信用利率，并未明确说明应纳息欠款金额的计算方法。

上述案例中的这种计算方法确实是目前国际上的主流计算方法。因此，国内所有的发卡行也纷纷借着"与国际接轨之名"，怀揣"可大幅增加利息收入之企图"，大胆采用了此种做法。

曾有持卡人抱怨说，自己因一时疏忽少还了0.5元，结果因被取消免息期待遇而多支付了1 000多元的利息，最终投诉未果。

（4）预借现金功能。预借现金指持卡人使用信用额度透支取现。预借现金自银行记账日起收透支利息。信用卡预借现金额度是指持卡人使用信用卡通过自动柜员机（ATM）等自助终端提取现金的最高额度。同时，要清楚的是，信用卡的取现额度与信用额度是不一样的。信用卡取现额度是银行信用卡中心核定给持卡人通过持卡人的信用卡可提取现金的最高额度，取现额度包含于信用额度之内。

虽然可以使用信用卡提取现金，但是在非应急情况下请不要使用信用卡预借现金的功能，因为使用信用卡预借现金功能的代价是很高的。首先，使用信用卡预借现金没有免息还款期，从持卡人提取现金的当天就开始计算利息；其次，预借现金利息很高，日息万分之五而且是计算复利；最后，手续费很高，手续费一般是1%以上，一次性收取。另外，预借现金一般情况下没有积分赠送。

除了这些，预借现金还有额度的限制，对于大多数银行来说预借现金的额度为信用额度的50%左右。

总之，应慎重使用信用卡预借现金功能，一旦使用，请务必尽快还款，避免支付高额利息。

学习小贴士

互联网金融理财产品：消费信贷“蚂蚁花呗”

与信用卡有异曲同工之处的蚂蚁花呗是蚂蚁金服借力互联网的迅猛发展向大众推出的一款消费信贷产品。蚂蚁花呗刚一上线，就受到网购族的大力追捧。数据统计显示，花粉的用户33%是“90后”，“80后”用户则占48.5%，而“70后”用户是14.3%。可见蚂蚁花呗吸引了更多的新生代消费群体。

蚂蚁花呗申请开通后，将获得500~50 000元不等的消费额度。用户在消费时，可以预支蚂蚁花呗的额度，享受“先消费，后付款”的购物体验。对年轻用户而言，蚂蚁花呗的吸引力在于可凭信用额度购物，而且免息期最高可达41天。

蚂蚁花呗支持多场景购物使用。目前共接入了40多家外部消费平台：大部分电商购物平台，如亚马逊、苏宁等；本地生活服务类网站，如口碑、美团、大众点评等；主流3C类官方商城，如乐视、海尔、小米、OPPO等官方商城；以及海外购物的部分网站。

与信用卡不同的是，蚂蚁花呗的授信额度根据消费者的网购情况、支付习惯、信用风险等综合考虑，通过大数据运算，结合风控模型，授予用户500~50 000元不等的消费额度。蚂蚁花呗的额度依据用户在平台上所积累的消费、还款等行为授予，用户在平台上的各种行为是动态和变化的，相应的额度也是动态的，当用户一段周期内的行为良好，且符合提额政策，其相应额度则可能提升。蚂蚁花呗无法通过他人代开通或提额，请不要轻信他人，泄露个人信息。

用户在消费时，可以预支蚂蚁花呗的额度，在确认收货后的下个月的10号进行还款，免息期最长可达41天。除了“这月买，下月还，超长免息”的消费体验，蚂蚁花呗还推出了花呗分期的功能，消费者可以分3个月、6个月、9个月、12个月进行还款。

每个月10号为花呗的还款日，用户需要将已经产生的花呗账单在还款日还清。到期还款日当天系统依次自动扣除支付宝账户余额、余额宝（需开通余额宝代扣功能）、借记卡快捷支付用于还款已出账单未还部分，也可以主动进行还款。为避免逾期，请确保支付宝账户金额充足。如果逾期不还每天将收取万分之五的逾期费。

摘自“百度百科”

二、凭证式国债质押贷款

目前凭证式国债质押贷款额度起点一般为5 000元，每笔贷款不超过质押品面额的90%。凭证式国债质押贷款的贷款期限原则上不超过一年，并且贷款期限不得超过质押国债的到期日；若用不同期限的多张凭证式国债进行质押，以距离到期日最近者确定贷款期限。凭证式国债质押贷款利率，按照同期同档次法定贷款利率（含浮动）和有关规定执行。贷款期限不足6个月的，按6个月的法定贷款利率确定，期限在6个月以上1年以内的，按1年的法定贷款利率确定。另外，银行也会根据客户的不同情况对贷款利率有所调整，贷款利率的下限是基准利率的0.9倍，不设上限。借款人提前还贷，贷款利息按合同利率和实际借款天数计算，另外按合同规定收取补偿金。凭证式国债质押贷款实行利随本清。凭证式国债质押贷款逾期1个月以内的（含1个月），自逾期之日起，按法定罚息率向借款人计收罚息。

三、存单质押

存单贷款利率按照中国人民银行规定的同期贷款利率计算，贷款期限不足6个月的，按6个月的法定贷款利率确定；期限在6个月以上1年以内的，按1年的法定贷款利率确定。优质客户可以下浮10%。如借款人提前还贷，贷款利率按合同利率和实际借款天数计算。目前各家商业银行都推出了存单质押贷款业务，且手续简便。借款人只需向开户行提交本人名下的定期存款（存单、银行卡账户均可）及身份证，就可提出贷款申请。经银行审查后，双方签订《定期存单抵押贷款合同》，借款人将存单交银行保管或由银行冻结相关存款账户，便可获得贷款。有的银行，如中国工商银行存单质押贷款的起点金额为1 000元，最高限额不超过10万元，且不超过存单面额的80%；又如交通银行要求最高为质物面额的90%。银行借款人如果手续齐备，当天就可以签订合同拿到贷款，不需要任何的手续费。存单质押贷款一般适合于短期、临时的资金需求。

目前，商业银行提供的贷款种类各异，除了上述列举的几种外，还有如个人临时贷款、个人房产装修贷款、个人旅游贷款、个人商铺贷款、个人小型设备贷款和个人外汇宝项下存款质押贷款等种类，这里就不再详述。理财规划师可以根据个人情况增加对这些种类的了解。

四、保单质押融资

所谓保单质押贷款，是保单所有者以保单作为质押物，按照保单现金价值的一定比例获得短期资金的一种融资方式。目前，我国存在两种情况：一种情况是投保人把保单直接质押给保险公司，直接从保险公司取得贷款，如果借款人到期不能履行债务，当贷款本息达到退保金额时，保险公司终止其保险合同效力；另一种情况是投保人将保单质押给银行，由银行支付贷款给借款人，当借款人不能到期履行债务时，银行可依据合同凭保单由保险公司偿还贷款本息。

然而，并不是所有的保单都是可以质押的，质押保单本身必须具有现金价值。人身保险合同可分为两类：一类是医疗保险和意外伤害保险合同，此类合同属于损失补偿性合同，与财产保险合同一样，不能作为质押物；另一类是具有储蓄功能的养老保险、投资分红型保险及年金保险等人寿保险合同，此类合同只要投保人缴纳保费超过1年，人寿保险单就具有了一定的现金价值，保单持有人可以随时要求保险公司返还部分现金价值，这类保单可以作为质押物。

此外，保单质押贷款的期限和贷款额度有限制。保单质押贷款的期限较短，一般不超过6个月。最高贷款余额不超过保单现金价值的一定比例，各个保险公司对这个比例有不同的规定，一般在70%左右；银行则要求相对宽松，贷款额度可达到保单价值的90%。期满后贷款一定要及时归还，一旦借款本息超过保单现金价值，保单将永久失效。目前保单贷款的利率参考法定贷款的利率，同时保险公司和银行根据自身的情况，具体确定自己的贷款利率。

五、典当融资

根据2005年2月9日经由商务部审议通过并经公安部同意颁布实施的《典当管理办法》的规定，典当是指当户将其动产、财产权利作为当物质押或者将其房地产作为当物抵押给典当行，交付一定比例费用，取得当金，并在约定期限内支付当金利息、偿还当金、赎回当物的行为。

办理出当与赎当，当户均应当出具本人的有效身份证件。当户为单位的，经办人员应当出具单位证明和经办人的有效身份证件；委托典当中，被委托人应当出具典当委托书、本人和委托人的有效身份证件。出当时，当户应当如实向典当行提供当物的来源及相关证明材料。赎当时，当户应当出示当票。所谓当票，是指典当行与当户之间的借贷契约，是典当行向当户支付当金的付款凭证。

当物的估价金额及当金数额应当由双方协商确定。房地产的当金数额经协商不能达成一致的，双方可以委托有资质的房地产价格评估机构进行评估，估价金额可以作为确定当金数额的参考。典当期限由双方约定，最长不得超过6个月。

典当当金利率按中国人民银行公布的银行机构6个月期法定贷款利率及典当期限折算后执行。典当当金利息不得预扣。除此之外，典当过程中还需缴纳各种综合费用，典当综合费用包括各种服务及管理费用。动产质押典当的月综合费率不得超过当金的42‰。房地产抵押典当的月综合费率不得超过当金的27‰。财产权利质押典当的月综合费率不得超过当金的24‰。当期不足5日的，按5日收取有关费用。

典当期内或典当期限届满后5日内，经双方同意可以续当，续当一次的期限最长为6个月。续当期自典当期限或者前一次续当期限届满日起算。续当时，当户应当结清前期利息和当期费用。典当期限或者续当期限届满后，当户应当在5日内赎当或者续当。逾期不赎当也不续当的，为绝当。当户于典当期限或者续当期限届满至绝当前赎当的，除须偿还当金本息、综合费用外，还应当根据中国人民银行规定的银行等金融机构逾期贷款罚息水平、典当行制定的费用标准和逾期天数，补交当金利息和有关费用。

学习活动

结合自己家的实际情况，为自己的家庭建立应急备用金，并选择合适的现金规划工具。

本章小结

现金规划是个人家庭理财规划中最重要的部分，无论日常消费，还是买房买车、上学投资，都要在家庭现金流中体现出来。本章主要向大家介绍个人或家庭应该如何进行现金规划。

现金规划是对家庭或者个人日常的、日复一日的现金及现金等价物进行管理的一项活动，就是确保个人或家庭有足够的费用来支付计划中和计划外的费用，并且个人或家庭的消费模式是在个人或家庭的预算限制之内。

根据应急备用金的应对能力指标建立和衡量应急备用金，确保个人或家庭有些急事需要花钱时的应对和弥补能力。

选择合适的现金规划工具。现金是现金规划的重要工具，流动性最强；相关储蓄品种有活期储蓄、定活两便储蓄、整存整取定期储蓄、零存整取定期储蓄、整存零取储蓄、存本取息储蓄、个人通知存款、定额定期储蓄；货币市场基金是指仅投资于货币市场工具的基金。在某些时候，家庭有未预料的支出，而客户的现金和现金等价物额度不够时，需要利用其他融资工具，包括：信用卡、国债或存单抵押贷款、保单抵押贷款、典当等。

项目五　保险规划

【案例导入】

不久前，张先生刚刚做了个肿瘤切除手术，目前正在家中休养。大病初愈，张先生对人生、健康、财富乃至投资都都有了新的理解。

今年50岁家住上海的张先生和妻子都尚未退休，两人每月的总收入在5 000元左右，22岁的儿子虽然刚刚参加工作不久，薪金却已经接近两人的总和，每月达到了4 600元。张先生一家三口已经有了300多万元的家庭总资产，没有房屋贷款，没有其他家人需要供养，张先生一家的经济负担很轻，有充足的资金进行金融、房产投资，是典型的步入财富分享期的成熟期家庭。

如何在妥善分配好这笔财富并加以投资的同时，又能兼顾风险保障，使张先生一家没有后顾之忧，快乐分享这笔夫妇俩奋斗一生的财富。

【案例分析】

针对上述问题，理财规划师给出以下建议：

1. 风险需求分析

张先生的家庭经济状态良好，儿子经济独立，没有其他经济负担。考虑家庭未来会经常出去旅游，应有意外险；投资类方面，因为家庭收入稳定，有一定的存款，可考虑投连险、万能险和分红险；大病险要做足额补充，住院报销也要适当考虑。

2. 保险方案推荐

（1）健康险：考虑到张先生身体原因不能做大病险，应做些住院津贴，张太太要适当考虑大病险，儿子大病要足额考虑，同时要有住院报销补充社保。

（2）投资险：张先生的资金要做好规划，可考虑投连险、万能险和分红险，可做养老、医疗补充。

（3）保障险：一定要有孩子的寿险保障。

（4）意外险：全家都要考虑，补充社保报销，加大保障。

模块一　保险规划的基础知识

任务一　风险与风险管理

一、风险的含义

风险大致有两种定义：一种定义强调了风险表现为不确定性；另一种定义则强调风险表现为损失的不确定性。具体说来就是指某种损失发生的不确定性，这种不确定性表现在：无论发生与否是不确定的，发生的时间是不确定的，发生的状况是不确定的，发生的后果是不确定的。

如果风险表现为不确定性，说明风险只能表现出损失，没有从风险中获利的可能性，属于狭义风险。而风险表现为损失的不确定性，说明风险产生的结果可能带来损失、获利或是无损失也无获利，属于广义风险，金融风险属于此类。风险和收益成正比，所以一般积极进取型的投资者偏向于高风险是为了获得更高的利润，而稳健型的投资者则着重于安全性的考虑。

二、构成风险的要素

1. 构成风险的要素——风险因素

风险因素是指某一特定损失发生或增加其发生的可能性或扩大其损失程度的原因。风险因素是风险事故发生的潜在原因，是造成损失的内在原因或间接原因。

根据性质不同风险因素分为实质风险因素、道德风险因素、心理风险因素三种。

（1）实质风险因素。实质风险因素是指有形的，并能直接影响事物物理功能的因素，即某一标的本身所具有的足以引起或增加损失机会和加重损失程度的客观原因和条件。

例如，人体生理器官功能；建筑物所在地、建材等；汽车的生产厂家、规格、刹车系统；地壳的异常变化、恶劣的气候、疾病传染等。

（2）道德风险因素。道德风险因素是与人的品德修养有关的无形的因素，即由于个人不诚实、不正直或不轨企图，故意促使风险事故发生，以致引起社会财富损毁和人身伤亡的原因或条件。

例如，欺诈、纵火等。在保险业务中，保险人不承保此类风险因素造成的损失责任，不承担因道德风险因素所引起的损失、赔偿或给付责任。

（3）心理风险因素。心理风险因素又叫风纪风险因素，是指与人的心理状态有关的无形的因素，即由于人们不注意、不关心、侥幸，或存在依赖保险心理，以致增加风险事故发生的机会和加大损失的严重性的因素。

例如，企业或个人投保财产保险后放松对财物的保护，或者在火灾发生时不积极施救，任其损失扩大等，都属于心理风险因素。

2. 构成风险的要素——风险事故

风险事故是指造成生命、财产损失的偶发事件，是造成损失的直接的或外在的原因，是损失的媒介物。风险只有通过风险事故的发生，才能导致损失。

风险是损失发生的一种可能性，风险事故则意味着风险的可能性转化为现实性。因此，风险事故是直接引起损失后果的意外事件。例如，下冰雹路滑发生车祸，造成人员伤亡；冰雹直接击伤行人。

3. 构成风险的要素——损失

损失是指非故意的、非预期的、非计划的经济价值的减少，即经济损失。这是狭义的损失的定义，一般以丧失所有权、预期利益、支出费用、承担的责任等形式表现，而像精神损失、政治迫害、折旧、馈赠等均不能作为损失。

在风险管理中，通常将损失分为四类，即实质损失、额外费用损失、收入损失和责任损失。在保险实务中，我们通常将损失分为两种形态，即直接损失和间接损失。直接损失是指风险事故导致的财产本身损失和人身伤害，这类损失又称为实质损失；间接损失则是指由直接损失引起的其他损失，包括额外费用损失、收入损失和责任损失。

风险是由风险因素、风险事故和损失三者构成的统一体，风险因素引起或增加风险事故，风险事故发生可能造成损失。

三、风险的特征

风险具有以下特性：

（1）不确定性，即风险可能发生，也可能不发生，有可能早发生，也有可能晚发生，就像一个人有可能得重大疾病，也可能不会得病，但每个人都会死，只是有早发生和晚发生的区别而已。

（2）客观性，即风险不以人的意志为转移。

（3）普遍性，即每个人都面临生、老、病、死及意外伤害等风险。

（4）可测定性，即风险在某一个体不可预测，但在群体中发生风险的概率是可以预测的，比如发病率、死亡率等。

（5）发展性，即随着社会的发展各种风险也在不断发展，如同在现代社会，人们享受便利交通的同时，交通事故也大大增加了。

四、风险的分类

按照不同的情况风险的分类如下：

（1）按风险产生的原因分类，可以将风险划分为自然风险、社会风险、政治风险、经济风险和技术风险。

（2）按风险的性质分类，可以将风险划分为纯粹风险和投机风险。

（3）按风险产生的环境分类，可以将风险划分为静态风险和动态风险。

（4）按损失的范围分类，可以将风险划分为基本风险和特定风险。

（5）按风险的对象分类，可以将风险划分为财产风险、人身风险、责任风险和信用风险。

五、风险管理方法

【案例 5.1】风险管理与控制——斯坦福大学的一堂“赌博课”

一场“赌博”正在进行：如果猜对，游戏者可获 60 美元；如果猜错，什么都没有。

“如果需要花费 20 美元，有谁愿意买这个机会?”伯克·罗宾逊发问。

这是在美国斯坦福大学里的一堂“风险管理与控制”课。讲台上的罗宾逊是斯坦福大学管理科学与工程顾问教授、世界级决策专家，曾是咨询界泰斗战略决策集团（Strategic Decisions Group）合伙人，在应用最尖端手段进行商业和投资决策方面拥有丰富经验。

台下坐着的，是远渡重洋来到这里求学的 30 多个国家和地区的学员。现在，他们的大脑正进入决策的第十阶段——选择。此前，罗宾逊已用硬币说明可用“决策树”帮助实施“决策的结构化”。例如，对硬币朝面的不确定性，大家都知道成功率为 50%。而当硬币变成一枚落地时针头朝向可能存在倾向性的图钉时，谁还愿支付 20 美元买这个投资机会?

赌，还是不赌?在这个瞬息万变的世界，就充满不确定性的未来做出抉择，是企业家常要面对的残酷“赌博”。

风险管理方法主要有控制型风险管理技术和财务型风险管理技术。

1. 控制型风险管理技术

控制型风险管理技术，即采取控制技术，达到避免和消除风险，或减少风险因素危害的目的的方法。控制型风险管理技术可以适用于灾前灾后。事故发生前，降低事故发生频率；事故发生后，降低损失程度。

控制型风险管理技术主要包括避免风险、预防风险、分散风险、抑制风险四种风险管理方法。

（1）避免风险。避免风险是指设法回避损失发生的可能性，即为从根本上消除特定的风险单位和中途放弃某些既存的风险单位，采取主动放弃或改变该项活动的方式。避免风险的风险管理方法一般在某特定风险所致损失频率和损失幅度相当高或处理风险的成本大于其产生的效益时采用，它是一种最彻底、最简单的方法，但也是消极的风险管理方法。

（2）预防风险。预防风险是指在风险事故发生前为了消除或减少可能引起损失的各种因素而采取的处理风险的具体措施，其目的在于通过消除或减少风险因素而降低损失发生频率。这是事前的措施，即所谓“防患于未然”。例如，定期体检，虽不能消除癌症的风险，但可获得医生的有效建议或及早防治。

（3）分散风险。分散风险是指增加同类风险单位的数目来提高未来损失的可预测性，以达到降低风险发生的可能性的目的。例如，发展连锁店、跨国公司、集团公司等。

（4）抑制风险。抑制风险是指在损失发生时或损失发生之后为减小损失程度而采取的各项风险管理措施。抑制风险是处理风险的有效技术。例如，安装自动喷淋设备，堵修决口的堤坝等。

2. 财务型风险管理技术

财务型风险管理技术是指以提供基金的方式，降低发生损失的成本的主要方法。

财务型风险管理技术主要包括自留风险和转移风险两种方法。自留风险有主动自留和被动自留之分。转移风险有非保险转移和保险转移两种方法。

（1）自留风险。自留风险是指对风险的自我承担，即企业或单位自我承受风险损害后果的方法。自留风险是一种非常重要的财务型风险管理技术。自留风险有主动自留和被动自留之分。通常在风险所致损失频率和幅度低、损失在短期内可以预测以及最大损失不影响企业或单位财务稳定时采用自留风险管理的方法。

（2）转移风险。转移风险是指一些单位或个人为避免承担风险损失，而有意识地将损失或与损失有关的财务后果转嫁给另一些单位或个人去承担的一种风险管理方式。转移风险又有财务型非保险转移和财务型保险转移两种方法。

①财务型非保险转移是指单位或个人通过订立经济合同，将损失或与损失有关的财务后果转移给另一些单位或个人去承担，如保证互助、基金制度等，或人们可以利用合同的方式，将可能发生的、指明的不定事件的任何损失责任，从合同一方当事人转移给另一方，如销售、建筑、运输合同和其他类似合同的除外责任和赔偿条款等。

②财务型保险转移是指单位或个人通过订立保险合同，将其面临的财产风险、人身风险和责任风险等转嫁给保险人的一种风险管理技术。投保人缴纳保费，将风险转嫁给保险公司，保险公司则在合同规定的责任范围内承担补偿或给付责任。保险作为风险转移方式之一，有很多的优越之处，在社会上得到了广泛的运用。

任务二　个人或家庭风险管理

俗话说：“天有不测风云，人有旦夕祸福。”你永远不知道“风险”和“明天”哪个会先到，人的一生面临着各种各样的风险。那么家庭存在着哪些风险呢？又如何对家庭风险进行控制和管理呢？

一、家庭存在的风险

1. 基本风险：收入风险、意外风险

收入风险和意外风险是任何一个家庭都面临的两类风险，是家庭风险中最底端的链环。

收入是一个家庭存续的最为基本的要素。随着大锅饭时代的终结，减薪、失业这些问题会伴随我们的一生，随时都有可能发生。因此，收入风险被列为首要风险。

意外风险几乎是每个家庭最担忧的事情。如果遭遇生病、火灾、抢劫等状况通常会令人措手不及，并且伴随着巨大的财产损失。危机一旦发生，若无防御措施，很可能会让一个家庭面临瓦解。面对这样的意外之险，我们应该构筑一套“防御工事”。

2. 一般风险：债务风险、流动性风险、购买力风险

当今社会，“透支未来”已渐成风尚，现代人不可能避免地产生负债。工作不久的年轻人在购房时，首期付款往往是由父母支付的，其余部分办理住房按揭贷款。因此，应该充分考虑到父母的养老、医疗保险风险，特别注意不要过高估计自己未来的收入水平。否则过度负债会使家庭负担过大，造成生活水平下降，威胁家庭资产安全，与美好的初衷背道而驰。

当我们将注意力集中在家庭的负债比率这个问题时，很容易忽视家庭财产的流动性风险。只有在遇到偿付难以应付，陷于捉襟见肘的尴尬局面时，我们才会想起这一风险。购买力风险就更加具有隐蔽性了，因为我们一般接触到的都是一些“名义”的价值，如银行一年期利率 2.85%，就是个名义利率。假如你有 1 000 元钱存入银行，通货膨胀率此时高达 5%，那么你的资产其实在以 2.15% 的速度缩水，购买力在不断下降。因此，在家庭财务的规划中，要特别警惕购买力的保值和增值问题。

3. 投资风险：利率风险、市场风险

在开源方面的重要环节是进行投资，有投资就有风险，可以说是一条“铁律”。投资带来的风险应该处于家庭风险的高端链环。投资中最重要的风险是利率风险和市场风险。

其实，生活本身就隐藏着许多财务危机，有些应付处理起来较容易，但另一些危机一旦发生，若无防御措施，很可能会让一个家庭面临瓦解。因此，一定要通过家庭风险管理来降低这些风险对家庭的破坏性作用。

二、家庭风险管理的两种方法

依据风险的一般管理方法，家庭风险管理方法主要分为控制型风险管理技术与财务型风险管理技术。

1. 控制型风险管理技术

控制型风险管理技术分为避免风险发生、预防和抑制。

（1）避免风险发生。这是一种简单彻底的方法，同时也丧失了机会，而有时候避免了一种风险，又会产生新的风险。

（2）预防。通过消除或减少风险因素降低损失，如经常锻炼、定期体检，减少发病机会，对疾病早发现、早治疗，减少重大疾病带来的损失。

（3）抑制。抑制是指发生损失时，尽量降低损失程度，如消防设备可以降低火灾带来的损失。

2. 财务型风险管理技术

财务型风险管理技术包括自留风险和转移风险。

（1）自留风险是指风险的自我承担，比如我们普通的感冒发热，从药店买一些常

用药，发生频率高，但负担小，我们就可以不用通过保险而自己解决。自留风险的最大好处是成本低、方便有效，但在个人及家庭财务管理方面，自留风险一定要有度，否则可能给我们带来巨大损失。例如，重大疾病，一旦发生，可能带来几十万元的医疗费用，对普通老百姓来说就是非常沉重的负担，也就必须转移风险。

（2）转移风险包括财务型非保险转移风险和财务型保险转移风险。财务型非保险转移风险是指将风险转移给另外的一些个人或单位去承担，如保证互助、基金会等，但会受到规模、信誉等各方面影响。保险转移风险是指将家庭及个人面临的财务风险转移给保险公司，投保人缴纳保费，保险公司在合同规定的范围内承担补偿或给付责任。

学习活动

列举出现实生活中，个人或家庭中可能存在的风险以及它们可能对家庭生活造成的影响。

模块二　家庭保险规划实务

著名学者胡适谈及保险时曾经这样说过："保险的意义，只是今日做明日的准备，生时做死时的准备，父母做儿女的准备，儿女幼小时做儿女长大时的准备，如此而已。今天预备明天，这是真稳健；生时预备死时，这是真旷达；父母预备儿女，这是真慈爱。能做到这三步的人，才能算作是现代人。"

任务一　保险规划的步骤

保险是进行家庭风险管理最有效的方法之一，人们通过保险，可以把将来不确定的大额损失（如大病费用）转变为确定的小额支出（保费），也可以将未来大额的或持续性的支出（如养老金）转变为目前固定的或者一次性的支出（保费），从而提高我们的资金收益。

一、保险规划遵循的原则

1. 首先应该把所有的家庭成员视为一个整体

家庭成员互相之间都承担有一定的家庭责任，因此我们在规划保险时应该把所有的家庭成员视为一个整体，这样才能更好地体现家庭成员之间相互的责任与爱，规划出最适合自己家庭情况的保险计划。

2. 遵循家庭无法承担的风险先保，对家庭财务影响大的风险先保的原则

保险不是保险箱，实际上，保险本身并不能避免风险的发生，保险只是在风险发生的时候为我们提供应对风险的财务保障，注意只是财务保障。因此，一个家庭中首

先应该被保险的成员应该是家庭的经济支柱，“顶梁柱”在，家庭遇到任何风险，财务上还可以想办法解决；“顶梁柱”不在了，整个家庭就陷入瘫痪了。其实，这位“顶梁柱”也就相当于整个家庭的保险。

各种险种当中，首先应该考虑的风险是家庭“顶梁柱”的寿险、意外险和重疾险，其次是发病率较大的家庭成员的保障规划。

下面我们将简要为大家介绍一下如何为自己的家庭规划保险。

二、保险规划的步骤

家庭风险管理和保险规划的目的在于根据自身的经济状况和保险需求的深入分析，帮助自身选择合适的保险产品并确定合理的期限和金额。个人在进行家庭风险管理时，一般也要遵循一个固定的流程，这样才科学严谨。通过以下步骤大家可以自我分析、判断并进行家庭风险管理。

1. 第一步：风险评估

家庭不同阶段面临的风险是有差异的，家庭成员所从事的工作不同和在家庭中所处的不同地位风险也有差异，风险对家庭成员所带来的伤害也是不同的。因此，家庭风险管理中，首先应该对家庭中存在的风险进行风险评估。

2. 第二步：了解投保常识

了解投保常识，懂得投保规则，可以帮助人降低保险保障成本，规避堵塞家庭风险漏洞，提高家庭保障的完整性和有效性。例如，保险合同艰涩难懂，因此许多保险购买者没有详细阅读过合同，但是合同中的重点内容（如保险利益、免责条款等）必须搞懂。代理人的谈话记录也应签字保存。这样才能确保参保人的风险管理真实有效。

3. 第三步：进行保险规划

保险规划的内容包括：选定具体的保险产品，并根据自身（或参保人）的具体情况合理搭配不同险种；以保险财产的实际价值和人身的评估价值为依据确定保险金额；确定保险期限。

（1）要确定一下自己家庭成员的范围，包括自己的父母、子女和爱人，在这个家庭中哪一位是家庭的主要经济来源，如果这位成员发生风险时，家庭会遇到怎样的困扰，需要为父母准备多少养老金，为子女准备多少成长金和教育金，为爱人准备多少生活金？这些数额相加基本就是这位家庭成员需要拥有的寿险和意外险的保额，通常可设计为寿险和意外险各占一半。

（2）要考虑的是家庭经济“顶梁柱”的重疾险，因为这对一个家庭来讲也是无法承担的风险。一般地，按目前的医疗费用，重疾险的保额一个人准备 20 万元也就够了，考虑到是家庭的经济“顶梁柱”，有条件的话也可以适当多准备一些。

（3）我们应该考虑的是家庭其他成员的重疾险，因为这也是我们家庭面临的一个巨大的风险漏洞，如果不加以解决，可能带给我们的就是无法承受的痛苦。

（4）我们接下来应该考虑的是医疗险，因为医疗费用也是使家庭收入负增长的一个主要原因。

（5）最后需要考虑的是养老险和子女教育险。养老险和子女教育险，究竟谁先考虑，这没有一定的原则。一般地，认为哪一项需求比较紧迫就优先考虑。

养老和子女教育是人人都会遇到的问题，因此也就很难利用大多数人分担少数人的风险的原则去设计保险了。通常，养老险和子女教育险都是由保户自己将钱存入保险公司，保险公司利用稳健的投资渠道帮助客户投资增值，由于所有的保险公司都会扣除一定的初始费用，保险公司复利增值利率较银行高的优势要经过 10 年以上才能体现出来，通常 20 年后，这笔钱的票面价值会增长 1.5~2 倍。因此，存养老险和子女教育险的时间，最好是在需求发生前 20 年提前准备。

我们手中的钱通常有三种理财方式：第一种是存入银行，这部分钱面临着通货膨胀的风险；第二种是投资债券、基金、证券，这些投资方式或多或少面临着大小不等的风险；第三种则是保险，我们不能说保险是一种很好的投资工具，我们只能说保险是一种最保险的理财工具，因为从抵御通货膨胀来讲，保险优于银行；从投资风险来讲，保险优于债券、基金、证券等投资方式。

4. 第四步：保额与保费的分配与计算

保险专家指出，两大通行规则可确定买保险的保额与保费

一些人计划为自己和家人投保，但又为该花多少钱、购买多少保额而权衡不定。一些保险专家指出，买保险也有通行规则，掌握两个“10”，保额、保费如何设定就尽在掌握。

（1）保额：年收入的 10 倍。有关人寿保险的资深人士指出，通常保险额度可设定为家庭年收入的 10 倍。

举例说，假设朱先生是家里的“顶梁柱”，年薪 10 万元。若他意外身故后，家人一下子失去了家庭主要的经济收入。如果保险赔偿额度是 100 万元的话，那么可以保证这个家庭在未来的 10~20 年的生活水平和质量不会出现太大的波动。

（2）保费：年收入的 10%。保险业界人士同时指出，总保费支出为家庭年收入 10%左右比较适宜，低收入者可以低于这一比例，高收入者可以适当超过这一比例。

一旦购买保险，若非趸交，就是十几年甚至几十年的缴费。若保费过高，时间一长，家庭经济就会有一定压力；若保费过低，家庭则又很难获得足够的保险额度。年收入的 10%是一个对多数家庭都较合适的支出比例。

5. 第五步：定期做好保单诊断

许多人买了保险之后通常就将保单束之高阁，只有在发生事故时才会将保单拿出来看。其实，我们的生活环境会改变，所拥有的保单也应该要随着我们的需求而改变保障内容。因此，每年就应该要检视一次你的保单，看看是否有需要调整的地方，这样才能更好地控制好家庭风险。

任务二　认识保险产品

现代社会是一个异彩纷呈的多元化社会，每个人在享受到现代社会的繁华与富饶的同时，又深深感受到个人前途的不确定性和各种风险的存在，买保险已经成为现代人必不可少的选择。

有一个关于保险的小故事，说的是一个失事海船的船长是如何说服几位不同国籍的乘客抱着救生圈跳入海中的。船长对英国人说："这是一项体育运动。"船长对法国人说："这很浪漫。"船长对德国人说："这是命令。"船长对美国人则说："你已经被保险了。"

正如故事中所讲的，在美国，不管是国家元首、明星巨匠，还是平民百姓，保险是人们生活中不可缺少的一环，像饮食、居住一样，是生存中必要的一部分。人寿、医药、房屋、汽车、游船、家具等都保了险，各种保险像一条条木栅，连成一环，环在人的周围。

在我国，保险行业的发展相对落后，老百姓的保险意识相当淡薄。在笔者所接触的人中，似乎每个人都对基金和理财产品的投资收益非常关心，却很少有人提及保险，甚至有人将买保险与上当受骗联系起来。由此我们可以看出，在中国绝大多数老百姓的心目中，对于保险理念和保险意识真的基本上是一片空白。

那么，什么是保险？保险的重要性何在？什么人应该买保险？应该如何选择保险呢？

一、保险的含义

"保险"是一个在我们的日常生活中出现频率很高的名词，一般是指办事稳妥或有把握的意思。但是在保险学中，"保险"一词有其特定的内容和深刻的含义。在我国，"保险"是一个外来词，是由英语"insurance"一词翻译而来的。西方保险业最先进入我国的广东省，当地曾习惯称保险为"燕梳"，也正是其英文的音译。保险作为一种客观事物，经历了萌芽、产生、成长和发展的历程，从形式上看表现为互助保险、合作保险、商业保险和社会保险。

广义保险指的是无论何种形式的保险，就其自然属性而言，都可以将其概括为保险是集合具有同类风险的众多单位和个人，以合理计算风险分担金的形式，向少数因该风险事故发生而受到经济损失的成员提供保险经济保障的一种行为。

通常，我们所说的保险是狭义的保险，即商业保险。《中华人民共和国保险法》明确指出：本法所称保险，是指投保人根据合同约定，向保险人支付保险费，保险人对于合同约定的可能发生的事故因其发生所造成的财产损失承担赔偿保险金责任，或者当被保险人死亡、伤残、疾病或者达到合同约定的年龄、期限时承担给付保险金责任的商业保险行为。

1. 保险的特征

（1）互助性。通过保险人用多数投保人缴纳的保险费建立的保险基金对少数受到损失的被保险人提供补偿或给付得以体现。

（2）契约性。从法律的角度看，保险是一种契约行为。

（3）经济性。保险是通过保险补偿或给付而实现的一种经济保障活动。

（4）商品性。保险体现了一种等价交换的经济关系。

（5）科学性。保险是一种科学处理风险的有效措施。

2. 保险的标的和费率

保险标的即保险对象，人身保险的标的是被保险人的身体和生命，而广义的财产保险是以财产及其有关经济利益和损害赔偿责任为保险标的的保险。其中，财产损失保险的标的是被保险的财产，责任保险的标的是被保险人所要承担的经济赔偿责任，信用保险的标的是被保险人的信用导致的经济损失。

保险费率是保险费与保险金额的比例，保险费率又被称为保险价格。通常以每百元或每千元保险金额应缴纳的保险费来表示。

二、保险的原则

1. 保险利益原则

保险利益又称为可保权益、可保利益，是指投保人对保险标的具有的法律上承认的利益。通常，投保人会因为保险标的的损害或者丧失而遭受经济上的损失，因为保险标的的保全而获得收益。只有当保险利益是法律上认可的，经济上确定的而不是预期的利益时，保险利益才能成立。一般来说，财产保险的保险利益在保险事故发生时存在，这时才能补偿损失；人身保险的保险利益必须在订立保险合同时存在，用来防止道德风险。

以寿险为例，投保人对自身及其配偶具有无限的可保权益，在一些国家和地区，投保人与受保人如有血缘关系，也可构成可保权益。另外，债权人对未还清贷款的债务人也具有可保权益。

2. 最大诚信原则

最大诚信原则保证保险合同当事双方能够诚实守信，对自己的义务善意履行，包括如下内容：

（1）保险人的告知义务：保险人应该对保险合同的内容，即术语、目的进行明确说明。

（2）投保人的如实告知义务：投保人应该对保险标的的状况如实告知。

（3）投保人或者被保险人的保证义务：投保人或者被保险人对于行为或不作为、某种状态存在或不存在的担保。保证较明确的一种是保险合同上明确规定的保证，比如盗窃险中保证安装防盗门、人身保险中驾驶车辆必须有有效的驾驶证；不需明确的保证称为默示保证，如海上保险中，投保人默示保证适航能力、不改变航道、航行的合法性等。因为保证条款对被保险人限制十分严格，所以各国法律都限制保险人使用默示保证，只有一些约定俗成的事项可以成为默示保证。

3. 弃权和禁止反言原则

弃权是当事人放弃在合同中的某种权利。例如，投保人明确告知保险人保险标的的危险程度足以影响承保，保险人却保持沉默并收取了保险费，这时构成保险人放弃了拒保权。又如，保险事故发生，受益人在合同规定的期限不索赔，构成受益人放弃主张保险金的权利。

禁止反言是指既然已经放弃某种权利，就不得再主张该权利。比如上面第一个例子，保险人不能在承保后再向投保人主张拒保的权利。

4. 损失补偿原则

损失补偿原则是保险人必须在保险事故发生导致保险标的遭受损失时根据保险责任的范围对受益人进行补偿。其含义为保险人对约定的保险事故导致的损失进行补偿，受益人不能因保险金的给付获得额外利益。一般来说，财产保险遵循该原则，但是因为人的生命和身体价值难以估计，所以人身保险并不适用该原则，不过亦有学者认为健康险的医疗费用也应遵循这一原则，否则有不当得利之嫌。

5. 近因原则

近因原则指的是判断风险事故与保险标的的损失之间的关系，从而确定保险补偿或给付责任的基本原则。近因是保险标的损害发生的最直接、最有效、最起决定性作用的原因，而并不是指最近的原因。如果近因属于被保风险，则保险人应赔偿；如果近因属于除外责任或者未保风险，则保险人不负责赔偿。

三、保险的分类

按照保障范围不同，保险可以分为：财产保险、责任保险、信用保证保险和人身保险。

1. 财产保险

财产保险是指以各类物质财产及其相关利益或责任、信用作为保险标的的一种保险。财产保险是对因保险事故的发生导致财产的损失，以金钱或实物进行补偿的一种保险。

财产保险有广义和狭义之分。狭义的财产保险是指以有形的物质财富及其相关利益为保险标的的一种保险，有时也称为财产损失保险；广义的财产保险的保险标的不仅包括有形的物质财富及其相关利益，还包括无形的财产及其相关利益，如以损害赔偿责任为保险标的的责任保险以及以信用风险为保险标的的信用保证保险等。我们这里指的是狭义的财产保险。

火灾保险是承保陆地上存放在一定地域范围内，基本上处于静止状态下的财产，比如机器、建筑物、各种原材料或产品、家庭生活用具等因火灾引起的损失。

海上保险实质上是一种运输保险，是各类保险业务中发展最早的一种保险，保险人对海上危险引起的保险标的的损失负赔偿责任。

货物运输保险是除了海上保险以外的货物运输保险，主要承保内陆、江河、沿海以及航空运输过程中货物所发生的损失。

各种运输工具保险主要承保各种运输工具在行驶和停放过程中所发生的损失，主要包括：汽车保险、航空保险、船舶保险、铁路车辆保险。

工程保险承保各种工程期间一切意外损失和第三者人身伤害与财产损失。

灾后利益损失保险指保险人对财产遭受保险事故后可能引起的各种无形利益损失承担保险责任的保险。

盗窃保险承保财物因强盗抢劫或者窃贼偷窃等行为造成的损失。

农业保险主要承保各种农作物或经济作物和各类牲畜、家禽等因自然灾害或意外事故造成的损失。

学习小贴士

家庭财产综合保险条款主要内容

（一）保险标的

（1）房屋及其室内附属设备；

（2）室内装潢；

（3）室内财产（家用电器和文体娱乐用品、衣物和床上用品、家具及其他生活用品）；

（4）特约承保的财产。

（二）不保财产

（1）字画等珍贵物品，如金银、珠宝、首饰、玉器、古玩；

（2）数量或价值不易确定的财产，如货币、票证、文件、书籍等；

（3）财产性质属于其他保险产品承保的财产；

（4）非法占用的财产；

（5）处于危险状态的财产。

（三）保险责任

（1）火灾、爆炸；

（2）雷击、台风、龙卷风、暴风、暴雨、洪水、雪灾、雹灾、冰凌、泥石流、崖崩、突发性滑坡、地面突然下陷；

（3）飞行物体及其他空中运行物体坠落，外来不属于被保险人所有或使用的建筑物和其他固定物体的倒塌；

（4）在发生保险事故时，为抢救保险标的或防止灾害蔓延，采取合理的、必要的措施而造成保险标的的损失；

（5）保险事故发生后，被保险人为防止或者减少保险标的的损失所支付的必要的、合理的费用，由保险人承担。

（四）责任免除

（1）战争、敌对行为、军事行动、武装冲突、罢工、暴动、盗抢；

（2）核反应、核子辐射和放射性污染；

（3）被保险人及其家庭成员、寄居人、雇佣人员的违法、犯罪或故意行为；

（4）计算机2000年问题造成的直接或间接损失；

（5）保险标的遭受保险事故引起的各种间接损失；

（6）地震及其次生灾害所造成的一切损失；

（7）家用电器因使用过度、超电压、短路、断路、漏电、自身发热、烘烤等原因所造成本身的损毁；

（8）坐落在蓄洪区、行洪区，或在江河岸边、低洼地区以及防洪堤以外当地常年警戒水位线以下的家庭财产，由于洪水所造成的一切损失；

（9）保险标的本身缺陷、保管不善导致的损毁，保险标的的变质、霉烂、受潮、虫咬、自然磨损、自然损耗、自燃、烘焙所造成本身的损失；

（10）行政、执法行为引起的损失和费用；

（11）其他不属于保险责任范围内的损失和费用。

（五）保险金额和保险价值的确定

（1）房屋及室内附属设备、室内装潢的保险金额由被保险人根据购置价或市场价自行确定。房屋及室内附属设备、室内装潢的保险价值为出险时的重置价值。

（2）室内财产的保险金额由被保险人根据当时实际价值分项目自行确定。不分项目的按各大类财产在保险金额中所占比例确定。

（3）特约财产的保险金额由被保险人和保险人双方约定。

（六）保险期限

家庭财产综合险保险期限为一年，也可以根据需要签订多年期，但最长不超过5年。

（七）赔偿处理

室内财产通常采用第一危险赔偿方式，在室内财产三个项目各自的限额内分项计算赔付。

房屋及室内附属设备、室内装潢的采用比例赔偿方式。

保险标的在一个保险年度内遭受部分损失经过赔偿后，各分项保险金额相应减少。被保险人如需恢复保险金额，则要补交相应保险费。

（八）附加险

（1）盗抢保险；

（2）家用电器用电安全保险；

（3）管道破裂及水渍保险；

（4）现金首饰盗抢险；

（5）第三者责任险；

（6）自行车盗窃险。

2. 责任保险

责任保险是一种以被保险人的民事损害赔偿责任作为保险对象的保险。不论企业、团体、家庭或个人，在进行各项生产业务活动或在日常生活中，由于疏忽、过失等行为造成对他人的损害，根据法律或契约对受害人承担的经济赔偿责任，都可以在投保有关责任保险之后，由保险公司负责赔偿。责任保险是以被保险人的民事损害赔偿责任作为保险标的的保险。

3. 信用保证保险

信用保证保险是保险人为被保证人向权利人提供担保的保险。信用保证保险以订立合同的一方要求保险人承担合同的对方的信用风险为内容的保险。信用保证保险以义务人为被保证人按照合同规定要求保险人担保对权利人应履行义务的保险。

4. 人身保险

人身保险是以人的生命或身体作为保险标的，以人的生（生育）、老（衰老）、病（疾病）、残（残疾）、亡（死亡）等为保险事故的一种保险。人身保险的基本内容包括：投保人与保险人订立保险合同确立各自的权利义务，投保人向保险人缴纳一定数量的保险费；在保险期限内，当被保险人发生死亡、残疾、疾病等保险事故，或被保险人生存到期满时，保险人向被保险人或其受益人给付一定数量的保险金。因此，凡是与人的生命延续或终结以及人的身体健康或健全程度有直接关系的商业保险形式均可称为人身保险。人身保险除了有人寿保险外，还有人身意外伤害险保和健康保险。

（1）人寿保险。人寿保险简称寿险，是一种以人的生死为保险对象的保险，是被保险人在保险责任期内生存或死亡，由保险人根据契约规定给付保险金的一种保险。人寿保险是以人的寿命为保险标的，以人的生存或死亡为保险事件的一种人身保险。当被保险人死亡或达到合同约定的年龄、期限时，保险人向被保险人或其受益人给付保险金。

传统意义上的人寿保险，典型的形式是死亡保险、生存保险和两全保险。传统人寿保险的主要特点是固定给付，但缺乏灵活性和适应性。随着寿险业竞争的日趋激烈和市场风险的加大，出现了一些新的能较适应市场需求及规避风险的险种，即现代人寿保险。现代人寿保险的典型形式主要有变额寿险、万能寿险及变额万能寿险。除此之外，还有特种人寿保险，其典型形式主要有年金保险、简易人寿保险、弱体保险。

①传统人寿保险。

第一，死亡保险。死亡保险以被保险人的死亡为给付保险金条件的保险。按照保险期限的不同，死亡保险可分为定期死亡保险和终身死亡保险。定期死亡保险习惯上称为定期寿险，是指由保险人在一定期限内提供死亡保障的一种人寿保险。定期寿险只对在保险期限内死亡的被保险人给付保险金，保险期限的长短非常灵活，可长可短。终身死亡保险简称终身寿险，是一种不定期的死亡保险，即保险人对被保险人终身提供死亡保障的一种人寿保险，无论被保险人是何时死亡，保险人都要给付死亡保险金。终身死亡保险的最大优点是被保险人可以得到永久性的保障。

第二，生存保险。生存保险以被保险人的生存为给付保险金条件的保险，即当被保险人于保险期满或达到合同约定的年龄时仍然生存，保险人负责给付保险金。生存保险主要是为年老的人提供养老保障或者为子女提供教育金等。年金保险是一种有规则、定期向被保险人给付保险金的生存保险。在寿险实务中，生存保险一般不作为独立的险种。

第三，两全保险。两全保险又称生死合险，是以被保险人的生存或死亡为给付保险金条件的保险。两全保险既提供死亡保障又提供生存保障，具有保障性和储蓄性双重功能。两全保险中的死亡给付对象是受益人，期满生存给付的对象是被保险人，因而既保障受益人的利益又保障被保险人本人的利益。

②特种人寿保险。

第一，年金保险。年金保险是生存保险的特殊形态，是指被保险人在生存期间每年给付一定金额的生存保险。死亡保险的目的在于保障自身死亡后家庭经济生活的安全，年金保险的目的则是防备自身老年时经济生活的不安定。

第二，简易人寿保险。简易人寿保险是指用简易的方法所经营的人寿保险。简易人寿保险是一种小额的、免验体格的、适应一般低工资收入职工需要的保险。简易人寿保险的缴费期较短，保险金额有一定的限制，且不用经过体格检查。简易人寿保险的保险费略高于普通人寿保险的保险费。

第三，弱体保险。弱体保险又称次健体保险，是指将风险程度较高即死亡率较高的人作为保险对象，在附加一定条件后承保的保险形式。根据被保险人的风险程度，弱体保险在承保时，通常采用的方法有保险金削减给付法、年龄增加法和特别保险费征收法。

③现代人寿保险。

第一，变额人寿保险。变额人寿保险是一种保险金额随其保费分离账户的投资收益的变化而变化的终身寿险。变额人寿保险可以有效抵消通货膨胀给寿险带来的不利影响。变额人寿保险可以是分红型的也可以是非分红型的。

第二，万能人寿保险。万能人寿保险是一种缴费灵活、保额可调整、非约束性的寿险。万能人寿保险的保单持有人在缴纳一定数量的首期保费后，可以按照自己的意愿选择任何时候缴纳任何数量的保费，只要保单的现金价值足以支付保单的相关费用，有时甚至可以不再缴费。而且，保单持有人可以在具备可保性的前提下提高保额，也可以根据自己的需要降低保额。

第三，变额万能人寿保险。变额万能人寿保险是一种融合了保费缴纳灵活的万能人寿保险与投资灵活的变额人寿保险后而形成的新的险种。变额万能人寿保险遵循万能人寿保险的保费缴纳方式，而且保单持有人可以根据自己的意愿将保额降至保单规定的最低水平，也可以在具备可保性时，将保额提高。变额万能人寿保险与万能人寿保险的不同在于变额万能人寿保险的资产保存在一个或几个分离账户中，这一特点与变额人寿保险相同。

（2）人身意外伤害保险。人身意外伤害保险是指保险人以被保险人因意外伤害事故而造成死亡、残废为给付保险金条件的一种人身保险。

人身意外伤害保险是一类特殊的人身保险，既具有人身保险的特点，又有自身的特点。人身意外伤害保险的特点表现如下：

①人身意外伤害保险的纯保险费是根据保额损失率计算的，主要取决于被保险人的职业、工种或从事的活动，而不像人寿保险是依据生命表和利息率计算的。

②人身意外伤害保险的保险期限一般较短，一般为一年，有的只有几天甚至只有几个小时，如专门针对旅游的游客意外伤害保险的保险期限只有旅游期间的短短几天，航空意外伤害保险的保险期限只有短短几个小时。人身意外伤害保险的保险期间较短，使得其经营上与财产保险有很多相同之处，如年末未到期责任准备金是按当年保险费收入的一定百分比计算，保险经营过程中的资金运用也只限于短期投资等。

③人身意外伤害保险承保的条件较宽，一般无须进行健康检查。

④人身意外伤害保险期限有关于责任期限的规定，即规定意外伤害发生在保险期限内，而且自遭受意外伤害之日起一定时期内造成的死亡、残疾保险人承担赔偿责任。

⑤人身意外伤害保险的给付方式为定额给付，但因意外伤害所发生的医疗费用按合同约定，以不定额方式进行补偿。

财产保险公司通常经营团体人身意外伤害保险和个人人身意外伤害保险。人身意外伤害保险可以获多份保险单保险金赔偿和给付。

（3）健康保险。健康保险是以人的身体为标的，当被保险人因意外事故或疾病造成残疾、死亡、医疗费用支出以及丧失工作能力而使收入损失时，由保险人给付保险金的一种人身保险。一般来说，健康保险的保险责任包括两大类：一类是被保险人因意外事故或疾病所致的医疗费用损失，即人们习惯上所称的医疗保险或医疗费用保险；另一类是被保险人因意外事故或疾病所致的收入损失，这类健康保险的保单被称为残疾收入补偿保险。

健康保险的基本类型如下：

①医疗保险。医疗保险是指提供医疗费用保障的保险。医疗费用包括医疗费、手术费、住院费、护理费等。常见的医疗保险包括普通医疗保险、住院保险、手术保险、特种疾病保险、住院津贴保险、综合医疗保险等。

②残疾收入补偿保险。残疾收入补偿保险是指提供被保险人在残废、疾病或意外受伤后不能继续工作所造成的收入损失的补偿的保险。残疾收入补偿保险的给付方式一般有三种：一是按月或按周给付；二是按给付期限给付；三是按推迟期给付。

健康保险的特征如下：

①健康保险保险金具有补偿性质。在健康保险中，保险人支付的保险金是对被保险人因为医治疾病所发生的医疗费用支出和由此而引起的其他费用损失的补偿，但不是对被保险人的生命或身体的伤害进行补偿。

②健康保险的承保条件比较严格。健康保险的承保条件比一般寿险的承保条件要

更严格，其对疾病产生的因素，需要相当严格的审查，一般是根据被保险人的病历来判断。另外，保单中常有等待期或者观察期的规定。

③健康保险的保险人可以行使代位求偿权。由于健康保险具有损害保险性质，当被保险人发生的医疗费用损失是由于第三者的原因而造成的时，保险人在给付被保险人医疗保险金后，可以向第三者行使代位求偿权。

④健康保险的风险具有变动性和不可预测性。由于健康保险涉及医学上的技术问题，同时在医疗费用的开支中又有不少人为因素，加之医疗技术日益发展，医疗器械和药品不断更新，使得医疗支出的水平也不断上升。这一切都使得健康保险的风险具有变动性和不可预测性。在实务中，健康保险大多采用短期保险合同，通常不超过一年。

调查并讨论目前我国保险市场中常见的保险产品。

学习活动

任务三 保额的确定

保额，即保险金额的简称，是指保险人承担赔偿或者给付保险金责任的最高限额，也是保险公司支付合理费用赔偿的最高限额，同时也是计算保险费的主要依据。

很多人在购买保险产品特别是寿险时，投保多少常常是由保险业务员说了算，自己很少过问。实际上，购买寿险并不是保额越高越好。下面让我们大家一起来看看保额是如何确定的。根据保险标的的不同，保额的确定方法也不相同。

在一般财产保险中，其保额根据保险价值而定，常以保险标的的实际价值作为保额，有效的保险金额必须在保险价值限度内，因此保额等于保险价值。有时在一般财产保险中，允许保额低于标的的实际价值，其不足部分则视为被保险人的自保，因此保额小于保险价值。多在货物运输险中，允许在货物的实际价值加上货物销售的合理利润作为保额，因此保额大于保险价值。

对于责任、信用保证保险，保额按统一标准确定，不由投保人选择，由保险双方在签订保险合同时依据投保标的的具体情况商定一个最高的赔偿限额，有些责任保险投保时虽然并不确定保额，但会确定保险总赔偿限额和单次或单人赔偿限额。

人身保险中，由于人的生命价值难以用货币衡量，因此不能依据人的生命价值确定保额，而是根据被保险人的经济保障需要与支付保险费的能力由保险双方当事人协商确定保额。

对于财产保险或者责任保险、信用保证保险而言，其保额的确定相对更加客观和简单，最难准确确定保额的应该是人寿类保险产品。多数人购买寿险的目的是通过死亡保险金的给付，使那些在经济上依赖被保险人的人，在被保险人死亡之后生活可以保持与以前相仿的水平。而生命价值法和家庭需求法就是常用于确定寿险保额的两种方法。

1. 生命价值法

生命价值法就是以一个人的生命价值作为依据，来考虑应该购买多少保额的保险的方法。这里所说的“一个人的生命价值”，指的是其对家庭做出的经济贡献，即一个人能够为家庭带来的经济收入。该法则可通过以下四步来确定：

第一，估计被保险人至退休时可以为家庭做出经济贡献的年限；

第二，估计被保险人至退休的期限内每年的年均收入；

第三，扣除被保险人自身需要的保费、生活费等各项开支后，估计其至退休时每年为家庭带来的经济收入；

第四，综合计算被保险人至退休时的整个期限内为家庭做出的经济贡献，即其生命价值。

【案例 5.2】李先生今年 30 岁，假设其 60 岁退休，退休前年平均收入为 9 万元，平均年收入的 1/3 被自己花掉，2/3 用于家人。用生命价值法来帮助李先生确定其寿险保额。

【案例分析】按照生命价值法，李先生的寿险保额确定过程如下：

第一步：李先生为家庭做出的经济贡献年限如下：

$60-30=30$（年）

第二步：李先生至退休时每年的年均收入为 9 万元。

第三步：扣除李先生自身花费，至退休时每年为家庭带来的收入如下：

$9\times2\div3=6$（万元）

第四步：李先生的生命价值如下：

$6\times30=180$（万元）

那么，这 180 万元即可作为考虑现阶段该购买多少保额寿险的标准之一。

当然，上述案例的计算过程是简化后的。有关“生命价值法”的计算还有一个更加科学的方法，那就是根据投保人的收入情况和消费情况，把每年的收入增长率和通货膨胀率考虑进来进行计算，这种方法更加科学准确，当然也相对复杂。

2. 家庭需求法

生命价值法考虑的是被保险人自身的价值，家庭需求法考虑的则是被保险人的家人需求情况。该方法指的是当风险发生时，通过估算被保险人的至亲或者家庭在一段时期内，保持原有的生活水平下生活各方面的需求总额，最终确定保额。

其计算方式是估算至亲所需生活费、教育费、供养金、对外负债、丧葬费等，扣除既有资产，所得缺额作为保额的粗略估算依据。需要注意的是，如被保险人可从自己购买的人寿保险、企业保险等处获得一定的保险保障，最终确定保额时，还应适当扣除这些保障费用。

【案例 5. 3】仍以李先生为例，假设其家庭目前年平均收入为 13 万元，每年最大支出就是大约 3 万元的房贷，房贷要还 20 年，加上其他开支，总支出 5. 5 万元，家庭现有一价值 40 万元的房屋。再从家庭需求的角度考虑寿险保额。

【案例分析】考虑李先生家最大的开支房贷要还 20 年，他还需要以保险补偿家庭未来 30 年的开支，那么确定他的家庭需求计算如下：

家庭需求＝5. 5×20+（5. 5−3）×10−40＝95（万元）

综合两种法则，李先生合适的寿险保额在 95 万～180 万元。当然，随着生活条件和收入水平的改变，保额也应随之调整。

请根据资料分析：王权中一家面临的风险主要有哪些？你对他有什么保险方面的建议？

学习活动

王权中，年龄 30 岁，月收入 3 000～5 000 元，其家庭结构状况为王权中夫妇均为独生子女，夫妇组成了一个小家庭，生了一个宝宝，是典型的“421”家庭结构（上面四个老人，中间夫妻两个，下面一个孩子），家庭责任重大。家庭财务状况为工作时间不是很长，收入一般，没有太多积蓄，支出却很大，日常生活消费、养孩子、买房首付、月供，甚至还要买车、孝敬父母等。总体是支出大于收入，家庭财务紧张，现金流不足，属于典型的负债一族。

本章小结

本章主要向大家介绍了个人或家庭中存在的一些风险，以及防范风险的措施——保险规划。

家庭存在的风险主要包括：家庭风险中最低端的链环——收入风险、意外风险；家庭的一般风险——债务风险、流动性风险和购买力风险；家庭的投资风险——利率风险和市场风险。

保险是进行家庭风险管理最有效的方法之一，家庭风险管理和保险规划的目的在于根据自身的经济状况和保险需求的深入分析，帮助自身选择合适的保险产品并确定合理的期限和金额。

项目六　投资规划

【案例导入】

张女士家庭属中高收入家庭，夫妻两人税后月入1.5万元，扣除支出和房贷，月结余约5 000元。目前，张女士家庭资产情况是：购买房产、还贷的能力无大问题，且有保险资产，有一定风险防范能力；股票、基金投资有一定亏损，同时没有其他稳健的长期资产进行配置，因此缺乏一定的资产增值和对抗通货膨胀的能力。

张女士一家是典型的三口之家，孩子今年上初中三年级，家庭拥有活期存款30万元，股票20万元，亏损12万元，持实物黄金现市值6万元，定期购买意外、重疾保险总保额90万元，现有65平方米小两居室一套，已经购买无贷款，有价值10万元车一辆。张女士家庭已购买价值120万元的第二套房，现有住房将来留给孩子，首付40万元，房贷80万元，分20年还，每月房贷约6 000元。张女士家庭每月生活费4 000元，每月缴保险费500元，其余存入银行作为活期存款。

张女士想进行风险资产和长期资产配置，如购买股票型基金、国债、保本基金等，供孩子将来读书和夫妻两人养老使用。张女士家庭应如何合理配置资产？目前的理财方式是否合适？

理财规划师给出的意见如下：

1. 股票、基金投资规划

对已有股票，若该公司行业未来发展前景较好可继续持有，若前景一般可换股重新选择。建议每月，以1 000~2 000元进行基金定投，如果股票资产浮出水面，可将资产50%~100%并入基金定投。理由是目前国内的资本市场用5~10年的中长期角度看依然可以获得较高收益，因此适当地布局长期资产很有必要。但是，如果张女士家庭属于风险厌恶型的投资者，则建议将该项投资的80%并入长期资产投资规划，特别是浮出水面的股票资产。

2. 长期资产投资规划

用于成家立业、教育投资、个人养老长期资产属于极端风险厌恶资产，投资安全性要求较高。基于张女士家庭有一定的长期资产增值需求，长期资产的收益率水平要求应在每年5%左右。鉴于目前国债收益率水平较低，暂时不要介入，待国债的年收益率达到5%左右时可配置一部分。建议选择低风险的银行理财产品，由于资产配置上的长期规划，投资期限5~10年为宜。

模块一　投资规划概述

通过前面几章的学习，我们已经认识到了理财的重要性，也掌握了一些理财的基本知识，还会简单分析自己的风险特征、家庭的资产负债状况，接下来我们来学习如何合理规划自己的投资方案，实现自己的投资理财梦想。

任务一　认识投资规划

一、投资的含义

投资是指投资者运用自己持有的资本，用来购买实际资产或者金融资产或者取得这些资产的权利，目的是在一定时期内预期获得资产增值和一定收入。一般情况下，我们把投资分为实物投资和金融投资两部分。

实物投资一般包括对有形资产，如土地、机器、厂房等的投资，具有与生产经营紧密联系、投资回收期较长、投资变现速度慢、流动性差等特点。金融投资包括对各种金融工具，如股票、固定收益证券、金融信托、基金产品、黄金、外汇和金融衍生品等的投资。

无论是哪种形式的投资，其最大特征就是用确定的现值牺牲换取可能的不确定的未来收益。因此，对未来收益和风险结构的分析就成为投资规划的一个重要方面。具体来说，我们所说的投资是指投资者当期投入一定数额的资金而期望在未来获得回报，所得回报应该能补偿：投资资金被占用的时间；预期的通货膨胀率；未来收益的不确定性。

学习小贴士

投机

投机指根据对市场的判断，把握机会，利用市场出现的价差进行买卖，从中获得利润的交易行为。投机者可以“买空”，也可以“卖空”。

对投机更为通俗的一个定义是：投机就是投资机会（投资行为中的一种），没有机会就不进场交易，就如同打猎，不看见猎物绝不开枪。民众日常购买彩票、股票等利用所获信息根据自有资源所进行的交易选择，都属于投机的一种。投机的目的很直接——就是获得价差利润。但是，投机是有风险的。

根据持有期货合约时间的长短，投机可分为以下三类：

第一类是长线投机者。此类交易者在买入或卖出期货合约后，通常将合约持有几天、几周甚至几个月，待价格对其有利时才将合约对冲。

第二类是短线交易者。一般进行当日或某一交易节的期货合约买卖，其持仓不过夜。

第三类是逐小利者，又称“抢帽子者”。他们的技巧是利用价格的微小变动进行交易来获取微利，一天之内他们可以做多个回合的买卖交易。

对家庭来讲，好的投资很简单，就是六个字：持续、稳定、增长。

先说持续。根据调查显示，97%以上的人都是在股市走牛的时候开始了解理财的，这很好理解，这是财富效应。但是，市场不可能一直走牛，一旦熊市来临，绝大多数的人就从此停止了理财。那有人会说，没错啊，股市进入熊市了，我还投资不是要亏吗？怎么持续呢？其实，投资不光是买股票，也不光是买基金，而是把资产在各个市场和产品之间做合理的配置，并定期调整。因为各个市场之间往往是涨跌互现的，所以好的投资会在股市出现问题的时候减少甚至取消股权类资产而增加其他产品的配置，从而实现持续的投资理财。因此，不能持续的投资是无法获得可观的收益的。

再说稳定。家庭投资和企业投资不同，企业投资就是为了收益最大化，失败了也只是有限责任，而家庭投资的成功与否关系到的则不仅仅是账面上冷冰的数字，而是家庭的各个理财目标。当家庭资产出现震荡甚至投资失败的时候，影响到的可能是决定孩子一生命运的学费，关系退休后的生活水平的养老金，付不出来就要流离失所的银行贷款。好的话盈利50%，不好就亏损一半的投资，要么就是获得大大超出目标需要的收益，要么就是连本金都遭受巨大的损失，这样的投资肯定不是家庭投资的最佳选择。对于家庭投资来讲，应该做到风险可控与收益可期。波动不大且长期稳定的收益才能给家庭一个可以预见的未来，从而逐步实现各个财务目标。

最后谈增长。投资就是为了未来获得更多的购买力而放弃现在消费的行为，如果未来资产不能增长，那么投资也就失去了意义。那么从家庭理财角度来讲，家庭资产增长的意义应该有两方面：一方面是名义收益的增长，就是说其账面价值是不断增加的，不能说我今年1万元钱进去明年还是1万元钱；另一方面是实际收益的增长，也就是说能够超过通胀的速度，实现实际购买力的提高，不能说我投资1万元，第二年增长到了1.03万元，但购买力还不如一年前的1万元。

二、投资规划

投资规划是根据客户投资理财目标和风险承受能力，为客户制订合理的资产配置方案，构建投资组合来帮助客户实现理财目标的过程。

投资与投资规划很难严格区分开来，概括而言，投资更强调创造收益，而投资规划更强调实现目标。投资技术性更强，要对经济环境、行业、具体的投资产品等进行细致分析，进而构建投资组合以分散风险、获取收益；投资规划程序性更强，要利用投资过程创造的潜在收益来满足自己或者家庭的财务目标，投资只不过是工具，当然两者的界限是模糊的。

任务二 投资规划步骤

总体上来说，投资规划的步骤如下：

一、确定投资目标

不同的投资者由于各自的具体情况不同，其投资目标自然不同。机构投资者投资目标一般由管理层决定，不同的管理人员有不同的风格，因此需要通过深入分析和综合平衡做出最合理的决策。个人投资者的决策受个人经济状况、性格、知识层次与结构等方面的影响。无论哪种投资目标，投资人都要在风险与收益之间做出全面的平衡，才能做出最后的决策。

二、选择投资品种和市场

不同的投资品种和市场有不同的风险和收益特征，对投资人的资本额和个人素质等的要求是不同的，因而适用于不同的投资目标。

三、确定风险因素和程度

投资人依据自身综合状况确定了投资品种之后，即进入具体投资对象的风险收益分析评价阶段，投资人要运用各种知识和手段分析其投资交易物的现在与未来面临的风险状况。

四、合理配置资金

不同的投资者有不同的资金配置侧重点。个人投资者要确定可供投资的资金数量和具体操作资金的分配，如每一资金配置方式各投资多少，长期与短期投资占用资金比例等。对机构投资者而言，由于相对不缺乏资金及操作技巧，问题主要集中在资金来源和运用上。

五、投资方案的确定与实施

每个投资方案都是动态的，在不同的时期要根据环境的变化进行适当的调整。投资方案的调整主要来源于对环境的分析，一般情况下，我们主要从宏观环境、行业环境以及公司或者个人的环境出发，来进行投资方案的调整。

模块二 投资产品

【案例导入】

王老太退休以后以前积累了一点资金，退休后觉得投资股票风险大，于是她就选择买国债。在2005年，她买入了国债0505，该国债是7年期固定利率国债，年利率为3.37%，每年付息一次。3.37%的利率虽然不是很高，但是还是高于银行的定期利率。

虽然不能享受股票市场牛市的高收益，但是也回避了股市大跌。王老太获取了稳定的收益，而且每年付息一次，该利息可作为养老费用。

大学刚毕业的小王也喜欢投资，但她更偏爱股票，由于没有掌握好市场的节奏，高买低卖反而亏了很多钱。

证券投资涉及许多不同的金融投资产品和投资方式，不同的产品拥有不同的风险特征。下面我们就一起来认识一下各种常见的金融投资产品。

任务一　认识金融市场

认识各类投资产品之前首先要对金融市场做个简单介绍。

一、金融市场的定义

金融市场又称为资金市场，包括货币市场和资本市场，是资金融通的市场。

所谓资金融通，是指在经济运行过程中，资金供求双方运用各种金融工具调节资金盈余的活动，是所有金融交易活动的总称。在金融市场上交易的是各种金融工具，如股票、债券、储蓄存单等。

资金融通简称为融资，一般分为直接融资和间接融资两种。直接融资是资金供求双方直接进行资金融通的活动，也就是资金需求者直接通过金融市场向社会上有资金盈余的机构和个人筹资。与此其对应，间接融资是指通过金融中介机构所进行的资金融通活动，也就是资金需求者采取向银行等金融中介机构申请贷款的方式筹资。金融市场对经济活动的各个方面都有着直接的深刻影响，如个人财富、企业的经营、经济运行的效率，都直接取决于金融市场的活动。

金融市场可以将众多投资者的买卖意愿聚集起来，使单个投资者交易的成功率大增，即在接受市场价格的前提下，证券的买方可以买到他想买的数量，卖方可以卖出他想卖的数量。交易所的这种属性其实就是流动性，交易所的流动性使得资本在不同的时间、地区和行业之间进行转移，使资源得以配置。金融市场出现的目的是提供交易的便捷，因而流动性就是金融市场的基础经济功能所在，没有了集中流动性的功能，金融市场就失去存在的基础。流动性的作用还不仅如此，作为交易成本还体现在市场对交易机制的选择和变迁的决定作用，因为在世界经济一体化的时代，各个金融市场面临着激烈的竞争，而流动性是其竞争力的最直接体现。

二、金融市场的特征

和其他市场相比，金融市场具有自己的特征：

第一，金融市场是以资金为交易对象的市场。

第二，金融市场交易之间不是单纯的买卖关系，更主要的是借贷关系，体现了资金所有权和使用权相分离的原则。

第三，金融市场可以是有形市场，也可以是无形市场。

三、金融市场体系

金融市场体系是指金融市场的构成形式。金融市场的构成十分复杂，是由许多不同的市场组成的一个庞大体系。金融体系主要包括货币市场、资本市场、外汇市场和黄金市场，而一般根据金融市场上交易工具的期限，把金融市场分为货币市场和资本市场两大类。

1. 货币市场

货币市场是融通短期资金的市场，包括同业拆借市场、回购协议市场、商业票据市场、银行承兑汇票市场、短期政府债券市场、大面额可转让存单市场。

2. 资本市场

资本市场是融通长期资金的市场，包括中长期银行信贷市场和证券市场。中长期信贷市场是金融机构与工商企业之间的贷款市场，证券市场是通过证券的发行与交易进行融资的市场，包括债券市场、股票市场、保险市场、融资租赁市场等。

任务二　股票投资

【案例导入】

姜女士今年35岁，在一家中型私营企业任市场部经理，每月收入15 000元，其收入还是相当可观的。两年前，姜女士由于工作需要常常在外面跑，这样投资时间和工作时间就常常碰到一起，分不开身来，对于股市的研究也是三心二意，可是她的投资理财意识又比较强烈："现在都说'你不理财，财不理你'，我也不能放弃所有投资的机会呀，虽然工资不算低，但是也不希望财富在通货膨胀下慢慢缩水吧?"于是，姜女士就不加分析选了一只当时正在上涨的股票。想不到当时的牛市让姜女士尝到了甜头，姜女士就将大部分流动资金都投了进去。股市也是有涨有跌的，如今的股市也不是很景气。姜女士的这部分资金从原来的200万元缩水至现在的60万元，姜女士为自己错误的理财观念和理财方式花大钱买了一个极大的教训。

股票是一种高风险的理财方式，所以在持有股票前，慎重的选股过程是非常重要的。如果选择的股票所在公司业绩比较好，得到大多数投资者的追捧，价格就会上涨，就会获利；相反，就会亏损。心理情绪对投资者决策的过程影响非常大，因此恰当规避心理误区，可以帮助投资者树立正确的投资心态。

一、股票

1. 股票的定义

股票是股份公司在筹集资本时向出资人发行的股份凭证。股票代表着股票持有者（即股东）对股份公司的所有权。这种所有权是一种综合权利，如参加股东大会、投票表决、参与公司的重大决策的权利，并收取股息或分享红利等权利。同一类别的每一份股票所代表的公司所有权是相等的。每个股东所拥有的公司所有权份额的大小，取决于其持有的股票数量占公司总股本的比重。股票一般可以通过买卖方式有偿转让，股东能通过股票转让收回其投资，但不能要求公司返还其出资。股东与公司之间的关系不是债权债务关系。股东是公司的所有者，以其出资额为限对公司负有限责任，承担风险，分享收益。

2. 股票特点

（1）不可偿还性。股票是一种无偿还期限的有价证券，投资者认购了股票后，就不能再要求退股，只能到二级市场卖给第三者。股票的转让只意味着公司股东的改变，并不减少公司资本。从期限上看，只要公司存在，公司所发行的股票就存在，股票的期限等于公司存续的期限。

（2）参与性。股东有权出席股东大会，选举公司董事会，参与公司重大决策。股票持有者的投资意志和享有的经济利益，通常是通过行使股东参与权来实现的。股东参与公司决策的权利大小，取决于其所持有的股份的多少。从实践中看，只要股东持有的股票数量达到左右决策结果所需的实际多数时，就能掌握公司的决策控制权。

（3）收益性。股东凭其持有的股票，有权从公司领取股息或红利，获取投资的收益。股息或红利的大小，主要取决于公司的盈利水平和公司的盈利分配政策。股票的收益性，还表现在股票投资者可以获得价差收入或实现资产保值增值。通过低价买入和高价卖出股票，投资者可以赚取价差利润。

以美国可口可乐公司的股票为例。如果在 1984 年年底投资 1 000 美元买入该公司股票，到 1994 年 7 月便能以 11 654 美元的市场价格卖出，赚取 10 倍多的利润。在通货膨胀时，股票价格会随着公司原有资产重置价格上升而上涨，从而避免了资产贬值。股票通常被视为在高通货膨胀期间可优先选择的投资对象。

（4）流通性。股票的流通性是指股票在不同投资者之间的可交易性。流通性通常以可流通的股票数量、股票成交量以及股价对交易量的敏感程度来衡量。可流通股数越多，成交量越大，价格对成交量越不敏感（价格不会随着成交量一同变化），股票的流通性就越好，反之就越差。股票的流通使投资者可以在市场上卖出所持有的股票，取得现金。通过股票的流通和股价的变动，可以看出人们对于相关行业和上市公司的发展前景和盈利潜力的判断。那些在流通市场上吸引大量投资者、股价不断上涨的行业和公司，可以通过增发股票，不断吸收大量资本进入生产经营活动，收到了优化资源配置的效果。

（5）价格波动性和风险性。股票在交易市场上作为交易对象，同商品一样，有自己的市场行情和市场价格。由于股票价格要受到诸如公司经营状况、供求关系、银行利率、大众心理等多种因素的影响，其波动有很大的不确定性。正是这种不确定性，有可能使股票投资者遭受损失。价格波动的不确定性越大，投资风险也越大。因此，股票是一种高风险的金融产品。

例如，称雄于世界计算机产业的国际商用机器公司（IBM），当其业绩不凡时，每股价格曾高达170美元，但在其地位遭到挑战，出现经营失策而招致亏损时，股价又下跌到40美元。如果不合时机地在高价位买进该股，就会导致严重损失。

3. 股票的收益和风险

股票投资收益是指投资者从购入股票开始到出售股票为止整个持有期间的收入，由股息、资本利得和资本增值收益组成。

股息有现金红利和红股两种形式。在熊市阶段，持股者往往希望得到现金红利，因为股价在不断下跌；在牛市阶段，持股者又希望得到红股，因为股价在持续上涨。

资本增值收益是指上市公司在使用资本公积进行转增时送股，与红股的来源是未分配利润有着明显不同。上市公司在实施转增时必须使用资本公积的股本溢价部分，而这部分的来源往往依靠上市公司实施首发融资或再融资等方式才能获得。

资本利得是指股票持有者持股票到市场上进行交易，当股票的市场价格高于买入价格时，卖出股票就可以赚取差价收益。目前，内地股市尚不对该部分实施征税，但在境外发达国家和地区都是征税的，不过形成亏损也可以抵减应纳税所得额。

股票的风险可以简单地分为系统性风险和非系统性风险。系统性风险是指针对整个市场的利空因素，包括升息、上调税费以及其他突发性事件等。非系统性风险是指个股风险，往往仅影响单个上市公司或单个行业板块，包括退市风险、长期停牌风险、行业调控政策等。

二、股票投资的分析方法

股票投资分析方法主要有两大类：一类是基本分析法；另一类是技术分析法。

1. 基本分析法

基本分析法通过对决定股票内在价值和影响股票价格的宏观经济形势、行业状况、公司经营状况等进行分析，评估股票的投资价值和合理价值，与股票市场价进行比较，相应形成买卖的建议。

基本分析法包括分析下面三个方面内容：

（1）宏观经济分析。研究经济政策（货币政策、财政政策、税收政策、产业政策等）和经济指标（国内生产总值、失业率、通货膨胀率、利率、汇率等）对股票市场的影响。

（2）行业分析。分析产业前景、区域经济发展对上市公司的影响

（3）公司分析。具体分析上市公司行业地位、市场前景、财务状况。

2. 技术分析法

技术分析法从股票的成交量、价格、达到这些价格和成交量所用的时间、价格波动的空间几个方面分析走势并预测未来。目前常用的有K线理论、波浪理论、形态理论、趋势线理论和技术指标分析等。

基本分析法能够比较全面地把握股票价格的基本走势，但对短期的市场变动不敏感；技术分析贴近市场，对市场短期变化反应快，但难以判断长期的趋势，特别是对

于政策因素，难有预见性。基本分析和技术分析各有优缺点和适用范围。基本分析能把握中长期的价格趋势，而技术分析则为短期买入、卖出时机选择提供参考。投资者在具体运用时应该把两者有机结合起来，选择合适的投资分析方法，方可实现效用最大化。

三、股票投资的五大步骤

股票投资风险具有明显的两重性，即股票投资风险的存在既是客观的、绝对的，又是主观的、相对的；股票投资风险既是不可完全避免的，又是可以控制的。投资者对股票风险的控制就是针对风险的两重性，运用一系列投资策略和技术手段把承受风险的成本降到最低限度。

股票投资具有高风险、高收益的特点。理性的股票投资过程应该包括：确定投资策略→进行股票投资分析→确立投资组合→评估投资业绩→修正投资策略五个步骤。进行股票投资分析作为其中一环，是成功进行股票投资的重要基础。

1. 确定投资策略

股票投资是一种高风险的投资，人们常说："风险越大，收益就越大。"换一个角度说，也就是需要承受的压力越大。投资者在涉足股票投资的时候，必须结合个人的实际状况，制定出可行的投资政策。这实质上是确定个人资产的投资组合的问题，投资者应掌握好风险分散原则和量力而行原则两个原则。

（1）风险分散原则。投资者在支配个人财产时，要牢记："不要把鸡蛋放在一个篮子里。"与房产、珠宝首饰、古董字画相比，股票流动性好，变现能力强；与银行储蓄、债券相比，股票价格波幅大。各种投资渠道都有自己的优缺点，尽可能地回避风险和实现收益最大化，成为个人理财的两大目标。

（2）量力而行原则。股票价格变动较大，投资者不能只想盈利，还要有赔钱的心理准备和实际承受能力。《中华人民共和国证券法》明文禁止透支、挪用公款炒股，正是体现了这种风险控制的思想。投资者必须结合个人的财力和心理承受能力，拟定合理的投资政策。

2. 进行股票投资分析

受市场供求、政策倾向、利率变动、汇率变动、公司经营状况变动等多种因素影响，股票价格呈现波动性、风险性的特征。何时介入股票市场、购买何种股票对投资者的收益有直接影响。股票投资分析成为股票投资步骤中很重要的一个环节，其目的在于预测价格趋势和价值发现，从而为投资者提供介入时机和介入品种决策的依据。

3. 确立投资组合

在进行股票投资时，投资者一方面希望收益最大化，另一方面又要求风险最小。两者的平衡点，在可接受的风险水平之内，实现收益量大化的投资方案，构成最佳的投资组合。

根据个人财务状况、心理状况和承受能力，投资者分别具有低风险倾向或高风险倾向。低风险倾向者宜组建稳健型投资组合，投资于常年收益稳定、低市盈率、派息率较高的股票，如公用事业股。高风险倾向者可组建激进型投资组合，着眼于上市公司的成长性，多选择一些涉足高科技领域或有资产重组题材的“黑马”型上市公司。

4. 评估投资业绩

定期评估投资业债、测算投资收益率、检讨决策中的成败得失，在股票投资中有承上启下的作用。

5. 修正投资策略

随着时间推移，市场和政策等各种因素发生变化，投资者对股票的评价和对收益的预期也相应发生变化。在评估前一段业绩的基础上，重新修正投资策略非常必要。如此又重复进行确定投资政策→进行股票投资分析→确立投资组合→评估投资业绩的过程，股票投资的五大步骤相辅相成，以保证投资者预期目标的实现。

学习小贴士

股票交易佣金对其影响

进行股票投资时，股票交易佣金的多少在一定程度上影响到投资者的交易成本。很多投资者都对交易佣金是比较关心的，在此就不同的交易佣金作为一个例子：A 客户通过折扣网开户交易佣金为 0.1%，B 客户交易佣金为 0.2%，C 客户交易佣金为 0.3%。

假如 A 客户、B 客户、C 客户的资金量都为 10 万元，每月交易 4 次，佣金分别为 0.1%、0.2%、0.3%三种费率情况下的交易成本节约情况见表 6.1。

表 6.1　三种费率情况下的交易成本节约情况

交易客户	资金量/万元	每年交易次数/次	年交易量/万元	佣金/‰	每年交易成本/元	每年节约成本/元	节约成本产生的收益率/%
A	10	48	960	1	9 600	19 200	19.2
B	10	48	960	2	19 200	9 600	9.6
C	10	48	960	3	28 800	0	0

假如投资者的资金量为 10 万元，每月交易 20 次，佣金分别为 0.1%、0.2%、0.3%三种费率情况下的交易成本节约情况见表 6.2。

表 6.2　三种费率情况下的交易成本节约情况

交易客户	资金量/万元	每年交易次数/次	年交易量/万元	佣金/‰	每年交易成本/元	每年节约成本/元	节约成本产生的收益率/%
A	10	240	4 800	1	48 000	96 000	96
B	10	240	4 800	2	96 000	48 000	48
C	10	240	4 800	3	144 000	0	0

通过上述表对比，不同的佣金可节约的成本也不同。

任务三　基金投资

假设您有一笔钱想投资债券、股票等这类证券进行增值，但自己又一无精力二无专业知识，而且钱也不算多，就想到与其他10个人合伙出资，雇一个投资高手，操作大家合出的资产进行投资增值。但是在这里面，如果10多个投资人都与投资高手随时交涉，那时还不乱套，于是大家就推举其中一个最懂行的牵头办这事。定期从大伙合出的资产中按一定比例提成给他，由他代为付给高手劳务费报酬，当然他自己牵头出力张罗大大小小的事，包括挨家跑腿，有关风险的事向高手随时请教，定期向大伙公布投资盈亏情况等，不可白忙，提成中的钱也有他的劳务费。上面这些事就叫合伙投资。

将这种合伙投资的模式放大100倍、1 000倍，就是基金。

一、证券投资基金

证券投资基金是指通过发售基金份额，将众多投资者的资金集中起来，形成独立资产，由基金托管人托管，基金管理人管理，以投资组合的方法进行证券投资的一种利益共享、风险共担的集合投资方式。具体来说就是通过发行基金单位，集中投资者的资金，由基金托管人托管（一般是信誉卓著的银行），由基金管理人（即基金管理公司）管理和运用资金，从事股票、债券等金融工具的投资。基金投资人享受证券投资的收益，也承担因投资亏损而产生的风险。我国基金暂时都是契约型基金，是一种信托投资方式。

证券投资基金是一种间接的证券投资方式。基金管理公司通过发行基金单位，集中投资者的资金，由基金托管人（即具有资格的银行）托管，由基金管理人管理和运用资金，从事股票、债券等金融工具投资，然后共担投资风险、分享收益。根据不同标准，可以将证券投资基金划分为不同的种类。

根据基金单位是否可增加或赎回，基金可分为开放式基金和封闭式基金。开放式基金不上市交易，一般通过银行申购和赎回，基金规模不固定；封闭式基金有固定的存续期，期间基金规模固定，一般在证券交易场所上市交易，投资者通过二级市场买卖基金单位。

证券投资基金在美国称为“共同基金”，在英国和我国香港特别行政区称为“单位信托基金”，在日本和我国台湾地区称为“证券投资信托基金”。

二、证券投资基金的分类

1．股票基金

股票基金是以股票为投资对象的投资基金，是投资基金的主要种类。股票基金的主要功能是将大众投资者的小额投资集中为大额资金。投资于不同的股票组合，是股票市场的主要机构投资者。

与其他类型的基金相比，股票型基金具备以下特点：

（1）与其他基金相比，股票基金的投资对象具有多样性，投资目的也具有多样性。

（2）与投资者直接投资于股票市场相比，股票基金具有分散风险、费用较低等特点。对一般投资者而言，个人资本毕竟是有限的，难以通过分散投资种类而降低投资风险。若投资于股票基金，投资者不仅可以分享各类股票的收益，而且可以通过投资于股票基金而将风险分散于各类股票上，大大降低了投资风险。此外，投资者投资了股票基金，还可以享受基金大额投资在成本上的相对优势，降低投资成本，提高投资效益，获得规模效益的好处。

（3）从资产流动性来看，股票基金具有流动性强、变现性高的特点。股票基金的投资对象是流动性极好的股票，基金资产质量高、变现容易。

（4）对投资者来说，股票基金经营稳定、收益可观。一般来说，股票基金的风险比股票投资的风险低，因而收益较稳定。不仅如此，封闭式股票基金上市后，投资者还可以通过在交易所交易获得买卖差价。基金期满后，投资者享有分配剩余资产的权利。

（5）股票基金还具有在国际市场上融资的功能和特点。就股票市场而言，其资本的国际化程度较外汇市场和债券市场低。一般来说，各国的股票基本上在本国市场上交易，股票投资者也只能投资于本国上市的股票或在当地上市的少数外国公司的股票。在国外，股票基金则突破了这一限制，投资者可以通过购买股票基金，投资于其他国家或地区的股票市场，从而对证券市场的国际化具有积极的推动作用。从海外股票市场的现状来看，股票基金投资对象有很大一部分是外国公司股票。

2. 债券基金

债券型基金顾名思义是以债券为主要投资标的的共同基金，除了债券之外，尚可投资于金融债券、债券附买回、定存、短期票券等，绝大多数以开放式基金形态发行，并采取不分配收益方式，合法节税。目前，我国国内大部分债券型基金属性偏向于收益型债券基金，以获取稳定的利息为主。因此，收益普遍呈现稳定成长。

（1）债券型基金的优点。债券型基金的优点如下：

①低风险、低收益。由于债券收益稳定、风险也较小，相对于股票基金，债券基金风险低但回报率也不高。

②费用较低。由于债券投资管理不如股票投资管理复杂，因此债券基金的管理费也相对较低。

③收益稳定。投资于债券定期都有利息回报，到期还承诺还本付息，因此债券基金的收益较为稳定。

④注重当期收益。债券基金主要追求当期较为固定的收入，相对于股票基金而言缺乏增值的潜力，较适合于不愿过多冒险，谋求当期稳定收益的投资者。

（2）债券基金投资策略。债券基金投资策略如下：

①确定你的投资有正确的理由。如果你买债券基金的目的是为了增加组合的稳定性，或者获得比现金更高的收益，这样的策略是行得通的。如果你认为买债券基金是

不会亏损的，那就需要再考虑一下。债券基金也有风险，尤其是在升息的环境中。当利率上行的时候，债券的价格会下跌，这样你的债券基金可能会出现负的回报。尤其在国内，多数债券基金持有不少可转债，有的还投资少量股票，股价尤其是可转债价格的波动会加大基金回报的不确定性。

②了解你的债券基金持有些什么。为了避免投资失误，在购买前需要了解你的债券基金都持有些什么。对于普通债券而言，两个基本要素是利率敏感程度与信用素质。债券价格的涨跌与利率的升降呈反向关系。利率上升的时候，债券价格便下滑。

③了解债券基金的信用。债券基金的信用取决于其所投资债券的信用等级。投资人可以通过基金招募说明书了解对所投资债券信用等级有哪些限制；通过基金投资组合报告了解对持有债券的信用等级。

④对于国内的组合类债券基金，投资人还需要了解其所投资的可转债以及股票的比例。基金持有比较多的可转债，可以提高收益能力，但也放大了风险。因为可转债的价格受正股联动影响，波动要大于普通债券。尤其是集中持有大量转债的基金，其回报率受股市和可转债市场的影响可能远大于债市。

⑤震荡市中的避险工具。投资者在选择股票型基金的时候，将承受较大的波动风险。在这种市场格局下，流动性好、风险低且回报率高于储蓄利率的债券型基金，可降低投资者的风险。目前市场中债券基金的资产中 80%以上都是由国债、金融债和高信用等级的企业债组成的，基本不存在信用风险。在控制好利率风险之后，债券基金净值下跌的风险很小，收益非常稳定。因此，债券基金是较好的替代银行存款的理财品种，迎合了我国居民理财的稳健收益低风险需求。

当然，债券基金并非纯粹投资债券，因此债券基金并不保本，同样有亏损的风险，只是债券基金的投资风险远远低于股票型基金。

3. 货币市场基金

货币市场基金是指投资于货币市场上短期有价证券的一种基金。该基金资产主要投资于短期货币工具，如国库券、商业票据、银行定期存单、政府短期债券、企业债券等短期有价证券。

货币市场基金最早创设于 1972 年的美国。到 1986 年年底为止，美国共有 400 多个货币市场基金，总资产超过 2 900 亿美元。在美国，货币市场基金按风险大小可划分为以下三类：

（1）国库券货币市场基金。国库券货币市场基金是主要投资于国库券、由政府担保的有价证券等。这些证券到期时间一般不到 1 年，平均到期期限为 120 天。

（2）多样化货币市场基金。多样化货币市场基金就是通常所说的货币市场基金，通常投资于商业票据、国库券、美国政府代理机构发行的证券、可转让存单、银行承兑票据等各种有价证券，其到期时间同前述基金类似。

（3）免税货币基金。免税货币基金主要用于短期融资的高质量的市政证券，也包括市政中期债券和市政长期债券。免税货币基金的优点是可以减免税收，但通常比一般的货币市场基金的收益率低（低 30%~40%），税率不高时投资者选择该基金并不划算。

货币市场基金与传统的基金比较具有以下特点：

（1）货币市场基金与其他投资于股票的基金最主要的不同在于基金单位的资产净值是固定不变的，通常是每个基金单位 1 元。投资该基金后，投资者可利用收益再投资，投资收益就不断累积，增加投资者所拥有的基金份额。例如，某投资者以 100 元投资于某货币市场基金，可拥有 100 个基金单位，1 年后，若投资报酬是 8%，那么该投资者就多 8 个基金单位，总共 108 个基金单位，价值 108 元。

（2）衡量货币市场基金表现好坏的标准是收益率，这与其他基金以净资产价值增值获利不同。

（3）流动性好、资本安全性高。这些特点主要源于货币市场是一个低风险、流动性高的市场。同时，投资者可以不受到期日限制，随时可根据需要转让基金单位。

（4）风险性低。货币市场工具的到期日通常很短，货币市场基金投资组合的平均期限一般为 4~6 个月，因此风险较低，其价格通常只受市场利率的影响。

（5）投资成本低。货币市场基金通常不收取赎回费用，并且其管理费用也较低，货币市场基金的年管理费用大约为基金资产净值的 0. 25%~1%，比传统的基金年管理费率 1%~2. 5%低。

（6）货币市场基金均为开放式基金。货币市场基金通常被视为无风险或低风险投资工具，适合资本短期投资生息以备不时之需，特别是在利率高、通货膨胀率高、证券流动性下降、可信度降低时，可使本金免遭损失。

三、基金定投

定期定额投资基金是基金申购业务的一种方式，投资者可通过基金的销售机构提交申请，约定每期扣款时间、扣款金额及扣款方式，由销售机构于约定扣款日，在投资者指定资金账户内自动完成扣款及基金申购。

1. 基金定投的特点

基金定投的特点如下：

（1）平均成本、分散风险。普通投资者很难适时掌握正确的投资时点，常常可能是在市场高点买入，在市场低点卖出。而采用基金定期定额投资方式，不论市场行情如何波动，每个月固定一天定额投资基金，由银行自动扣款，自动依基金净值计算可买到的基金份额数。这样投资者购买基金的资金是按期投入的，投资的成本也比较平均。

（2）适合长期投资。由于定期定额是分批进场投资，当股市在盘整或是下跌的时候，由于定期定额是分批承接，因此反而可以越买越便宜，股市回升后的投资报酬率也胜过单笔投资。对于中国股市而言，长期看应是震荡上升的趋势，因此定期定额非常适合长期投资理财计划。

摩根富林明投资咨询公司对我国台湾的投资者的调研结果显示，约有 30%的投资者选择定期定额投资基金的方式。尤其是31～40岁的壮年族群，有高达36%的比例从事这项投资。

（3）更适合投资新兴市场和小型股票基金。中长期定期定额投资绩效波动性较大的新兴市场或者小型股票型海外基金，由于股市回调时间一般较长而速度较慢，但上涨时间的股市上涨速度较快，投资者往往可以在股市下跌时累积较多的基金份额，因而能够在股市回升时获取较佳的投资报酬率。根据理柏（Lipper）基金资料显示，截至2005年6月底，2002年以来三年持续扣款投资在任一新兴市场或小型公司股票类型基金的投资者至少有23%的平均报酬率。

（4）自动扣款，手续简单。定期定额投资基金只需投资者去基金代销机构办理一次性的手续，此后每期的扣款申购均自动进行，一般以月为单位，但是也有以半月、季度等其他时间限期作为定期的单位的。相比而言，如果自己去购买基金，就需要投资者每次都亲自到代销机构办理手续。因此，定期定额投资基金也被称为“懒人理财术”，充分体现了其便利的特点。

学习小贴士

基金买卖指南

一、开放式基金购买手续

1. 准备过程

投资人购买基金前，需要认真阅读有关基金的招募说明书、基金契约及开户程序、交易规则等文件。各基金销售网点应备有上述文件，以备投资人随时查阅。

个人投资者要携带代理行借记卡，有效身份证件（身份证、军人证或武警证），机构投资者则需要带上营业执照、机构代码证或登记注册证书原件以及上述文件加盖公章的复印件、授权委托书、经办人身份证及复印件。

携带好准备资料，客户在银行的柜台网点填写基金业务申请表格，填写完毕后领取业务回执，个人投资者还要领取基金交易卡，在办理基金业务当日两天以后可以到柜台领取业务确认书。在领取了业务确认书后，单位或者个人就可以从事基金的购买和赎回。

2. 如何购买

在完成开户准备之后，市民就可以自行选择时机购买基金。个人投资者可以带上代理行的借记卡和基金交易卡，到代销的网点柜台填写基金交易申请表格（机构投资者则要加盖预留印鉴），必须在购买当天的下午3点以前提交申请，由柜台受理，并领取基金业务回执。在办理基金业务两天之后，投资者可以到柜台打印业务确认书。

3. 如何赎回

当投资者有意对手中的基金进行赎回，则可以携带开户行的借记卡和基金交易卡，同样在下午3点之前填写并提交交易申请单，在柜面受理后，投资者可以在5天后查询，赎回资金到账。

4. 如何撤回

交易投资者如果需要撤销交易，则可以在交易当天的下午3点之前，携带基金交易卡和银行借记卡，在柜面填写交易申请表格，注明撤销交易。如果在下午3点以后，部分银行则可以按照当天牌价进行预约交易，第二个工作日进行交易。目前，几乎所有的银行和基金管理公司都支持在网上交易基金。

5. 基金分红原则

根据《中华人民共和国证券投资基金法》的规定，基金管理公司对于封闭式基金分红要求是：符合分红条件下，必须以现金形式分配至少90%基金净收益并且每年至少分配一次。

开放式基金分红原则是：基金收益分配后每一基金份额净值不能低于面值；收益分配时所发生银行转账或其他手续费用由投资人自行承担；符合有关基金分红条件前提下，需规定基金收益每年分配最多次数、每年基金收益分配最低比例；基金投资当期出现净亏损则不进行收益分配；基金当年收益应先弥补上一年度亏损后方可进行当年收益分配。

二、买卖封闭式基金如何办手续

封闭式基金的基金单位像普通上市公司的股票一样在证券交易市场挂牌交易。因此，跟买卖股票一样，买卖封闭式基金的第一步就是到证券营业部开户，其中包括基金账户和资金账户（也就是所谓的保证金账户）。

如果是以个人身份开户，就必须带上本人的身份证或军官证；如果是以公司或企业的身份开户，则必须带上公司的营业执照副本、法人证明书、法人授权委托书和经办人身份证。

在开始买卖封闭式基金之前，必须在已经选定的证券商联网的银行存入现金，然后到证券营业部将存折里的钱转到保证金账户里。在这之后，可以通过证券营业部委托申报或通过无形报盘、电话委托申报买入和卖出基金单位。

必须注意的是，如果已有股票账户，就不需要另外再开立基金账户了，原有的股票账户是可以用于买卖封闭式基金的。但是，基金账户不可以用来买卖股票，只能用来买卖基金和国债。

任务四 债券投资

一、债券

债券是国家政府、金融机构、企业等机构直接向社会借债筹措资金时，向投资者发行，并且承诺按规定利率支付利息并按约定条件偿还本金的债权债务凭证。由此，债券包含了以下四层含义：

第一层含义：债券的发行人（政府、金融机构、企业等机构）是资金的借入者。

第二层含义：购买债券的投资者是资金的借出者。

第三层含义：发行人（借入者）需要在一定时期还本付息。

第四层含义：债券是债的证明书，具有法律效力。债券购买者与发行者之间是一种债权债务关系，债券发行人即债务人，投资者（或债券持有人）即债权人。

1. 债券的基本要素

债券是一种债务凭证，反映了发行者与购买者之间的债权债务关系。债券尽管种类多种多样，但是在内容上都要包含一些基本的要素。这些要素是指发行的债券上必须载明的基本内容，这是明确债权人和债务人权利与义务的主要约定。具体包括：

（1）债券面值。债券的面值是指债券的票面价值，是发行人对债券持有人在债券到期后应偿还的本金数额，也是企业向债券持有人按期支付利息的计算依据。债券的面值与债券实际的发行价格并不一定是一致的，发行价格大于面值称为溢价发行，小于面值称为折价发行。

（2）票面利率。债券的票面利率是指债券利息与债券面值的比率，是发行人承诺以后一定时期支付给债券持有人报酬的计算标准。债券票面利率的确定主要受到银行利率、发行者的资信状况、偿还期限和利息计算方法以及当时资金市场上资金供求情况等因素的影响。

（3）付息期。债券的付息期是指企业发行债券后的利息支付的时间。付息期可以是到期一次支付，或 1 年、半年、3 个月支付一次。在考虑货币时间价值和通货膨胀因素的情况下，付息期对债券投资者的实际收益有很大影响。到期一次付息的债券，其利息通常是按单利计算的；年内分期付息的债券，其利息是按复利计算的。

（4）偿还期。债券偿还期是指企业债券上载明的偿还债券本金的期限，即债券发行日至到期日之间的时间间隔。公司要结合自身资金周转状况及外部资本市场的各种影响因素来确定公司债券的偿还期。

上述四个要素是债券票面的基本要素，但在发行时并不一定全部在票面印制出来。例如，在很多情况下，债券发行者是以公告或条例形式向社会公布债券的期限和利率。此外，一些债券还包含有其他要素，如还本付息方式。

2. 债券的特征

债券作为一种债权债务凭证，与其他有价证券一样，也是一种虚拟资本，而非真实资本，债券是经济运行中实际运用的真实资本的证书。债券作为一种重要的融资手段和其他金融工具具有如下特征：

（1）偿还性。债券一般都规定有偿还期限，发行人必须按约定条件偿还本金并支付利息。

（2）流通性。债券一般都可以在流通市场上自由转让。

（3）安全性。与股票相比，债券通常规定有固定的利率，与企业绩效没有直接联系，收益比较稳定，风险较小。此外，在企业破产时，债券持有者享有优先于股票持有者对企业剩余资产的索取权。

（4）收益性。债券的收益性主要表现在两个方面，一方面是投资债券可以给投资者定期或不定期地带来利息收入；另一方面是投资者可以利用债券价格的变动，买卖债券赚取差额。

3. 债券的种类

（1）按发行主体划分，债券可以分为政府债券、金融债券、公司（企业）债券。

①政府债券。政府债券是政府为筹集资金而发行的债券，主要包括国债、地方政府债券等，其中最主要的是国债。国债因其信誉好、利率优、风险小而又被称为“金边债券”。

②金融债券。金融债券是由银行和非银行金融机构发行的债券。在我国，目前金融债券主要由国家开发银行、进出口银行等政策性银行发行。

③公司（企业）债券。公司（企业）债券是企业依照法定程序发行，约定在一定期限内还本付息的债券。公司债券的发行主体是股份公司，但非股份公司的企业也可以发行债券，因此一般归类时，公司债券和企业发行的债券合在一起，可直接成为公司（企业）债券。

（2）按是否有财产担保，债券可以分为抵押债券和信用债券。

①抵押债券。抵押债券是以企业财产作为担保的债券，按抵押品的不同又可以分为一般抵押债券、不动产抵押债券、动产抵押债券和证券信托抵押债券。以不动产如房屋等作为担保品，称为不动产抵押债券；以动产如适销商品等作为提供品的，称为动产抵押债券；以有价证券如股票及其他债券作为担保品的，称为证券信托抵押债券。一旦债券发行人违约，信托人就可将担保品变卖处置，以保证债权人的优先求偿权。

②信用债券。信用债券是不以任何公司财产作为担保，完全凭信用发行的债券。政府债券属于此类债券。这种债券由于其发行人的绝对信用而具有坚实的可靠性。除此之外，一些公司也可发行这种债券，即信用公司债。与抵押债券相比，信用债券的持有人承担的风险较大，因而往往要求较高的利率。为了保护投资人的利益，发行这种债券的公司往往受到种种限制，只有那些信誉卓著的大公司才有资格发行信用债券。除此以外，在债券契约中都要加入保护性条款，如不能将资产抵押其他债权人、不能兼并其他企业、未经债权人同意不能出售资产、不能发行其他长期债券等。

（3）按债券形态分类，债券可分为实物债券、凭证式债券、记账式债券。

①实物债券（无记名债券）。实物债券（无记名债券）是一种具有标准格式实物券面的债券。实物债券与无实物债券相对应，简单地说就是发给投资人的债券是纸质的而非电脑里的数字。在实物债券券面上，一般印制了债券面额、债券利率、债券期限、债券发行人全称、还本付息方式等各种债券票面要素。

实物债券不记名、不挂失，可上市流通。实物债券是一般意义上的债券，很多国家通过法律或者法规对实物债券的格式予以明确规定。实物债券由于其发行成本较高，将会被逐步取消。

②凭证式债券。凭证式国债是指国家采取不印刷实物券，而用填制“国库券收款凭证”的方式发行的国债。我国从 1994 年开始发行凭证式国债。凭证式国债具有类似

储蓄，又优于储蓄的特点，通常被称为“储蓄式国债”，是以储蓄为目的的个人投资者理想的投资方式。凭证式国债从购买之日起计息，可记名、可挂失，但不能上市流通。凭证式国债与储蓄类似，但利息比储蓄高。

③记账式债券。记账式债券指没有实物形态的票券，以电脑记账方式记录债权，通过证券交易所的交易系统发行和交易。我国近年来通过沪、深交易所的交易系统发行和交易的记账式国债就是这方面的实例。如果投资者进行记账式债券的买卖，就必须在证券交易所设立账户。因此，记账式国债又称无纸化国债。

记账式国债购买后可以随时在证券市场上转让，流动性较强，就像买卖股票一样。当然，中途转让除可获得应得的利息外（市场定价已经考虑到），还可以获得一定的价差收益（不排除损失的可能），这种国债有付息债券与零息债券两种。付息债券按票面发行，每年付息一次或多次，零息债券折价发行，到期按票面金额兑付。中间不再计息。

因为记账式国债发行和交易均无纸化，所以交易效率高、成本低，是未来债券发展的趋势。

（4）按是否可以转换为公司股票划分，债券可以分为可转换债券和不可转换债券。

①可转换债券。可转换债券是指在特定时期内可以按某一固定的比例转换成普通股的债券。可转换债券具有债务与权益双重属性，属于一种混合性筹资方式。由于可转换债券赋予债券持有人将来成为公司股东的权利，因此其利率通常低于不可转换债券。若将来转换成功，在转换前发行企业达到了低成本筹资的目的，转换后又可节省股票的发行成本。根据《中华人民共和国公司法》的规定，发行可转换债券应由国务院证券管理部门批准，发行公司应同时具备发行公司债券和发行股票的条件。

②不可转换债券。不可转换债券是指不能转换为普通股的债券，又称为普通债券。因为不可转换债券没有赋予债券持有人将来成为公司股东的权利，所以其利率一般高于可转换债券。

（5）按付息的方式划分，债券可以分为零息债券、定息债券、浮息债券。

①零息债券。零息债券也叫贴现债券，是指债券券面上不附有息票，在票面上不规定利率，发行时按规定的折扣率，以低于债券面值的价格发行，到期按面值支付本息的债券。从利息支付方式来看，贴现国债以低于面额的价格发行，可以看成是利息预付，因而又可称为利息预付债券、贴水债券，是期限比较短的折现债券。

②定息债券。固定利率债券是将利率印在票面上并按其向债券持有人支付利息的债券。该利率不随市场利率的变化而调整，因而固定利率债券可以较好地抵制通货紧缩风险。

③浮息债券。浮息债券又叫浮动利率债券，浮动利率债券的息票率是随市场利率变动而调整的利率。因为浮动利率债券的利率同当前市场利率挂钩，而当前市场利率又考虑到了通货膨胀率的影响，所以浮动利率债券可以较好地抵制通货膨胀风险。浮动利率债券的利率通常根据市场基准利率加上一定的利差来确定。浮动利率债券往往是中长期债券。

（6）按是否能够提前偿还划分，债券可以分为可赎回债券和不可赎回债券。

①可赎回债券。可赎回债券是指在债券到期前，发行人可以以事先约定的赎回价格收回的债券。公司发行可赎回债券主要是考虑到公司未来的投资机会和回避利率风险等问题，以增加公司资本结构调整的灵活性。发行可赎回债券最关键的问题是赎回期限和赎回价格的制定。

②不可赎回债券。不可赎回债券是指不能在债券到期前收回的债券。

（7）按偿还方式不同划分，债券可以分为一次到期债券和分期到期债券。

①一次到期债券。一次到期债券是发行公司于债券到期日一次偿还全部债券本金的债券。

②分期到期债券。分期到期债券是指在债券发行的当时就规定有不同到期日的债券，即分批偿还本金的债券。分期到期债券可以减轻发行公司集中还本的财务负担。

（8）按债券的计息方式分类，债券可分为单利债券、复利债券、累进利率债券。

①单利债券。单利债券是指在计息时，不论期限长短，仅按本金计息，所生利息不再加入本金计算下期利息的债券。

②复利债券。复利债券与单利债券相对应，是指计算利息时，按一定期限将所生利息加入本金再计算利息，逐期滚算的债券。

③累进利率债券。累进利率债券是指年利率以利率逐年累进方法计息的债券。累进利率债券的利率随着时间的推移，后期利率比前期利率更高，呈累进状态。

4. 债券的发行

（1）债券发行的条件。根据《中华人民共和国公司法》的规定，我国债券发行的主体主要是公司制企业和国有企业。企业发行债券的条件如下：

①股份有限公司的净资产额不低于人民币 3 000 万元，有限责任公司的净资产额不低于人民币 6 000 万元。

②累计债券总额不超过净资产的 40%。

③最近 3 年平均可分配利润足以支付公司债券 1 年的利息。

④筹资的资金投向符合国家的产业政策。

⑤债券利息率不得超过国务院限定的利率水平。

⑥其他条件。

（2）债券的发行价格。债券的发行价格是指债券原始投资者购入债券时应支付的市场价格。债券的发行价格与债券的面值可能一致也可能不一致。

在理论上，债券发行价格是债券的面值和要支付的年利息按发行当时的市场利率折现所得到的现值。

由此可见，票面利率和市场利率的关系影响到债券的发行价格。当债券票面利率等于市场利率时，债券发行价格等于面值；当债券票面利率低于市场利率时，企业仍以面值发行就不能吸引投资者，故一般要折价发行；反之，当债券票面利率高于市场利率时，企业仍以面值发行就会增加发行成本，故一般要溢价发行。

在实务中，根据上述原理计算的债券发行价格一般是确定债券实际发行价格的基础，还要结合债券发行公司自身的信誉情况。

5. 债券的交易方式

上市债券的交易方式大致有债券现货交易、债券回购交易、债券期货交易。目前在深、沪证券交易所交易的债券有现货交易和回购交易。

（1）现货交易。现货交易又叫现金现货交易，是债券买卖双方对债券的买卖价格均表示满意，在成交后立即办理交割，或在很短的时间内办理交割的一种交易方式。例如，投资者可直接通过证券账户在深交所全国各证券经营网点买卖已经上市的债券品种。

（2）回购交易。回购交易是指债券持有一方出券方和购券方在达成一笔交易的同时，规定出券方必须在未来某一约定时间以双方约定的价格再从购券方那里购回原先售出的那笔债券，并以商定的利率（价格）支付利息。目前深、沪证券交易所均有债券回购交易，但只允许机构法人开户交易，个人投资者不能参与。

（3）期货交易。债券期货交易是一批交易双方成交以后，交割和清算按照期货合约中规定的价格在未来某一特定时间进行的交易。目前深、沪证券交易所均不开通债券期货交易。

二、债券投资的收益和风险

1. 债券投资的收益

人们投资债券时，最关心的就是债券收益有多少。债券投资收益主要来源于三个方面，即利息收入、偿还盈亏（资本利得）和利息再投资所得的收益。为了精确衡量债券收益，一般使用债券收益率这个指标。债券收益率是债券收益与其投入本金的比率，通常用年率表示。债券收益不同于债券利息。债券利息仅指债券票面利率与债券面值的乘积。由于人们在债券持有期内，还可以在债券市场进行买卖，赚取价差，因此债券收益除利息收入外，还包括买卖盈亏差价。

决定债券收益率的主要因素有债券的票面利率、期限、面值和购买价格。最基本的债券收益率计算公式为：

债券收益率=（到期本息和-发行价格）/（发行价格×偿还期限）×100%

由于债券持有人可能在债券偿还期内转让债券，因此债券的收益率还可以分为债券出售者的收益率、债券购买者的收益率和债券持有期间的收益率。各自的计算公式如下：

债券出售者的收益率 =（卖出价格-发行价格+持有期间的利息）/（发行价格×持有年限）×100%

债券购买者的收益率 =（到期本息和-买入价格）/（买入价格×剩余期限）×100%

债券持有期间的收益率 =（卖出价格-买入价格+持有期间的利息）/（买入价格×持有年限）×100%

【案例 6. 1】某人于 2016 年 1 月 1 日以 102 元的价格购买了一张面值为 100 元、利率为 10%、每年 1 月 1 日支付一次利息的 2011 年发行 5 年期国库券，并持有到 2017 年 1 月 1 日到期，分别计算债券购买者和债券出售者的收益率。

【案例分析】债券购买者的收益率 = （100+100×10%−102）÷（102×1）×100%
= 7. 8%

债券出售者的收益率 = （102−100+100×10%×4）÷（100×4）×100%
= 10. 5%

【案例 6. 2】某人于 2013 年 1 月 1 日以 120 元的价格购买了面值为 100 元、利率为 10%、每年 1 月 1 日支付一次利息的 2012 年发行的 10 年期国库券，并持有到 2018 年 1 月 1 日以 140 元的价格卖出，计算债券持有期的收益率。

【案例分析】

债券持有期间的收益率 =（140−120+100×10%×5）÷（120×5）×100%
= 11. 7%

以上计算公式没有考虑把获得的利息进行再投资的因素。把所获利息的再投资收益计入债券收益，据此计算出来的收益率，即为复利收益率。

影响债券投资收益的因素主要包括以下几个方面：

（1）债券的利率。债券利率越高，债券收益也越高；反之，收益下降。形成利率差别的主要因素是利率、残存期限、发行者的信用度和市场性等。

（2）债券价格与面值的差额。当债券价格高于其面值时，债券收益率低于票面利息率；反之，则高于票面利息率。

（3）债券的还本期限。还本期限越长，票面利息率越高。

（4）市场供求、货币政策和财政政策。市场供求、货币政策和财政政策对债券价格产生影响，就直接影响到投资者的成本，成本越高则收益率越低，成本越低则收益率越高，因此除了利率差别会影响投资者的收益之外，市场供求、货币政策和财政政策也是我们考虑投资收益时所不可忽略的因素。

2. 债券投资的风险

尽管与股票相比，债券投资安全很多，但是同样存在着风险，债券投资面临的风险主要如下：

（1）利率风险。利率的变动导致债券价格与收益率发生变动的风险。

（2）价格变动风险。债券市场价格常常变化，若其变化与投资者预测的不一致，那么，投资者的资本必将遭到损失。

（3）通货膨胀风险。债券发行者在协议中承诺付给债券持有人的利息或本金的偿还，都是事先议定的固定金额。当通货膨胀发生，货币的实际购买能力下降，就会造成在市场上能购买的东西却相对减少，甚至有可能低于原来投资金额的购买力。

（4）信用风险。在企业债券的投资中，企业由于各种原因，存在着不能完全履行其责任的风险。

（5）转让风险。当投资者急于将手中的债券转让出去，有时候不得不在价格上打点折扣，或是要支付一定的佣金。

（6）回收性风险。有回收性条款的债券，因为其常常有强制收回的可能，而这种可能又常常是市场利率下降、投资者按券面上的名义利率收取实际增额利息的时候，投资者的预期收益就会遭受损失。

（7）税收风险。政府对债券税收的减免或增加都影响到投资者对债券的投资收益。

（8）政策风险。由于政策变化导致债券价格发生波动而产生的风险。例如，突然给债券实行加息和保值贴补。

三、债券投资的原则

投资债券既要有所收益，又要控制风险，因此根据债券的特点，投资债券原则如下：

1. 收益性原则

不同种类的债券收益多少不同，投资者应根据自己的实际情况选择。例如国家（包括地方政府）发行的债券，一般认为是没有风险的投资；而企业债券则存在着能否按时偿付本息的风险，作为对这种风险的报酬，企业债券的收益性必然要比政府债券高。

2. 安全性原则

投资债券相对于其他投资工具要安全得多，但这仅仅是相对的，债券投资的安全性问题依然存在，因为经济环境有变、经营状况有变、债券发行人的资信等级也不是一成不变，所以投资债券还应考虑不同债券投资的安全性。例如，就政府债券和企业债券而言，企业债券的安全性不如政府债券。

3. 流动性原则

债券的流动性强意味着能够以较快的速度将债券兑换成货币，同时以货币计算的价值不受损失；反之，则表明债券的流动性差。影响债券流动性的主要因素是债券的期限，期限越长，流动性越弱，期限越短，流动性越强。另外，不同类型债券的流动性也不同。例如，政府债券在发行后就可以上市转让，故流动性强。企业债券的流动性往往就有很大差别，对于那些资信卓著的大公司或规模小但经营良好的公司，其发行的债券流动性是很强的；反之，那些规模小、经营差的公司发行的债券的流动性要差得多。

任务五　金融衍生产品

一、金融衍生产品的定义

金融衍生产品是指以货币、债券、股票等传统金融产品为基础，以杠杆性的信用交易为特征的金融产品。

金融衍生产品是指其价值依赖于基础资产价值变动的合约。这种合约可以是标准化的，也可以是非标准化的。标准化合约是指其标的物（基础资产）的交易价格、交易时间、资产特征、交易方式等都是事先标准化的，此类合约大多在交易所上市交易，如期货。非标准化合约是指以上各项由交易的双方自行约定，因此具有很强的灵活性，比如远期协议。

金融衍生产品的共同特征是保证金交易，即只要支付一定比例的保证金就可进行全额交易，不需实际上的本金转移，合约的了结一般也采用现金差价结算的方式进行，只有在满期日以实物交割方式履约的合约才需要买方交足贷款。因此，金融衍生产品交易具有杠杆效应。保证金越低，杠杆效应越大，风险也就越大。

二、金融衍生产品的特点

金融衍生产品具有以下几个特点：

1. 零和博弈

合约交易的双方（在标准化合约中由于可以交易是不确定的）盈亏完全负相关，并且净损益为零，因此称“零和”。

2. 跨期性

金融衍生工具是交易双方通过对利率、汇率、股价等因素变动的趋势的预测，约定在未来某一时间按一定的条件进行交易或选择是否交易的合约。无论是哪一种金融衍生工具，都会影响交易者在未来一段时间内或未来某时间上的现金流，跨期交易的特点十分突出。这就要求交易的双方对利率、汇率、股价等价格因素的未来变动趋势进行判断，而判断的准确与否直接决定了交易者的交易盈亏。

3. 联动性

联动性指金融衍生工具的价值与基础产品或基础变量紧密联系，规则变动。通常，金融衍生工具与基础变量相联系的支付特征有衍生工具合约所规定，其联动关系既可以是简单的线性关系，也可以表达为非线性函数或者分段函数。

4. 不确定性或高风险性

金融衍生工具的交易后果取决于交易者对基础工具未来价格的预测和判断的准确程度。基础工具价格的变幻莫测决定了金融衍生工具交易盈亏的不稳定行，这是金融衍生工具具有高风险的重要诱因。

5. 高杠杆性

衍生产品的交易采用保证金制度，即交易所需的最低资金只需满足基础资产价值的某个百分比。保证金可以分为初始保证金和维持保证金。在交易所交易时采取盯市制度，如果交易过程中的保证金比例低于维持保证金比例，那么将收到追加保证金通知，如果投资者没有及时追加保证金，将被强行平仓。可见，衍生品交易具有高风险高收益的特点。

三、金融衍生产品的作用

金融衍生产品的作用有规避风险、价格发现，金融衍生产品是对冲资产风险的好方法。但是，任何事情有好的一面也有坏的一面，风险规避了一定是有人去承担了，衍生产品的高杠杆性就是将巨大的风险转移给了愿意承担的人手中，这类交易者称为投机者，而规避风险的一方称为套期保值者，另外一类交易者被称为套利者，这三类交易者共同维护了金融衍生产品市场上述功能的发挥。

金融衍生产品交易不当将导致巨大的风险，有的甚至是灾难性的，国外的有巴林银行事件、宝洁事件等，国内的有国储铜事件、中航油事件等。

四、金融衍生产品的种类

1. 根据产品形态不同，衍生金融产品可以分为远期、期货、期权和掉期四大类

远期合约和期货合约都是交易双方约定在未来某一特定时间、以某一特定价格、买卖某一特定数量和质量资产的交易形式。

期货合约是期货交易所制定的标准化合约，对合约到期日及其买卖的资产的种类、数量、质量提出了统一规定；远期合约是根据买卖双方的特殊需求由买卖双方自行签订的合约。因此，期货交易流动性较高，远期交易流动性较低。

掉期合约是一种交易双方签订的在未来某一时期相互交换某种资产的合约。更为准确地说，掉期合约是当事人之间签订的在未来某一期间内相互交换他们认为具有相等经济价值的现金流的合约。较为常见的是利率掉期合约和货币掉期合约。掉期合约中规定的交换货币是同种货币，则为利率掉期；是异种货币，则为货币掉期。

期权交易是买卖权利的交易。期权合约规定了在某一特定时间、以某一特定价格买卖某一特定种类、数量、质量原生资产的权利。期权合同有在交易所上市的标准化合同，也有在柜台交易的非标准化合同。

2. 根据原生资产不同，衍生金融产品可以分为股票、利率、汇率和商品

如果再加以细分，股票类中又包括具体的股票和由股票组合形成的股票指数；利率类中又可分为以短期存款利率为代表的短期利率和以长期债券利率为代表的长期利率；货币类中包括各种不同币种之间的比值；商品类中包括各类大宗实物商品。根据原生资产对金融衍生产品的分类见表 6.3。

表 6.3 根据原生资产对金融衍生产品的分类

对象	原生资产	金融衍生产品
利率	短期存款	利率期货、利率远期、利率期权、利率掉期合约等
	长期债券	债券期货、债券期权合约等
股票	股票	股票期货、股票期权合约等
	股票指数	股票指数期货、股票指数期权合约等
货币	各类现汇	货币远期、货币期货、货币期权、货币掉期合约等
商品	各类实物商品	商品远期、商品期货、商品期权、商品掉期合约等

到目前为止，国际金融领域中，流行的衍生产品就是互换、期货、期权和远期利率协议。采取这些衍生产品的最主要目的均为保值或投机。但是，这些衍生产品之所

以能存在与发展都是有其前提条件的，那就是发达的远期市场。据统计，在金融衍生产品的持仓量中，按交易形态分类，远期交易的持仓量最大，占整体持仓量的 42%，以下依次是掉期（27%）、期货（18%）和期权（13%）。按交易对象分类，以利率掉期、利率远期交易等为代表的有关利率的金融衍生产品交易占市场份额最大，为 62%，以下依次是货币衍生产品（37%）和股票、商品衍生产品（1%），1989—1995 年的 6 年间，金融衍生产品市场规模扩大了 5. 7 倍。各种交易形态和各种交易对象之间的差距并不大，整体上呈高速扩大的趋势。

任务六　互联网金融理财产品

一、互联网金融的定义

互联网金融就是互联网技术和金融功能的有机结合，依托大数据和云计算在开放的互联网平台上形成的功能化金融业态及其服务体系，包括基于网络平台的金融市场体系、金融服务体系、金融组织体系、金融产品体系以及互联网金融监管体系等，并具有普惠金融、平台金融、信息金融和碎片金融等相异于传统金融的金融模式。

互联网金融是传统金融机构与互联网企业（以下统称从业机构）利用互联网技术和信息通信技术实现资金融通、支付、投资和信息中介服务的新型金融业务模式。互联网与金融深度融合是大势所趋，将对金融产品、业务、组织和服务等方面产生更加深刻的影响。互联网金融对促进小微企业发展和扩大就业发挥了现有金融机构难以替代的积极作用，为大众创业、万众创新打开了大门。同时，促进互联网金融健康发展，有利于提升金融服务质量和效率，深化金融改革，促进金融创新发展，扩大金融业对内对外开放，构建多层次金融体系。作为新生事物，互联网金融既需要市场驱动，鼓励创新，也需要政策助力，促进发展。

二、互联网金融理财产品的种类

第一类：集支付、收益、资金周转于一身的理财产品。

典型代表：阿里巴巴（余额宝）、苏宁（零钱宝）。该类产品的最大特征就是投资人可进行消费、支付和转出的实时操作，而且几乎没有任何手续费。该类产品承诺 T+0 赎回，实时提现的优点直接满足投资人对产品流动性的需求。此类产品的本质是货币型基金产品，收益取决于货币市场间资金利率水平，随市场浮动，年化收益一般在 4%~6%。

第二类：与知名互联网公司合作的理财产品。

典型代表：腾讯（微信理财通）、百度（百度理财计划 B）。此类产品直接接入一线品牌基金公司，以“7 日年化收益率”为卖点进行宣传。事实上，所谓“7 日年化收益率”是根据最近 7 天的收益情况折算成年化收益率。假使，货币基金在某一天集中兑现收益，当天的万份收益就会畸高，随后一段时间其 7 日年化收益率都会很高，因此“7 日年化收益率”这个指标就会虚高。

第三类：P2P 平台的理财产品。

典型代表：人人贷（优先理财计划）、陆金所（稳盈-安 e 贷）、仟邦资都（智盈宝）、医界贷（专注医疗行业的贷款平台）。该类产品是互联网直接理财的产物，即资金通过互联网平台直接流向资金需求方，出资人享受资金出让的收益。为了保障出资人的资金安全，P2P 平台的理财产品通常有两种保障方式，一种是 P2P 平台与小贷、保险或担保公司合作以保障投资人的本息安全；另一种保障方式，是投资人享有借款人提供的实物抵押权，最常见的抵押物有车子、房产等。正规 P2P 产品收益一般在 8%~15%，有抵押产品的收益最高可达 12%，但若综合考量安全性，后者或许更受保守型投资人的偏爱。

第四类：基金公司在自己的直销平台上推广的产品。

典型代表：汇添富基金（现金宝、全额宝）。其以货币基金为本质，披上互联网金融外衣的理财产品与基金公司直销推广的产品，在原始收益率上并无差异。2016 年 12 月初，货币市场基金平均 7 日年化收益率仅有 2. 5%，而截至 2017 年 6 月货币市场基金的平均收益率水平已达 4%~5%，更有少数产品收益率已逼近 6%，涨幅惊人。值得注意的是，伴随互联网金融的发展，货币市场基金的持有人结构发生了很大变化，个人投资占比有明显增加，其中年轻投资者越来越多。

第五类：银行自己发行银行端现金管理工具。

典型代表：平安银行（平安盈）、广发银行（智能金）。银行信誉的保障是该类产品最大的优势。这类平台以自身银行体系的产品为基础进行销售。也正由于机构提供的强大信誉背景，使得转让更容易。

三、互联网金融的风险

互联网金融作为互联网和金融相结合的新兴行业，其发展仍处于探索阶段，由于行业本身所存在的高风险特征，两者结合之后所存在的风险可能将比单个行业所存在的风险更大。具体来看，国内互联网金融发展主要面临的风险包括：

1. 市场风险

由于便捷性和优惠性，互联网金融可以吸收更多的存款，发放更多的贷款，与更多的客户进行交易，面临着更大的利率风险以及价格波动风险。

2. 操作风险

目前互联网公司在没有规范的法律法规、监管政策监管的环境下，互联网企业仅是通过自律来经营金融业务，容易出现以下问题：为赢取不正当收入，一方面，互联网公司提供的网络平台有公布虚假信息的可能；另一方面，网络平台未对客户实施实名制，疏于对其借贷双方的管理，纵容或无视客户上传虚假信息。

3. 信用风险

网络金融平台公司在提供金融服务的同时，作为资金的募集者、发放者以及担保人都担当了一定的信用风险。由于这些网络金融平台公司缺乏成熟的风险评估体系与实操经验，在防范风险方面无法与商业银行成熟的运作模式相媲美，因此对借款人的信用风险难以有效控制。

4. 流动性风险

有些网络金融平台公司对归集的资金以及贷出的资金没有进行合理的期限匹配，造成期限错配，届时资金投放到长期上从而无力周转短期到期需要偿还的资金，极易引发流动性风险。

5. 声誉风险

互联网金融作为“草根金融”和传统银行格局下的搅局者，民营资本色彩浓厚；资本金不足，抵御风险与偿付能力较弱；缺乏长期数据积累，风险计量模型科学性有待验证。在金融行业这个以信誉度、诚信度、透明度为生存之本的行业，互联网金融缺乏传统国有银行或股份制银行中隐形的政府信用做担保和可靠的资本金补充渠道，因此天然地处于竞争劣势地位。

模块三　投资组合管理

【案例导入】

2008 年，小郑从师范学院毕业，进入某小学当教师。小郑有银行存款 10 万元，每月工资 3 000 元左右，每月各项消费 2 000 元，由于比较年轻，3~5 年内没有结婚成家的计划，父母亲已经为她买了一套房子，暂时没有其他大额消费计划。小郑工作后，发现周边的同事有的炒股，有的买基金，有的炒黄金，于是想对自己“躺”在银行里的 10 万元也做一个投资计划，就请了一个懂理财的朋友帮她做了一份投资理财规划。

针对小郑的情况，该朋友首先给她做了风险承受能力和风险偏好测试，测试结果小郑是温和进取型的，风向承受能力为 75 分。根据风险矩阵，小郑的投资组合可以包括 10%的低风险资产、50%的中等风险资产和 40%的高风险资产。接下来就是选择具体的投资品种，由于小郑对理财产品接触较少，也不希望频繁买进卖出，于是就考虑基金作为其资产配置。10%的资产选择货币型基金，总额在 1 万元左右，该资产还可以作为应急资金；50%的资产选择偏债券型基金，总额为 5 万元，风险中等偏小；40%选择股票型基金，总额为 4 万元，风险较高；同时考虑到小郑每月有 1 000 元的盈余，建议其进行基金定投，每月定投 500 元偏债券型基金和 500 元股票型基金，总体投资结构比较符合小郑的风险特征。

任务一　进行投资组合管理

一、投资组合

美国经济学家马考维茨（Markowitz）1952 年首次提出投资组合理论（portfolio theory），并进行了系统、深入和卓有成效的研究，他因此获得了诺贝尔经济学奖。马考维茨的投资组合理论包含两个重要内容：均值—方差分析方法和投资组合有效边界模型。

在发达的证券市场中，马科维茨的投资组合理论早已在实践中被证明是行之有效的，并且被广泛应用于组合选择和资产配置。但是，我国的证券理论界和实务界对于该理论是否适合于我国股票市场一直存有较大争议。

简单来说，投资组合是指由投资人或金融机构所持有的股票、债券、衍生金融产品等组成的集合。投资组合的目的在于分散风险。

在投资过程中，合理地做好投资组合策略，会对投资者带来极大的好处。组合投资最重要的好处就是分散风险，不同的投资者，应该根据自己的具体情况，合理地进行投资组合，这样既能有效降低投资风险，同时又能尽可能获取最大的收益。投资者把资金按一定比例分别投资于不同种类的有价证券或同一种类有价证券的多个品种上，这种分散的投资方式就是投资组合。通过投资组合可以分散风险，即“不能把鸡蛋放在一个篮子里”。

人们在证券投资决策中应该怎样选择收益和风险的组合呢？这正是投资组合理论研究的中心问题。投资组合理论研究理性投资者如何选择优化投资组合。所谓理性投资者，是指在给定期望风险水平下对期望收益进行最大化，或者在给定期望收益水平下对期望风险进行最小化的投资者。

二、投资组合管理

投资组合管理是指投资管理人按照资产选择理论与投资组合理论对资产进行多元化管理，以实现分散风险、提高效率的投资目的。

基金经理一方面可以通过组合投资的方法来减少系统风险，另一方面可以通过各种风险管理措施来对基金投资的系统风险进行对冲，从而有效降低投资风险。中小投资者由于资金量和专业知识方面的欠缺，很难做到组合投资。因此，从这一点来说，基金非常适合平时工作繁忙，又不具备相关金融投资知识的中小投资者进行家庭理财。

在设计投资组合时，一般依据下列原则：

在风险一定的条件下，保证组合收益的最大化；

在一定的收益条件下，保证组合风险的最小化。

具体来说，需要考虑以下几个方面的问题：

第一，进行证券品种的选择，即进行微观预测，也就是进行证券投资分析，主要是预测证券的价格走势以及波动情况。

第二，进行投资时机的选择，即宏观预测，预测和比较各种不同类型的证券的价格走势和波动情况。例如，预测普通股相对于公司债券等固定收益证券的价格波动。

第三，多元化，即依据一定的现实条件，组建一个风险最小的资产组合。

1. 投资组合管理的目

按照投资者的需求，选择各种各样的证券和其他资产组成投资组合，然后管理这些投资组合，以实现投资的目标。投资者需求往往是根据风险（risk）来定义的，而投资组合管理者的任务则是在承担一定风险的条件下，使投资回报率（return）实现最大化。

投资组合管理由以下三类主要活动构成：

（1）资产配置；

（2）在主要资产类型间调整权重；

（3）在各资产类型内选择证券。

资产配置的特征是把各种主要资产类型混合在一起，以便在风险最低的条件下，使投资获得最高的长期回报。投资组合管理者以长期投资目标为出发点，为提高回报率时常审时度势改变各主要资产类别的权重。例如，若一个经理判断在未来年份内权益的总体状况要比债券的总体状况对投资者更加有利的话，则极可能要求把投资组合的权重由债券向权益转移，而且在同一资产类型中选择那些回报率高于平均回报率的证券，经理便能改善投资组合回报的前景。

2. 投资组合的构建过程

投资组合的构建过程是由下述步骤组成：

（1）需要界定适合于选择的证券范围。对于大多数计划投资者来说，其注意的焦点集中在普通股票、债券和货币市场工具这些主要资产类型上。近年来，这些投资者已经把如国际股票、非美元债券也列入了备选的资产类型，使得投资具有全球性质。有些投资者把房地产和风险资本也吸纳进去，进一步拓宽投资的范围。虽然资产类型的数目仍是有限的，但是每一资产类型中的证券数目可能是相当巨大的。

（2）投资者还需要求出各个证券和资产类型的潜在回报率的期望值及其承担的风险。此外，更重要的是要对这种估计予以明确说明，以便比较众多的证券以及资产类型之间哪些更具吸引力。进行投资所形成投资组合的价值很大程度上取决于这些所选证券的质量。

（3）实际的最优化，必须包括各种证券的选择和投资组合内各证券权重的确定。在把各种证券集合到一起形成所要求的组合的过程中，不仅有必要考虑每一证券的风险—回报率特性，而且还要估计到这些证券随着时间的推移可能产生的相互作用。马考维茨模型用客观和简练的方式为确定最优投资组合提供了概念性框架和分析方法。

3. 投资组合管理的要求

管理投资组合是一个持续的过程，同时涵盖了对静态资产和动态资产（比如项目等）的管理。在实际运行过程中，管理投资组合真正的难点在于需要时刻保持高度的商业敏感，不断地进行分析和检讨，考察不断出现的新生机会、现有资产的表现以及企业为了利用现有机遇而进行的资源配置活动等。

在瞬息万变的现实环境中，那些影响投资组合的资产和项目的价值往往都处在一个随时变化波动的状态之下，造成这种波动的原因可能是来自外部的影响因素，包括市场地位变化或者公司本身竞争地位的变化。同样，这种波动也可能是归因于内部的某些力量，如公司战略、产品组合、分销渠道的调整或者成本和质量等竞争基础发生变化。

（1）成本角度。在投资组合引入阶段，对每一个组件都需要从技术、运营、人力成本等方面着手进行成本分析，预先确定一个可接受的成本浮动范围。在投资组合运行过程中，投资组合管理就应将各个组件的成本努力控制在这一范围内，同时根据需要及时调整各个组件在组合中的成本比重，以实现组合整体的成本效益最大化。

（2）收益角度。在投资组合的实际运行环境下，组合成本结构的调整、组件表现、股东权益、客户及关系、内部流程、组织学习和提升能力等众多因素会对组合产生方方面面的影响，投资组合管理要确保在这些影响下各组件仍然能够保证预计的收益。就收入来讲，在投资组合引入阶段，考虑到资金的时间价值，我们往往预期某项收入能够在特定的时间产生。也就是说我们会给某项投资组合预设一个收益实现轨迹，而投资组合管理就要保证各个组件收益获得时间的确定性，也就是要尽量使收益符合这个收益实现轨迹。在投资组合整体收益的管理上，我们也有必要把外部市场环境、法律法规、时间、竞争力等影响组件价值的因素考虑在内。

（3）风险管理角度。投资组合的组件必须多样化而且要被控制在企业能够承受的风险范围之内。投资组合组件可以按照产出或者风险划分为几个等级。风险因素需要和达到预期收益的可能性、稳定性、技术风险等结合起来考虑。组件的风险等级决定了对其管理的紧密程度——包括审查的频繁程度以及资本更新的模式。

现有资产的投资组合需要从上文提及的各个角度进行管理，因为这些都是静态的，所以我们还有必要从一种互动的角度出发来进行管理，也就是说还要仔细考查这些组件之间如何互动，组件和企业如何互动。

请你为李先生提供一些投资方面的建议。

学习活动

李先生家庭状况：单身，25 岁，在广州一家外企做销售，和父母同住。李先生的经济状况：月收入 8 000 元，有养老、医疗及失业保险；另有一处房产出租，每月租金 1 000 元；无须承担父母赡养费；每月开销基本和收入持平，是典型的“月光族”（李先生认为，如果理智消费，每月 3 000 元就够用了）；现有储蓄存款 2 万元。李先生的理财目标：在资产配置和投资方面希望能够更完善。

本章小结

本章详细介绍了有关投资规划的内容，帮助大家认识和理解了什么是投资、投资规划，以及各种投资产品的特征。

投资是指投资者运用自己持有的资本，用来购买实际资产、金融资产或者取得这些资产的权利，目的是在一定时期内预期获得资产增值和一定收入。投资规划是根据客户投资理财目标和风险承受能力，为客户指定合理的资产配置方案，构建投资组合来帮助客户实现理财目标的过程。

投资规划的整个过程是：确定投资目标、选择投资品种和市场确定风险因素、程度、合理配置资金以及投资方案的确定和实施。

个人或家庭投资理财时可选择的投资产品很多，不同的产品具有不同的风险特征和收益性，本章主要向大家介绍了股票、债券、基金以及金融衍生品。

第三篇
人生事件规划

项目七　个人住房规划

【案例导入】

李先生今年28岁，单身，有一个交往了3年的女朋友，两人准备3年内结婚。李先生是土生土长的天津人，目前与父母居住在南开区华苑的老房子里，父母均有退休金和医疗保障。李先生从事外企的营销工作，月收入6 000元。现在的财务状况为：父母积攒的买房资金10万元，存款5万元，股票市值4万元，但已被套，损失近1万元，有待于大盘转好再解套；消费方面，李先生现有别克凯越一辆，每月养车费用约1 500元，日常生活开销和交际费用每月约1 500元；社会保障方面，李先生单位为其缴纳了社会养老保险和医疗保险，但商业保险并未涉及。

现在困扰李先生的是，在目前房价高位运行时，他应该如何利用现有资金实现3年内存出60万元购房基金的50%首付款。

李先生的短期目标是3年内买一套60万元左右的两居室老房子做过渡，由于不想后期还贷款背负太多的压力，想用3年的时间实现30万元首付款的积累。从现有的财务状况来分析，买房基金10万元，存款5万元，股票4万元，有一辆经济型轿车，本身的理财基础是不错的，属于白领阶层。从年收入来看，李先生的收入状况在天津也属于中等偏上水平，其年收入7.2万元，月开支约3 000元，年结余3.6万元。由于李先生的父母有退休金和养老保险，所以李先生相对负担和压力较轻。而且李先生社会养老保险和医疗保险齐全，唯一缺少的是没有商业保险，也就是说，去除买房基金的10万元，李先生需要在3年内积攒20万元。

针对上述情况，理财规划师给出以下建议：

对于目前李先生3年内预计买一套60万的房产，按照李先生目前情况所能支付的最大值计算，首付为19万元，贷款41万元，贷款20年，那么李先生的月供约为3 068.93元（按照贷款利率为基准利率6.55%等额本息计算），显然负担过重，故应该调整房产首付的比例。

一般来说，房屋月供款不超过月收入的30%，这意味着，假设李先生3年来的收入水平并没有发生大变动的话，考虑到房子装修和税费等相关费用，故首付应该不低于33万元。按照首付33万元的比例进行计算，贷款27万元，贷款20年，则月供约为2 021.00元，符合李先生的财务状况。

李先生目前存款和股票的市值加起来19万元，每年结余3.6万元，3年后10.8万元，累积29.8万元，并不够其首付的35万元的目标，且以目前的市场情况来看，与其放到银行日后背上沉重的房贷负担，不如利用现有资金，通过投资来获取更多的收益。

假设李先生每月用工资的50%结余来投资，如果从事基金定投，则可购买股票型基金或者交易型开放式指数基金（ETF50），假设其每月定投2 000元，平均收益率按照8%来计，3年后其大概拥有8万元；每月按照零存整取的方式进行储蓄1 000元，3年后，这笔储蓄约为4万元（加上利息收入），加起来共有12万元。除去已有的9万元存款外，对于首付另外所需的9.3万元只能通过目前的存款和股票收益来获得。假设其4万元的股票按照收益率为10%来计（保守估计），则3年后为5.3万元，李先生存款如按照人民币币种，存入银行，存期3年，整存整取，按照目前4.25%的利率来计算，存款5万元，3年后连本带息可收入约5.7万元，故其共有10+12+5.3+5.7=33万元，实现了其买房计划。

事实上，对于像李先生这样正处于事业爬坡阶段的单身白领而言，一份积极的投资理财计划至关重要，只要理清现有的资源，搭配合理的理财策划，理财目标就有实现的可能，对于其购买60万元一套的两居室户型，李先生在维持基本生活水平不变的情况下就可以轻松承受月供。

以上的理财方案是基于李先生单身的情况而制定，如果其结婚后，他的配偶的资产状况和收入情况直接决定了其不同的理财方案，故要重新制订。

模块一　住房规划的基础知识

任务一　认识住房规划现实意义

一、住房规划的重要性

房地产是当今世界各国经济发展的重要支柱，是我国全面建设小康社会，使人民安居乐业，并拉动国民经济增长的极为重要的行业。我国自实行商品房制度以来，居民的住房条件得到了极大改善，同时购买住房是每个普通人在社会生存中遇到的最为直接的难题。中国人是属于“有房才有家”的民族，在城镇化进程的推动下，大批城市新增人口，包括进城务工的农民和大学毕业生，需要寻找自己在城市中的落脚点，在城市中寻找家的感觉，拥有属于自己的住房是寻找家的感觉的最直接的方法。同时，投资房地产也成了广大投资者的财富增值的重要途径。

很多人终其一生就为了买一套房子，或是很多父母工作多年的积蓄就是为了帮子女购置一套婚房，因此合理的住房规划就显得尤其重要。住房规划不当可能导致以下结果：

第一，没有住房规划的概念，不懂得现代经济金融知识，难以制订合理的行动计划，最后付出很多不必要支出。例如，在房价暴涨的时代，本来有足够的首付款，但是一直观望而犹豫不决，等待房子降价的情况，最后房价越涨越高，首付款越来越不够，从而不得不重新努力攒钱，又重新积攒首付款。又如，由于不懂等额本息还款法和等额本金还款法的区别，最后多偿还了不少利息的情况。

第二，自不量力，陷入低首付陷阱，购买了自己无法承受贷款的房子，从而导致自己的生活捉襟见肘，极大影响生活质量。

第三，没有利用住房按揭贷款的杠杆效用，从而导致财富增值速度太慢。

总之，住房规划是每个人需要面对的重要问题。住房规划宜早不宜迟，不要因为自己目前没有买房的需要就不制订住房规划。合理的住房规划既能满足不同时期的居住需求，又不会背上沉重的债务负担；既能满足居住的需求，又能满足其他生活的需求；既能使家庭财务平稳，又能使生活水平稳步上升；既能满足自主需求，又能兼具投资功能。

二、房地产投资的优缺点

住房除了自住功能之外，还是一种良好的投资品，总结起来房产投资的优点如下：

1. 合理稳定的收益率

投资房地产的收益途径主要有两个，即持有期的租金收入和低买高卖的价差收入。一般来说，投资房地产的平均收益率应高于存款和债券等低风险投资品种。我国人口众多，并在快速向工业化、城市化转型，据统计，截至2017年年底，我国的城市化率已经达到57.96%，且仍以每年近1%的速度不断增长，预计至2050年，中国的城市化率将达到71.2%。城市化进程的推进，意味着人们对城市住房的需求持续增加，在土地供应有限的情况下，将会导致城市地价及房价的升值。

2. 财务杠杆效应

房产投资的财务杠杆效应是指当房价上涨10%时，以自有资金投入计算的收益率可以翻倍，比如20%、40%甚至50%。如何才能达到财务杠杆效应呢？关键就是利用银行的钱来为自己赚钱。如果一处房产购买时价值是100万元，完全是自有资金购买的话，房价上涨10%，也就是110万元时卖出，这时在不考虑交易费用的情况下，获益10万元，收益率为10%。然而，购房过程中，有很大一部分资金是通过银行按揭贷款实现的，如现在购房的首付比例是30%，即是100万元中自付30万元，其他70万元向银行贷款。因此，当房价上涨10%，也就是从100万元上涨到110万元时，将房子卖出获益10万元，在不考虑交易费用和贷款利率的情况下，自有资金的投资收益率为$10 \div 30 \times 100\% = 33\%$，收益率是房价上涨比率的3.3倍。但是，我们忽略了交易费用和贷款利息，并且这个过程还有一个隐含的假设前提即房价上涨的。当贷款利率高于10%，抑或房价下跌了，上述案例又应该怎么分析呢？

3. 对抗通货膨胀

通货膨胀是经济运行中的常态，银行存款、投资债券往往会受到通货膨胀的侵蚀。实物投资或对实际财富享有所有权的投资，如房地产投资、黄金投资等是抵御通货膨胀的最好渠道。房地产之所以能对抗通货膨胀，原因在于通货膨胀时期，因建材、工资的上涨使得新建住房的成本大幅上升，从而使得住房价格上涨。通货膨胀也使得各项消费成本上升，住房费用及房地产价格都会随之上涨。另外，通货膨胀还会带来有利于借款者的财富分配效应。在固定利率贷款的房地产投资中，房地产价格和租金上升时，贷款本金和利息是固定的。投资者会发现债务负担和付息压力实际上是在大大减轻，个人净资产也在相应增加。

任何投资都是有风险的，房地产投资也不例外。其缺点主要表现为以下几点：

1. 缺乏流动性

一般来说，房地产属于不动产，不是标准化的商品，也没有公开交易的二级市场，因此房地产投资的流动性相对要低。同时，房地产买卖时的交易费用很高，这里的交易费用包括有形的和无形的。有形的交易费用方面，购买和销售住宅都需要交纳一定的税费，一般来说是交易双方需要承担房价 2%~3%的税费。无形的交易费用方面，由于房地产不是标准化商品，并且购买决策是属于家庭的重大决策，因此交易过程中，一般从决定购房到办完各种手续，少则半年，多则一年。目前我国的房地产投资的最大缺陷是缺乏大型、流动性强、便捷有效的交易市场。这对房产投资的状况及效益等具有相当大的影响，影响了房产交易。

2. 需要大笔首期投资

在房地产投资中，通常需要有一笔首期投资额。例如，购买一幢价值 100 万元的住房，投资者一般得支付 30%以上的首付款，就是 30 万元，对刚开始工作的年轻人而言，是个大数字。对大多数家庭而言，房地产投资项目都是规模庞大，直接进行房地产投资无法达到家庭资产多元化的目标。

3. 房地产周期与杠杆带来的不利影响

房产市场呈现明显的周期性特征。房地产投资一般能够抵御通货膨胀的风险，但在通货紧缩或经济衰退期，这类投资很可能会发生贬值。以 20 世纪 90 年代的日本房地产市场为例，1990 年，日本央行突然收紧银根，社会“炒房”的资金链由此出现断裂。日本 1991 年地产泡沫破灭后，经济持续了 20 年左右的下跌期。当经济衰退期到来时，房地产价格和租金下降，上述优点中的财务杠杆作用，此时就变得非常不利，原本有利的财务杠杆变成巨大的债务包袱，且杠杆的效应越高越为不利。

4. 住房规划的机会成本

进行住房规划过程中还需要考虑机会成本。一方面，用于住房首付款或租住公寓押金要考虑其利息收益损失；另一方面，远离城市中心的房产可能价格便宜、空气新鲜，但上班时间和交通成本同时会相应增加。

学习活动

请针对当前我国的住房市场和房地产投资市场分别进行讨论。

任务二　住房规划的步骤

拥有自己理想的家居环境，是一个人一生的追求之一，能使人有一种稳定感和自豪感。而近年来，随着国内房屋价格的不断攀升，购房正日益成为一般家庭最重大的支出项目。并且由于按揭贷款等金融手段的大量运用，购房甚至可能在一个相当长的时期内对家庭的财务状况构成重大的影响。在这样的情况下，对于一个家庭来说，购房前的资金准备、购房后的贷款偿还等问题就有必要做出妥善的安排，以达到合理利用家庭财务资源，实现在购房准备中及购房后家庭（或个人）的财务状况保持健康和安全的目标。

一般来说，一个全面的购房规划应该包含下面这些内容：

一、明确家庭的购房目标

明确家庭的购房目标是首先要做的工作。任何可供理财规划的目标必须是量化的、清楚而非模棱两可的。具体到购房上，家庭计划购房的时间、希望的居住面积、届时的房价这三大要素就构成了购房目标本身。由于房价并非一成不变的，因此在考虑未来房地产的价格时，可以通过参考房地产专业报告或其他资料并结合房地产价格的历史走势而得出。最终，得到诸如“我希望在两年以后购买 150 平方米左右，价格为 8 000 元/平方米的房屋”这样的描述，才能算是明确了购房目标，而不是“我希望过几年换套大点的房子，让老婆孩子住得舒服些”这种模棱两可的目标。

另外，除了房款本身之外，相关税费、装修费用、家具电器购置费用等也是需要考虑的。统筹考虑购房款项、相关税费、装修费用、购置家具和电器等费用后，就可以得到家庭在预期的购房时间上总的资金需求，也就是购房规划要实现的目标了。

二、收集财务资料，进行购房的资金准备

明确了资金的需求情况后，接下来就是要寻找资金的供给了。一般来说，购房资金的来源可以有两种途径：一种是从现有的资产中拿出一部分，确定为专项的购房基金，不做其他用途；另一种是每月或者每年的收支结余资金中，在不影响其他目标的实现的情况下，可以继续定期定额投入到购房基金的部分。

对于这两种资金，个人可以考虑将其购买某个金融产品或投入到某个投资组合中，并实现一定的预期收益率，从而为购房做好资金的积累。一般情况下，当希望在短期内就实现购房计划时，按照时间越长，可承受风险越高，时间越短，可承受风险越低的原则，因为这些资金已经有了近期确定的用途，所以不适宜再投入到高风险的项目中。而诸如储蓄、人民币理财产品、货币市场基金、其他低风险的基金类产品等都是可以考虑的短期购房基金积累手段。

还有一些人第一次购房时可能会得到父母或亲友的资助，这类的额外资金如果来源和数目确定的话，可以直接抵减购房目标。

三、对比资金的积累和资金的需求，判断购房计划的可行性

根据在购房基金中投入的本金数量，按照假设可以获得的预期收益率，由目前计算到未来的购房年月份为止，即可得出届时的购房资金供给。对比购房资金的需求后，通常可以出现以下三种情况：

情况一：购房资金积累已经足够一次性支付包括购房款项、相关税费、装修费用、购置家具和电器费用等在内的所有费用，该购房计划显然是可行的。这时，若存在其他更好的投资机会（预期收益率超过房屋按揭贷款利率），则仍然可以考虑利用贷款购房。如果届时积累的资金大大超过了购房目标，则还可以减少为购房而动用客户当前资产的数量或者减少定期投入的资金数量。

情况二：购房资金积累在扣除了需要支付的相关税费、装修和购买家电等费用后，尚不足以支付按揭贷款所要求的最低首付款。这时，就需要增加购房基金的积累。或者，看是否可以接受降低购房目标，比如重新将目标设定为面积较小一些的房屋等。

情况三：购房资金积累在扣除了需要支付的相关税费、装修和购买家电等费用后，虽不足以一次性支付房款，但符合按揭申请条件。针对这种情况，显然就需要进行更进一步的工作，做出合理的贷款安排。一般来说，这种情况是最常见的。

四、根据需要和供款能力，进行合理的贷款融资安排

当无法一次性支付购房目标所需资金，需要从外部融资时，个人或家庭就需要在具体的贷款种类、贷款金额、偿还期限和偿还方式等方面进行合理安排。

购房规划中，常用的贷款种类包括公积金贷款、银行按揭贷款或同时使用这两种贷款等。确定了贷款种类后，就需要明确贷款金额。因为这一数额将直接影响到日后背负的债务压力，特别是在超过10年的贷款安排中，所以一般认为尽量少的贷款是比较明智的选择。

至于还款方式，最常见的就是等额本息还款法和等额本金还款法两种。等额本息还款法简单易懂，操作便利，但客户的利息负担往往较重；而采用等额本金还款法时，客户在还款期内每月的还款金额呈递减趋势，通常整体的利息支出较等额本息还款法为少。

贷款期限要结合供款能力来确定。家庭的月最大还款能力为其收入与支出的结余（更严格的规划还需要考虑到购房后家庭日常现金流可能发生的改变，比如新增的物业管理费等开支、因更换居住地点而可能增加或降低的交通费用等）。因此，若贷款月供金额超过这个结余，则该贷款计划在实际执行时将存在问题。另外，通常认为家庭所有贷款月供之和不超过家庭月度总收入的40%是比较合理和安全的情况。

模块二　住房需求决策

任务一　购房区位的选择

很多购房者在购房前跑了几个月，手头中意的房子也有了十几处，总觉得这套有这套的好，那套有那套的优，不知该如何割舍，那么应该如何评估选择呢？不妨依下列方法实施：先列出自己各方面的需要和限制，如自己、配偶、双亲、子女的工作和学习地点、经济承受能力、小区环境要求、住宅总面积要求、物业管理要求等，然后对照中意的房子进行比较，为帮助自己下决心、拿主意，也可以对各处房子进行分等评分。当然评判这些房子首先需要一些标准，下面就从由远及近、由大及小、由外而内的顺序为购房者决策提供一个参考。

那么什么是区位呢？

简单地说，区位就是地块的空间位置及其与相邻地块的相互关系。这里的空间位置表面上看起来是一个地理概念，但实际上其中包含了与这一地块全部相关联的自然条件、环境条件、交通条件、经济条件、政治条件、社会条件和文化条件等，是上述各种因素共同作用形成的综合体。毫不夸张地说，购买住宅就是要选择一个符合自己要求的理想区位（地段）。

从大的方面来说，全国各地的住宅市场差异很大。比较典型的差异明显的城市如北京、上海、广州、成都、武汉，都具有不同的自然、经济、政治和文化条件。这些差别对一个人的购房决策影响不大，加上中国人守土观念较强，一般不会选择到外地城市购房，往往集中于自己工作的城市，不过随着我国人员流动越来越容易，地区性的选择也将提上议事日程。

对大多数购房者来说，主要是要做出在一个特定城市的区域选择决策。通常，一个城市的功能分区对人们居住区域选择的影响很大。对于住宅的具体位置，其区位特征最终都在价格上反映出来，有兴趣的购房者可以沿城市中心区一直向城郊前进，可以看到价格呈现梯级递减的现象，如从上海外滩到闵行莘庄，每平方米建筑面积价格的落差达万元以上。

判断一个城市内的不同区域（行政区域或人们习惯上划分的区域）的区位好坏一般有下面一些指标：在宏观层次上有自然条件、社会状态、经济发展水平及政策状况等；在中观层次上有环境条件、交通状况、区域特征、配套状况、街道状况等；在微观层次上有建筑质量、管理水平、户型设计、品牌特征、产权状况等。下面侧重介绍一些评判住宅区位条件好坏的主要指标。

一、自然条件

自然条件中，日照、温度、风向等气象状态，房屋景观、小区绿化、是否沿水、临街等人文和天然环境状态，空气、水流以及污染程度等方面，均是考虑的重点要素。对于气象状态，往往受住宅小区内环境与外环境情况影响极大。这也是临近公园或大片绿地的住宅价格远远高于周边其他住宅的主要原因。许多开发商抓住这些特征大做文章，如临近苏州河边的“上海花城”，以苏州河整治成功后自然生态环境的改善作为吸引客户的重要手段。这些无不反映了自然条件对居住质量的影响，这是判断住宅区位条件的一个重要指标。

对于一些灾害发生可能性及现实或潜在污染源的考察也是很重要的。对于临水房屋，要考虑该城市历史上降雨量的大小，是否发生过大型的洪涝灾害，该房屋的抗灾性能及临近河段的防洪措施是否可靠，堤岸上的道路及护栏是否安全。如果是临海房屋，不仅要考虑防水，还要考虑该地点的台风记录以及该房屋的抗风性能。如果该地点（或地区）是地震多发区，重要的考虑对象就是该房屋的减震性及抗震性措施。此外，对有可能对水质、空气等造成污染的源头和由于靠近主要交通干线或餐饮娱乐设施而带来的噪声污染源也应密切关注，以免带来不必要的麻烦。

二、环境条件

环境条件主要是指小区或单体房屋所处区域的城市功能规划性质、小区周边建筑物景观等方面。对环境条件的评判首先是对住宅建筑或住宅小区所处城市功能分区的位置进行判断。随着经济的发展，各城市建筑必然按照城市规划要求逐渐形成区域性的城市功能划分，如中心商务区、商业区、居住区、文教区、工业区等。因此，在购买住宅时，就要重视城市规划的指导功能，尽量购买已形成或在近期内有条件形成大规模居住区的地点，避免选择坐落在或邻近工业区的房屋。此外，伴随着经济的发展，城市区域在不断地扩大，人们的消费习性及需求方式也趋向现代化，即生活、住宅有休闲化的趋势。当交通条件改善时，加上郊区房屋价格往往较城区房屋便宜很多，更多的人就喜欢购买郊区房屋。此时，对房屋地点环境的选择显得尤为重要。如果选择不好，听信开发商的一些不切实际的承诺和规划，往往由于郊区房屋均是新区开发，配套的公共设施滞后，环境条件恶劣，甚至改变原有的规划也时有发生。因此，购房者要挑选一些已有一定规模，环境质量较佳，特别是一些多期开发住宅区的中、后期房屋。

三、交通条件

交通条件主要是指城市及居住小区内交通网络的建立，道路等级、道路通过能力、交通设施是否齐全等方面。对交通条件的考虑，主要是针对远郊地点的住宅。由于远郊或城郊接合部地点的居住小区往往属于新区建设，城市的交通网络的完全建立需要一个较长的时期。开发商为了促销其产品，往往夸大交通条件，甚至采用欺骗或掩饰的手段误导购房者。例如，在房屋产品广告上，所列的交通线路图经过精心编排，所说的到某市中心标志性建筑所花的时间或路程只是理论上的数据，往往实际条件远非如此。如果交通条件恶劣，而工作地点又距离较远时，可能交通时间和交通费用就会很高。因此，从交通条件来看，城市中心地点的住宅要优于城郊接合部的住宅，因为可节约大量的交通费用和时间，也可以省却交通堵塞、交通事故等带来的烦恼。但综合来看，城市中心区的住宅的价格较高，而且环境条件比城郊接合部要差。

四、配套条件

配套条件齐全与否，直接决定着该地点住宅的附加价值及升值潜力，同时也决定入住后居家生活方便与舒适与否。配套条件通常是指居住区公共服务设施状况。这些设施一般包括：行政管理、金融邮电、文化体育、医疗卫生、商业服务、社区服务、市政公用和教育等。具体是要看以下设备及设施配套情况：

（1）街道办事处、居委会、派出所等；

（2）菜场、粮油店、日杂店、理发店、超市、银行、邮局、医院、公用电房、垃圾站等；

（3）托儿所、幼儿园、小学、中学等；

（4）餐饮娱乐休闲设施等。

房价取决于区位和面积两个因素。区位生活机能越佳，单价越高；住房面积越大，总价越高。住房大小主要决定于居住成员的数目，需要多少房间才够用，可伸缩的弹性较小。如上所述，如果选择在靠市中心地带购房的话，就只能购买 75 平方米的二居室，而如果要享受大空间的 95 平方米三居室就只能选择距中心城区较远的地带。

任务二　购房或租房的选择

【案例 7.1】张强和李梅两人打算结婚，两人共有存款 30 万元准备买房，但是对于婚房购置产生分歧。现在有三种方案，请帮他们选择：

方案一：购买 120 平方米的房子，总值 180 万元，首付 3 成，共 54 万元，如果购买需要借钱 24 万元，并且每月负担 7 000 元按揭贷款。

方案二：购买 70 平方米的房子，总值 100 万元，首付 30 万元，每月负担 3 000 元按揭贷款。

方案三：不买房，改为租房，120 平方米房子每月租金 3 000 元。

一、购房还是租房

购房并非像教育规划或退休规划那样具有不可替代性。对无力购房的人，租房也是不错的选择。购房与租房的居住效用相近，最重要的差别在于购房者拥有产权，因而有使用期间的自主权，租房者则会处于相对被动的地位，如面临房东要求搬家、房东提高租金抑或房价暴涨而存在机会成本等。租房或购房应根据个人生活方式和财务状况决定。

1. 租房的优缺点

（1）租房的优点。租房的优点包括如下内容：

①自由度大。当因为各种原因需要变动居住场所时，租房能提供较好的灵活性，比如更换工作地点、租金上涨、希望换更大的房子或更成熟社区等方面。刚刚完成学业、正在建立自己事业的年轻人由于没有组成家庭，存在各种变数，因此租房的可能性较高。

②经济负担小。租房过程中，承租人主要就是负担房租和日常水电支出等公用事业费用，而不用考虑偿还月供、修缮房屋等费用，经济负担小。

③初始成本低。租房的初始成本大大低于购房。虽然承租人要负担 2~3 倍于月租金的押金，但是相比较购房的首付，初始成本小了很多。

（2）租房有明显的缺点。租房的缺点包括如下内容：

①在房价不断上涨的情况下，租房人由于没有购房，导致了房价上涨的机会成本的产生，最后可能会出现，越租房越买不起房，越买不起房越只能继续租房的境地。

②租房减少了对城市的归属感。不少的城市新移民，虽然拥有这个城市的户口，但是没有自己的房产，产生了寂寞空虚的感觉，进而影响到工作生活。

③租房过程容易产生法律纠纷。承租人和招租人在合同约定方面可能出现争议，导致承租人疲于应付。

2. 购房的优缺点

（1）购房的优点。购房的优点包括如下内容：

①所有者的自豪感。许多购房者的主要目的是拥有自己的住房，稳定的住所和个性化的生活地址也非常重要。不过要清楚的一点是，在我国购买住房只是购买了住房的 70 年的使用权。

②经济利益。购房的潜在利益是房产升值。特别是在高通货膨胀的经济环境中，购房是抵御通胀的好办法。

③个性化的生活方式。虽然租房有一定的便利性，但拥有住房能更好地享受个性化生活。住房所有者可以随心所欲地装修自己的住宅，招待客人，而不用像租房那样束手束脚。

④抵税优惠。我国 2019 年 1 月 1 日起实施的《个人所得税专项附加扣除暂行办法》中指出，家庭首套房贷利息支出可享受贷款利息抵税的优惠政策，从而减轻家庭税收负担。

（2）购房也有不利方面。购房的缺点包括如下内容：

①经济压力。拥有自己的住房并不能保证生活美满。购房受到个人状况或经济条件的限制，首付款对大部分人来说是一笔不小的支出，每个月的月供压力也会降低生活质量。

②活动受限制。拥有住房后，不可能像租房一样轻易地变动生活环境。当环境变化迫使出售住房时，可能很难迅速出售住房。

③承受房价下跌和利率升高风险。当房价不断上涨时，购房者可以享受到账面资产不断增加的快乐，同时购房者也可能承担房价下跌带来的沮丧，更直接的是利率的升高会加大月供支出，从而挤占了消费支出，最终降低生活水准。

二、购房与租房的决策方法

1. 净现值法

净现值法是考虑在一个固定的居住期内，将租房及购房的现金流量还原至现值，支付现金流越小越好。

【案例 7.2】房先生看中一处物业，每年租金 3 万元。购买时的总价为 80 万元，假设 5 年后售房所得为 100 万元。如果房先生确定要在该处住满 5 年，以存款利率 3%为机会成本。请对比租房与购房哪一个更为合算。

【案例分析】

（1）租房现金流量现值。由于房租每年 3 万元，房先生租房 5 年，以存款利率 3%为机会成本计算依据。按净现值法计算租房现金流现值为：

P=年金（3 万元）×标准年金现值系数（$n=5$，$i=3\%$）

=3×（P/A，3%，5）

=3×4.579 7

=13.739 1（万元）

（2）购房净现金流量现值。购房净现金流现值应该等于 5 年后售房所得的现值减去购房现值，而 5 年后售房所得现值为：

P=5 年后售房所得（100 万元）×标准复利现值系数（$n=5$，$i=3\%$）

=100×（P/F，3%，5）

=100×0.862 6

=86.26（万元）

购房净现金流量现值=5 年后售房所得现值-购房现值=86.26-80=6.26（万元）

租房现金流量现值高于购房净现金流量现值，因此得出购房比租房划算。请大家思考，如果房价不从原来的 80 万元上涨到 100 万元，购房和租房的决策又是怎样的。

2. 年成本法

与净现值法不同，年成本法考虑的是居住期为 1 年的时间内，为满足居住而产生的各项成本。

购房者的使用成本是首付款的资金占用造成的机会成本及房屋贷款利息；租房者的使用成本是押金的机会成本和房租。

【案例 7.3】房先生看中一处物业，每年租金 3 万元，押金为 5 000 元。购买时的总价为 80 万元，首付 24 万元，银行贷款 54 万元。假设贷款利率是 6%，存款利率 3%。请对比租房及购房何者更为合算。

【案例分析】租房年成本=30 000+5 000×3%=30 150（元）

购房年成本=540 000×6%+240 000×3%=39 600（元）

比较发现，租房比购房的年成本低 9 450 元，每月低 787.5 元，租房比较划算。不过除了单纯计算比较外，还应考虑以下因素：

（1）房租是否会调整。在通货膨胀的大环境下，月租也可能随着通货膨胀产生而进行调整，要进行具体比较。

（2）房价上涨潜力。案例 7.3 与净现值法的例子（案例 7.2）不同之处在于忽略了房价上涨的影响。若房价未来看涨，即使目前算起来购房的年居住成本稍高，未来出售房屋的资本利得，也可弥补居住期间的成本差异。

（3）利率高低。利率高低极大地影响到购房的年成本。如果预期未来利率下调，购房成本会降低，另外利率的下调也会推高房产价格，因此利率因素是影响购房租房决策的重要原因。

模块三　购房规划

投资者经过租房和购房比较后，经仔细权衡决定购房，就必须对购房安排做出正确规划，确定负担得起的房屋总价和单价，确定首付比例和购房区位。

任务一　以储蓄及供房能力估算负担得起的房屋总价和单价

可负担首付款、可负担房贷、可负担房屋总价的计算公式分别如下：

负担首付款=目前年收入×储蓄率上限×年金终值系数（n=离购房年数，r=投资报酬率）+目前净资产×复利终值系数（n=离购房年数，r=投资报酬率）

可负担房贷=目前年收入×复利终值系数（n=离购房年数，r=预计收入成长率）×储蓄率上限×年金现值系数（n=贷款年限，i=房贷利率）

可负担房屋总价=可负担首付款+可负担房贷

【案例 7.4】房先生年收入为 8 万元。预计收入成长率为 3%。目前净资产是 12 万元。储蓄率上限为 40%。打算 5 年后购房，投资报酬率为 10%，贷款年限 20 年。利率以 6%计算。房先生可以负担的房屋总价是多少？

【案例分析】房先生届时可以负担房价计算如下：

首付款部分=80 000×40%×6.105+120 000×1.611=38.9（万元）

贷款部分=（80 000×1.159×40%）×11.47=42.5（万元）

届时可以负担的房价=首付款+贷款=389 000+425 000=81.4（万元）

可负担的最高首付比例=38.9÷81.4=48%

购房面积的大小取决于决策人的个人考量，没有标准的决策方法。考虑的因素包括家庭人数和空间舒适度要求。若是购房用于结婚用户的话，二居室或是三居室是正常的两种选择。一般两居室以 75 平方米计，三居室以 95 平方米计，房先生可负担购房单价计算如下：

75 平方米单价=814 000÷75=10 853（元/平方米）

95 平方米单价=814 000÷95=8 568（元/平方米）

请您根据案例资料内容计算陈先生所能负担得起的房屋总价和单价。

学习活动

陈先生2003年毕业，毕业后进入一家公司工作，月薪2 500元。跟大部分在广州的年轻人一样，陈先生面临着购置房产的压力，在2008年年底时，其有存款5万元，当时他公司周围房产价格约为5 000元/平方米。如若购房，其父母可以支持6万元。

任务二　个人住房贷款分析

对于大多数人来说，购房数额支出巨大，很难一次性付清所有购房款，因此寻找各种渠道贷款就成了必要途径，个人住房贷款主要依靠商业性贷款和住房公积金贷款。

一、商业性个人住房贷款

个人住房商业性贷款，又称按揭贷款，是银行用其信贷资金发放的自营性贷款。具体是指具有完全民事行为能力的自然人，购买城镇自住住房时，以其所购产权住房为抵押或银行认可的其他担保方式，作为偿还贷款的保证向银行申请住房商业性贷款。这是目前我国各种住房贷款中使用最为普遍的一种。

1. 商业性个人住房贷款的方式

（1）住房抵押贷款担保。贷款银行可接受的抵押物有贷款人自己拥有产权的住房。借款人以所购住房作为抵押或以自己已经拥有产权的住房作为抵押，抵押物都需经过银行指定的评估机构进行评估，抵押人需要支付一笔评估费用，评估费用是按照政府规定的房地产评估收费标准收费。以住房作为贷款担保，借贷双方要按有关法律规定到房地产管理机关办理抵押物登记手续，登记费用由借款人承担。借款人选择抵押作为贷款担保方式，还需按规定到贷款银行认可的保险公司购买抵押物财产保险和贷款保证保险，并明确贷款银行为本保险的第一受益人。保险期不短于贷款期，保险金额不低于贷款的全部本息，抵押期间保险单由贷款银行保管，保险费用由借款人承担。采取抵押担保方式，借款人要支付抵押登记费用、保险费用和抵押评估费用。如借款人经济条件较为富足，这种选择方式是比较理想的，也是银行最愿意接受的贷款担保方式，也是大部分贷款购房人所选择的最好的方式。

（2）权利质押贷款担保。银行接受特定有价证券和存单作为质押物。有价证券包括国库券、金融债券和银行认可的企业债券，存单只接受人民币定期储蓄存单。借款人申请质押担保贷款，质押权利凭证所载金额必须超过贷款额度，即质押权利凭证所载金额要至少大于贷款额度的10%。各种债券要经过银行鉴定，证明真实有效，方可用于质押，人民币定期储蓄存单要有开户银行的鉴定证明及免挂失证明。借款人在与银行签订贷款质押合同的同时，要将有价证券、存单等质押物交由贷款银行保管，并由贷款银行承担保管责任。如果借款人要求进行公证，双方可以到公证机关办理公证手续，公证费用由借款人承担。选择质押贷款担保方式，要求居民家庭有足额的金融资产，依靠这些金融资产完全可以满足购房消费的需要，只是购房时难于变现或因为变现会带来一定损失而不想变现。因此，很少人采取质押方式贷款。

（3）第三方保证贷款担保。此种方式需要借款人提供贷款银行认可的保证人。按照贷款银行的规定，保证人必须为企业法人，为借款人提供贷款保证为不可撤销的连带责任保证。借款人选择这种担保方式，首先要了解银行认可的第三方法人保证需具备的条件。从银行有关贷款规定来看，借款人要提供独立核算、自负盈亏的第三方法人的营业执照复印件；有健全的管理机构和财务管理制度，有相当于AA级以上企业的信用等级；在银行开有存款户；无重大债权债务纠纷等。第三方法人不符合这些条件或不符合其中任何一条，不能充当担保人。由于承担连带责任，第三方法人会经常拒绝做这样的贷款担保。

2. 商业性个人住房贷款的还款方式

（1）一次性还本付息。根据各银行的规定，贷款期限在1年之内（含1年）的，还款方式采取一次性还本付息，即一次性还清贷款本金加上整个贷款期的利息总额。其计算公式如下：

到期一次还本付息额=贷款本金×［1+月利率（%）×贷款期（月）］

月利率=年（名义）利率/12

（2）等额本金还款法。等额本金还款法是一种计算简便，实用性强的一种还款方式。基本原理是还款期内按期等额归还贷款本金，并同时还清当期未归还的本金所产生的利息。可以是按月或按季还款，按照惯例，大都采用按月还款的方式。其计算公式如下：

每月还款额=贷款本金/贷款期月数+（本金-已归还本金累计额）×月利率

【案例7.5】房先生的商业性个人住房贷款总额为50万，贷期为20年，贷款利率是6%，房先生选择等额本金还款法还款，请计算各月还款额。

【案例分析】随着时间的推进，已归还本金累计额不断增加，每月应还利息逐渐减少。因此，各月还款额计算如下：

第1月：4 583.33元

第2月：4 572.92元

第3月：4 562.50元

第4月：4 552.08元

……

第238月：2 114.58元

第239月：2 104.17元

第240月：2 093.75元

因为每月偿还额不断减少，最开始还款额比后期还款额高很多，所以此方法适用经济能力较为宽裕的借款人。

（3）等额本息还款法。个人购房抵押贷款期限一般都在 1 年以上，除了等额本金还款法外，大部分人选择等额本息还款法，即每月以相等的额度平均摊还贷款的本金和利息。其计算公式如下：

$$每月等额还本付息额 = 贷款本金 \times \frac{i(1+i)^n}{(1+i)^n-1}$$

其中，n 为还款期数=贷款年限×12，i 为月利率。

以案例 7.5 为例，房先生如果选择等额本息法还款，则还款额计算如下：

每月等额还本付息额=3 582.16（元）

由于等额本息还款法每月还款额是固定的，这适合收入稳定的年轻人，目前大部分人都选择这种方式。还要注意的是，等额本金法和等额本息法由于计算方法的区别，会导致最后还款总额的区别，如上述案例中，等额本金法还息总额 30 万元，而等额本息法还息总额是 36 万元，两者相差近 6 万元。因此，选择哪种方法需要借款人的慎重考虑。

3. 利率的调整

贷款利率的高低直接影响还款利息的高低，是进行住房贷款规划时考虑还款压力的一个重要因素。根据中国人民银行的规定，贷款期间如遇利率调整，贷款期限一年以内（含一年）的，不进行调整；贷款期限 1 年以上的，于下一年年初开始按照相应利率标准进行调整。2020 年，央行改革贷款市场的利率报价模式为 LPR 利率报价模式，并于每月 20 日公布最新报价。房贷利率也由原来的“基准利率定价模式”变更为“LPR 利率定价基准”，贷款购房者在贷款时，可以与银行协商选择使用固定利率计息还是选择“LPR 计价基准”的浮动利率计息模式。

二、住房公积金贷款

住房公积金贷款是以住房公积金作为贷款资金来源的一种政策性贷款。住房公积金贷款是指政府部门所属的住房资金管理中心运用公积金，委托银行向购买自住住房（包括建造、大修）的住房公积金缴存人和离退休职工发放的优惠贷款。从发展趋势来看，住房公积金贷款的主要对象是个人。从银行信贷的角度来看，住房公积金贷款与其他贷款在受理、审核、发放和监督方面没有本质性区别。

1. 住房公积金贷款特点

（1）对贷款对象有特殊要求。住房公积金贷款对象是指住房公积金缴存人和汇缴单位的离退休职工。以广州为例，广州要求借款人需要具备以下条件：

①广州市户籍职工的，申请公积金贷款时已连续缴存住房公积金 1 年以上（含 1 年）；

②非广州市户籍职工的，申请公积金贷款时已连续缴存住房公积金 2 年以上（含 2 年）。

③持广州市人才绿卡的非广州市户籍职工申请公积金贷款的，享有广州市户籍职工待遇。

（2）贷款利率优惠。相对于商业住房贷款，住房公积金贷款具有利率低、还款方式灵活的优点。住房公积金贷款利率由中国人民银行调整并发布，一般情况下，住房公积金贷款利率比商业贷款利率低近 2 个百分点。因此，同样贷款金额和相同贷款期限下，公积金贷款比商业贷款节省利息。

（3）贷款金额限制。住房公积金的贷款金额除了考虑所购住房的房屋价值外，还会受到国家和地方政策的限制。通常会以所有标准中最低者作为住房公积金贷款金额的最终确定依据。以广州为例，贷款额度有公式可循：个人可贷额度=（公积金账户当前余额+当前月缴存额×2×当前至法定离退休年龄总月数）×2。如果是两人或两人以上贷款可合并计算，但有额度限制。目前，住房公积金贷款个人最高额度为 50 万元，申请人为两个或两人以上的最高额度为 100 万元。

【案例 7.6】假设有一对夫妇，男 28 岁、女 25 岁，申请公积金贷款时上个月公积金汇储额分别为 230 元和 200 元，两人名下住房公积金本息金额分别为 2 100 元和 1 800 元，离法定退休年龄分别是 32 年和 30 年，若要购买一套 50 万元的一手商品房，按现行住房公积金个人贷款政策规定可以申请住房公积金贷款多少元?

【案例分析】

①按个人可贷额度计算公式，男女双方的个人可贷额度分别计算如下：

男方可贷额度=（公积金账户当前余额+当前月缴存额×2×当前至法定离退休年龄总月数）×2=（2 100+230×2×32×12）×2=357 480（元）

女方可贷额度=（公积金账户当前余额+当前月缴存额×2×当前至法定离退休年龄总月数）×2=（1 800+200×2×30×12）×2=291 600（元）

②按贷款最高额度的有关规定，男女双方的最高可贷额度计算如下：

男方最高可以贷款 357 480 元，女方最高可以贷款 291 600 元。

双方合计最高可贷额度=357 480+291 600=649 080（元）

③按贷款成数的有关规定，该房屋首付为房价的 30%（15 万元），剩下的 70%（35 万元）可申请住房公积金贷款。

综合所述，该夫妇住房公积金贷款金额以上述 3 种方法中最低者为确定标准，即最高为 35 万元。

（4）申请周期较长。由于住房公积金贷款需要经办银行审核，公积金管理中心审查和审批等程序，因此需要较长的申请周期，而商业贷款的申请周期较短，因此很多人最后放弃了公积金贷款申请，转而申请商业性个人住房贷款。

2. 住房公积金还款方式

1 年以内的公积金贷款，应当于到期时一次还本付息；1 年期以上的公积金贷款，应当按月偿还贷款本息。

公积金贷款还款方式与一般个人住房贷款相同，包括如下方式：

（1）等额本息法，即借款人每月偿还的贷款本金和利息总额不变，但每月还款额中贷款本金逐月增加，贷款利息逐月减少的还款方式；

（2）等额本金法，即借款人每月偿还的本金固定不变，贷款利息逐月递减的还款方式。

借款人可以选择其中一种还款方式，并在合同履行期限内不会变动。

3. 住房公积金贷款贷放流程

住房公积金贷款贷放流程图如图 7.1 所示：

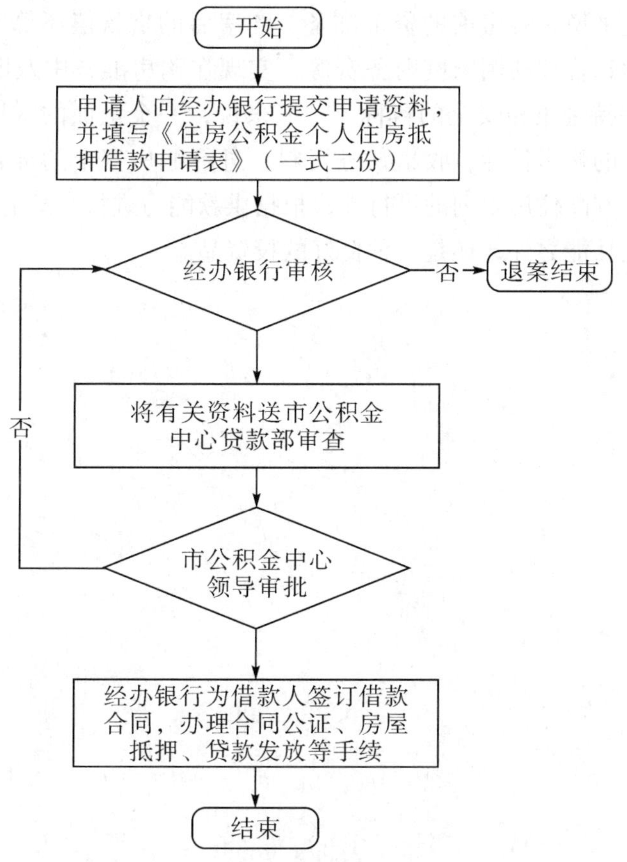

图 7.1　住房公积金贷款贷放流程图

学习活动

请您为前面学习活动中的陈先生合理制订贷款融资计划。

本章小结

个人或家庭消费中所占比重最大的就是购买住房。本章详细介绍了个人理财过程中应该如何进行住房规划。

对于一个家庭来说，购房前的资金准备、购房后的贷款偿还等问题就有必要做出妥善的安排，以达到合理利用家庭财务资源，实现在购房准备中及购房后家庭（或个人）的财务状况保持健康和安全的目标。一般来说，一个全面的购房规划应该包含的内容有：确定家庭的购房目标、收集财务资料，进行购房资金的准备，对比资金的积累和资金的需求，判断住房规划的可行性，根据供款能力进行合理的贷款融资安排。

房产除了自住功能之外，还是一种良好的投资品。

项目八　个人税收筹划

【案例导入】

富兰克林："只有两件事情无法避免：一是死亡，二是纳税。"

"野蛮者抗税、愚昧者偷税、糊涂者漏税、精明者进行税收筹划。"

缴纳个人所得税是每个公民应尽的义务，然而在履行缴纳个人所得税义务的同时，人们还应懂得利用各种手段提高家庭的综合理财收益，进行个人所得税合理避税，尤其是随着收入的增加，通过税务筹划合理合法避税也是有效的理财手段之一。

模块一　个人所得税的征收制度

个人所得税是征税机关与自然人（居民、非居民个人）之间在个人所得税的征纳与管理过程中所发生的社会关系的法律规范的总称。2018 年 8 月 31 日第十三届全国人民代表大会常务委员会第五次会议通过了《全国人民代表大会常务委员会关于修改〈中华人民共和国个人所得税法〉的决定》，新的起征点和税率于 2019 年 1 月 1 日起实行。

任务一　个人所得税基础知识

一、纳税义务人

我国个人所得税的纳税义务人是在中国境内居住有所得的人，以及不在中国境内居住而从中国境内取得所得的个人，包括我国国内公民，在我国取得所得的外籍人员和我国港、澳、台同胞。

其中，居民纳税义务人是指在中国境内有住所，或者虽无住所但在中国境内居住满一年，并从中国境内和境外取得所得的个人，应当承担无限纳税义务；非居民纳税义务人是指在中国境内无住所又不居住或者无住所而在境内居住不满一年，承担有限纳税义务，仅就其从中国境内取得所得的个人。

下列所得，不论支付地点是否在中国境内，均为来源于中国境内的所得：

（1）因任职、受雇、履约等在中国境内提供劳务取得的所得；

（2）将财产出租给承租人在中国境内使用而取得的所得；

（3）转让中国境内的建筑物、土地使用权等财产或者在中国境内转让其他财产取得的所得；

（4）许可各种特许权在中国境内使用而取得的所得；

（5）从中国境内的公司、企业以及其他经济组织或者个人取得的利息、股息、红利所得。

二、个人所得税的征税范围

个人所得税法规定的各项个人所得的范围如下：

1. 工资、薪金所得

工资、薪金所得是指个人因任职或者受雇取得的工资、薪金、奖金、年终加薪、劳动分红、津贴、补贴以及与任职或者受雇有关的其他所得。

2. 劳务报酬所得

劳务报酬所得是指个人从事劳务取得的所得，包括从事设计、装潢、安装、制图、化验、测试、医疗、法律、会计、咨询、讲学、翻译、审稿、书画、雕刻、影视、录音、录像、演出、表演、广告、展览、技术服务、介绍服务、经纪服务、代办服务以及其他劳务取得的所得。

3. 稿酬所得

稿酬所得是指个人因其作品以图书、报纸形式出版、发表而取得的所得。这里所说的“作品”，是指包括中外文字、图片、乐谱等能以图书、报刊方式出版、发表的作品；“个人作品”，包括本人的著作、翻译的作品等。个人取得遗作稿酬，应按稿酬所得项目计税。

4. 特许权使用费所得

特许权使用费所得是指个人提供专利权、商标权、著作权、非专利技术以及其他特许权的使用权取得的所得；提供著作权的使用权取得的所得，不包括稿酬所得。

特许权主要涉及以下权利：

（1）专利权，是指由国家专利主管机关依法授予专利申请人在一定时期内对其发明创造独自享有的使用和转让的权利。

（2）商标权，是指商标注册人依法取得的独自享有对其注册商标专门在某类商品或产品上使用特定的名称或图案的权利。

（3）著作权，是指作者对其创造的文学、科学和艺术作品依法享有的各种权利，如发表权、修改权、保护作品完整权和使用权等。

（4）非专利技术，是指未申请专利权的处于秘密状态的先进技术或各种诀窍。

5. 经营所得

经营所得是指以下几种情况：

（1）个体工商户从事生产、经营活动取得的所得，个人独资企业投资人、合伙企业的个人合伙人来源于境内注册的个人独资企业、合伙企业生产、经营的所得；

（2）个人依法从事办学、医疗、咨询以及其他有偿服务活动取得的所得；

（3）个人对企业、事业单位承包经营、承租经营以及转包、转租取得的所得；

（4）个人从事其他生产、经营活动取得的所得。

6. 利息、股息、红利所得

利息、股息、红利所得是指个人拥有债权、股权等而取得的利息、股息、红利所得。利息是指个人的存款利息、贷款利息和购买各种债券的利息。股息，也称股利，是指股票持有人根据股份制公司章程规定，凭股票定期从股份公司取得的投资利益。红利，也称公司（企业）分红，是指股份公司或企业根据应分配的利润按股份分配超过股息部分的利润。股份制企业以股票形式向股东个人支付股息、红利即派发红股，应以派发的股票面额为收入额计税。

7. 财产租赁所得

财产租赁所得是指个人出租不动产、机器设备、车船以及其他财产取得的所得。

8. 财产转让所得

财产转让所得是指个人转让有价证券、股权、合伙企业中的财产份额、不动产、机器设备、车船以及其他财产取得的所得。

9. 偶然所得

偶然所得是指个人得奖、中奖、中彩以及其他偶然性质的所得。

个人取得的所得，难以界定应纳税所得项目的，由国务院税务主管部门确定。居民个人取得前款第1项至第4项所得（以下称综合所得），按纳税年度合并计算个人所得税；非居民个人取得前款第1项至第4项所得，按月或者按次分项计算个人所得税。纳税人取得前款第5项至第9项所得，依照规定分别计算个人所得税。

三、个人所得税的税率

中国的个人所得税实行分类所得税制，即对不同类别的应税所得分别征税，并对不同类别的所得实行不同的税率。

第一，综合所得，适用3%~45%的超额累进税率（见表8.1）。

表8.1　个人所得税税率表——综合所得适用

级数	全年应纳税所得额	税率/%	速算扣除数/元
1	不超过36 000元的	3	0
2	超过36 000元至144 000元的部分	10	2 520
3	超过144 000元至300 000元的部分	20	16 920
4	超过300 000元至420 000元的部分	25	31 920
5	超过420 000元至660 000元的部分	30	52 920
6	超过660 000元至960 000元的部分	35	85 920
7	超过960 000元的部分	45	181 920

表 8.1 中的全年应纳税所得额是指居民个人取得综合所得以每一纳税年度收入额减除费用六万元以及专项扣除、专项附加扣除和依法确定的其他扣除后的余额。

非居民个人取得工资、薪金所得，劳务报酬所得，稿酬所得和特许权使用费所得，依照表 8. 1 按月换算后计算应纳税额。

第二，经营所得，适用 5%~35%的超额累进税率（见表 8.2）。

表 8.2　个人所得税税率表——经营所得适用

级数	全年应纳税所得额	税率/%	速算扣除数/元
1	不超过 30 000 元的	5	0
2	超过 30 000 元至 90 000 元的部分	10	1 500
3	超过 90 000 元至 300 000 元的部分	20	10 500
4	超过 300 000 元至 500 000 元的部分	30	40 500
5	超过 500 000 元的部分	35	65 500

表 8.2 中的全年应纳税所得额是指以每一纳税年度的收入总额减除成本、费用以及损失后的余额。

第三，利息、股息、红利所得，财产租赁所得，财产转让所得和偶然所得，适用比例税率，税率为 20%。

第四，劳务报酬所得，适用比例税率，税率为 20%。对劳务报酬所得一次收入畸高的，可以实行加成征收。劳务报酬所得一次收入畸高是指个人一次取得的劳务报酬，其应纳税所得额超过 20 000 元。应纳税所得额为 20 000 元至 50 000 元的部分，依照税法规定计算应纳税额后再按照应纳税额加征五成；超过 50 000 元的部分，加征十成（见表 8.3）。

表 8.3　劳务报酬所得税率表

级数	应纳税所得额	税率/%	速算扣除数/元
1	不超过 20 000 元的	20	0
2	超过 20 000 元至 50 000 元的部分	30	2 000
3	超过 50 000 元的部分	40	7 000

第五，特许权使用费所得，利息、股息、红利所得，财产租赁所得，财产转让所得，偶然所得和其他所得，适用比例税率，税率为 20%。

任务二　个人所得税的计算

个人所得税并不是每个人都要缴纳，只有那些到了纳税标准的人才要交，个人所得税有一个起征点，没有达到起征点的是不用缴纳个人所得税的。我们应该知道自己是怎样计算税费并进行缴纳的。

一、综合所得的计税方法

2019年实施的《中华人民共和国个人所得税法》规定，个人所得税的起征点为每月5 000元，即月收入低于5 000元的是不需要缴税的，月收入超过5 000元的则根据个税计算公式及税率表进行税费的计算缴纳；同时，个人所得税改革将居民工资、薪金所得，劳务报酬所得，稿酬所得，特许权使用费所得定义为综合所得。居民综合所得计税实施按年累计计税、按月预扣预缴，次年再按全年综合所得汇算清缴，多退少补。在进行按月预扣预缴时，劳务报酬所得、稿酬所得、特许权使用费仍然按照原计税规则对其计算和预扣预缴，年终汇总清缴时将这几项与居民工资、薪金所得合并，按照综合所得税及对应的税率进行核算，多退少补。

首先我们需要掌握个人所得税的两个计算公式：

应缴纳所得额=税前工资收入金额-五险一金(个人缴纳部分)-专项附加扣除-依法确定的其他扣除

应纳税额=应纳所得额×税率-速算扣除数

其中，五险一金是指用人单位给予劳动者的几种保障性待遇的合称，包括养老保险、医疗保险、失业保险、工伤保险和生育保险，以及住房公积金。《个人所得税法实施条例》第二十五条规定：“按照国家规定，单位为个人缴付和个人缴付的基本养老保险费、基本医疗保险费、失业保险费、住房公积金，从纳税义务人的应纳税所得额中扣除。”月工资先扣除五险一金，之后再计税。

个税专项附加扣除（个人所得税专项附加扣除）是指个人所得税法规定的子女教育、继续教育、大病医疗、住房贷款利息、住房租金和赡养老人六项专项附加扣除。

学习小贴士

六项专项附加扣除的规定

六项专项附加扣除政策梳理如下：

一、子女教育

享受条件：子女年满3岁至小学入学前处于学前教育阶段，子女接受全日制学历教育。学历教育包括义务教育（小学、初中教育）、高中阶段教育（普通高中、中等职业、技工教育）、高等教育（大学专科、大学本科、硕士研究生、博士研究生教育）。

扣除标准：子女教育按照每个子女每年12 000元（每月1 000元）的标准定额扣除。

扣除方式：可以选择由父母一方按照每月1 000元的标准扣除，也可以选择由双方分别按照每月500元的标准扣除。具体扣除方式在一个纳税年度内不能变更。

扣除时间：学前教育阶段，为子女年满3周岁当月至小学入学前一月。学历教育，为子女接受全日制学历教育入学的当月至全日制学历教育结束的当月。

二、继续教育

享受条件：在中国境内接受学历（学位）继续教育，接受技能人员职业资格继续教育、专业技术人员职业资格继续教育。

扣除标准：纳税人在中国境内接受学历（学位）继续教育的支出，在学历（学位）教育期间按照每月400元定额扣除。纳税人接受技能人员职业资格继续教育、专业技术人员职业资格继续教育的支出，在取得相关证书的当年，按照3 600元定额扣除。

扣除方式：个人接受本科及以下学历（学位）继续教育，符合规定扣除条件的，可以选择由其父母扣除，也可以选择由本人扣除。

扣除时间：学历（学位）继续教育，为在中国境内接受学历（学位）继续教育入学的当月至学历（学位）继续教育结束的当月，同一学历（学位）继续教育的扣除期限最长不得超过48个月。技能人员职业资格继续教育、专业技术人员职业资格继续教育，为取得相关证书的当年。

三、大病医疗

享受条件：在一个纳税年度内，纳税人发生的与基本医保相关的医药费用支出，扣除医保报销后个人负担（指医保目录范围内的自付部分）累计超过15 000元的部分。

扣除标准：医保目录范围内的自付部分累计超过15 000元的部分，在80 000元限额内据实扣除。

扣除方式：可以选择由本人或者其配偶扣除；未成年子女发生的医药费用支出可以选择由其父母一方扣除。

扣除时间：为医疗保障信息系统记录的医药费用实际支出的当年。

四、住房贷款利息

享受条件：纳税人本人或者配偶单独或者共同使用商业银行或者住房公积金个人住房贷款为本人或者其配偶购买中国境内住房，发生的首套住房贷款（购买住房享受首套住房贷款利率的住房贷款）利息支出。

扣除标准：在实际发生贷款利息的年度，按照每月1 000元的标准定额扣除，扣除期限最长不超过240个月。纳税人只能享受一次首套住房贷款的利息扣除。

扣除方式：经夫妻双方约定，可以选择由其中一方扣除，具体扣除方式在一个纳税年度内不能变更。夫妻双方婚前分别购买住房发生的首套住房贷款，其贷款利息支出，婚后可以选择其中一套购买的住房，由购买方按扣除标准的100%扣除，也可以由夫妻双方对各自购买的住房分别按扣除标准的50%扣除，具体扣除方式在一个纳税年度内不能变更。

扣除时间：贷款合同约定开始还款的当月至贷款全部归还或贷款合同终止的当月，扣除期限最长不得超过240个月。

五、住房租金

享受条件：纳税人在主要工作城市没有自有住房而发生的住房租金支出。纳税人的配偶在纳税人的主要工作城市有自有住房的，视同纳税人在主要工作城市有自有住房。纳税人及其配偶在一个纳税年度内不能同时分别享受住房贷款利息和住房租金专项附加扣除。

扣除标准：①直辖市、省会（首府）城市、计划单列市以及国务院确定的其他城市，扣除标准为每月 1 500 元；②除第一项所列城市以外，市辖区户籍人口超过 100 万的城市，扣除标准为每月 1 100 元；市辖区户籍人口不超过 100 万的城市，扣除标准为每月 800 元。

扣除方式：住房租金支出由签订租赁住房合同的承租人扣除。夫妻双方主要工作城市相同的，只能由一方扣除住房租金支出。

扣除时间：租赁合同（协议）约定的房屋租赁期开始的当月至租赁期结束的当月。提前终止合同（协议）的，以实际租赁期限为准。

六、赡养老人

享受条件：纳税人赡养一位及以上被赡养人（是指年满 60 岁的父母，以及子女均已去世的年满 60 岁的祖父母、外祖父母）。

扣除标准：①纳税人为独生子女的，按照每月 2 000 元的标准定额扣除；②纳税人为非独生子女的，由其与兄弟姐妹分摊每月 2 000 元的扣除额度，每人分摊的额度不能超过每月 1 000 元。

扣除方式：可以由赡养人均摊或者约定分摊，也可以由被赡养人指定分摊。约定或者指定分摊的须签订书面分摊协议，指定分摊优先于约定分摊。具体分摊方式和额度在一个纳税年度内不能变更。

扣除时间：为被赡养人年满 60 周岁的当月至赡养义务终止的年末。

来源：广西税务

【案例 8. 1】中国某公司职员王某，2019 年 1 月取得工资、薪金收入 10 000 元。当地规定的社会保险和住房公积金个人缴存比例为基本养老保险 8%、基本医疗保险 2%、失业保险 0. 5%、住房公积金 12%。王某缴纳社会保险费核定的缴费工资基数为 8 000 元。计算王某当月应缴纳的个人所得税税额。

【案例分析】

（1）减除费用为 5 000 元/月。

（2）专项扣除＝8 000×（8%+2%+0. 5%+12%）＝1 800（元）

（3）扣除项合计＝5 000+1 800＝6 800（元）

（4）应纳税所得额＝10 000−6 800＝3 200（元）

（5）应纳税额＝3 200×3%＝96（元）

【案例 8. 2】假设 2019 年甲公司职员李某全年取得工资、薪金收入 180 000 元。当地规定的社会保险和住房公积金个人缴存比例为基本养老保险 8%、基本医疗保险 2%、失业保险 0. 5%、住房公积金 12%。李某缴纳社会保险费核定的缴费工资基数为 10 000

元。李某正在偿还首套住房贷款及利息；李某为独生女，其独生子正就读大学 3 年级；李某父母均已年过 60 岁。李某夫妻约定由李某扣除贷款利息和子女教育费。计算李某 2019 年应缴纳的个人所得税税额。

【案例分析】

（1）全年减除费用 60 000 元。

（2）专项扣除＝10 000×（8%+2%+0.5%+12%）×12＝27 000（元）

（3）专项附加扣除：

①李某子女教育支出实行定额扣除，每年扣除 12 000 元；

②李某首套住房贷款利息支出实行定额扣除，每年扣除 12 000 元；

③李某赡养老人支出实行定额扣除，每年扣除 24 000 元。

专项附加扣除合计＝12 000+ 12 000 +24 000＝48 000（元）

（4）扣除项合计＝60 000 +27 000 +48 000＝135 000（元）

（5）应纳税所得额＝ 180 000－135 000＝45 000（元）

（6）应纳个人所得税额＝36 000×3%+（45 000 －36 000）×10% ＝1 980（元）

二、个体工商户的生产、经营所得的计税方法

个体工商户的生产、经营所得应纳所得税额计算公式如下：

应纳税所得额＝收入总额－成本、费用及损失

应纳个体工商户的生产、经营所得额＝应纳税所得额×适用税率－速算扣除数

【案例 8.3】张某初中毕业后即在 A 市开了一家个体餐馆。由于地处黄金地段，再加上张某灵活经营，饭馆多年来一直处于盈利状态，2016 年，全年取得以下收入：

（1）餐馆营业收入 18 万元；

（2）出租房屋，全年租金收入 2.4 万元；

（3）张某与 A 市某一食品加工企业联营，当年分得利润为 2 万元；

（4）张某每月工资收入 0.25 万元。

全年发生的费用共 11.8 万元，上缴各种税费 1.2 万元。张某全年的应纳所得税额为多少？

【案例分析】在确定个体工商户应纳所得税额时，应遵守以下规定：

其一，从事生产、经营的个体工商户，凡不能提供完整、准确的纳税材料，不能正确计算应纳税所得额的，由主管税务机关核定其应纳税所得额。

其二，个体工商户业主的费用扣除标准以及从业人员的工资标准，由省、自治区、直辖市税务局根据当地实际况确定；个体工商业户业主的工资不得从收入总额中扣除。

其三，个体工商户在生产、经营期间借款的利息支出，凡有合法证明的，不高于按金融机构同类、同期贷款利率计算的数额部分，准予扣除。

其四，个体工商户或个人专营种植业、养殖业、饲养业、捕捞业，其经营项目属于农业税（包括农业特产税）、牧业税征税范围，并已征收了农业税、牧业税的，不再征收个人所得税。

其五，个体工商户和从事生产、经营的个人，取得与生产、经营活动无关的各项应税所得，应分别按各项应税所得的规定计算个人所得税。

出租房屋收入、投资联营分得利润收入以及工资收入应当分项核算应纳税额，因此，张某 2016 年度应纳个人所得税计算如下：

餐馆收入应纳税额=（180 000−118 000−12 000）×30%−4 250=10 750（元）

租金收入应纳税额=（2 000−800）×20%×12=2 880（元）

投资联营分得利润应纳税额=20 000×20%=4 000（元）

工资收入应纳税额=（2 500−2 000）×5%×12=300（元）

扣除项目特殊规定：个体工商户发生的与生产经营所得有关的业务招待费，按照实际发生的 60%扣除，但是最高不超过销售收入的 5‰；个体工商户购置的新产品、新技术、新工艺的测试设备仪器单位价格在 5 万元以下的，可以直接扣除；非金融机构的借款利息费用按同期银行的利率计算扣除，超过部分不得扣除；捐赠在全年应纳税所得额 30%以内的部分可以扣除，超过部分不得扣除。

三、企事业单位的承包经营、承租经营所得的计税方法

企事业单位的承包经营、承租经营所得应纳所得税额计算公式如下：

应纳税所得额=个人全年承包、承租经营收入总额−5 000×12

应纳所得税额=应纳税所得额×适用税率−速算扣除数

【案例 8.4】张某从 2016 年 1 月起承包某服装厂，依据承包协议，服装厂工商登记更改为个体工商业户。2016 年，张某经营的服装厂共取得收入 50 万元，发生成本、费用、税金等相关支出 43 万元（其中包括工商户业主工资每月 1 600 元）。2016 年张某应缴纳个人所得税多少元？

【案例分析】2016 年张某应缴纳个人所得税=（500 000−430 000+1 600×12−5 000×12）×5%=1 460（元）

四、劳务报酬所得的计税方法

劳务报酬所得应纳所得税额计算公式如下：

应纳税所得额=一次收入额−费用扣除

应纳所得税额=应纳税所得额×适用税率−速算扣除数

费用扣除：是指每次收入不超过 4 000 元的，定额减除费用 800 元；每次收入在 4 000 元以上的，定率扣除 20%的费用；“次”的规定是属于一次性收入的，以取得该项收入为一次，按次确定应纳所得额，属于同一项目连续性收入的，以一个月内取得的收入为一次，据以确定应纳税所得额。

获得劳务报酬所得的纳税人从其收入中支付给中介人和相关人员的报酬，除另有规定者外，在定率扣除 20%的费用后，一律不再扣除。

如果纳税人的每次应税劳务报酬所得超过 20 000 元，应实行加成征税，其应纳税总额应依据相应税率和速算扣除数计算。

【案例 8.5】李某于 2016 年 6 月外出参加营业性演出，一次取得劳务报酬 10 万元。计算其应缴纳的个人所得税（不考虑其他税费）。

【案例分析】该纳税人一次演出取得的应纳税所得额超过 20 000 元，按税法规定应实行加成征税。

（1）应纳税所得额 = 100 000×（1−20%）= 80 000（元）

（2）应纳税额 = 80 000×40%−7 000 = 21 000（元）

五、稿酬所得的计税方法

稿酬所得应纳所得税额计算公式如下：

应纳税所得额 = 每次收入额−费用扣除

应纳所得税额 = 应纳税所得额×适用税率×（1−30%）

费用扣除：每次收入不超过 4 000 元的，定额减除费用 800 元；每次收入在 4 000 元以上的，定率扣除 20%的费用。

关于每次收入的确定的规定如下：

（1）个人每次以图书、报刊方式出版、发表同一作品，不论出版单位是预付还是分笔支付稿酬，或者加印该作品后再付稿酬，均应合并为一次征税。

（2）在两处或两处以上出版、发表或再版同一作品而取得的稿酬，则可以分别各处取得的所得或再版所得分次征税。

（3）个人的同一作品在报刊上连载，应合并其因连载而取得的所得为一次。连载之后又出书取得稿酬的，或先出书后连载取得稿酬的，应视同再版稿酬分次征税。

（4）作者去世后，对取得其遗作稿酬的个人，按稿酬所得征税。

【案例 8.6】某大学教授 2016 年 2 月因其编著的教材出版，获得稿酬 10 000 元，2016 年 6 月因教材加印又得到稿酬 5 000 元。计算该教授取得的稿酬应缴纳的个人所得税。

【案例分析】该教授稿酬所得按规定应属于一次收入，须合并计算应纳税额（实际缴纳税额）

（1）应纳税所得额 =（10 000+5 000）×（1−20%）×20% = 2 400（元）

（2）实际缴纳税额 = 2 400×（1−30%）= 1 680（元）

六、特许权使用费所得的计税方法

特许权使用费所得应纳所得税额计算公式如下：

应纳税所得额 = 每次收入额−费用扣除

应纳所得税额 = 应纳税所得额×适用税率

费用扣除：每次收入不超过 4 000 元的，定额减除费用 800 元；每次收入在 4 000 元以上的，定率扣除 20%的费用。

对个人从事技术转让中所支付的中介费，若能提供有效合法凭证，允许从其所得中扣除。

【案例 8.7】2016 年 8 月，某电视剧制作中心编剧王某从该中心取得工资 5 000 元、第二季度的奖金 3 000 元及剧本使用费 12 000 元。王某 8 月份应缴纳的个人所得税为多少元?

【案例分析】季度奖并入当月工资，按照工资薪金所得缴纳个人所得税；剧本使用费按照特许权使用费所得缴纳个人所得税。

王某 8 月份应缴纳个人所得税 =（5 000+3 000−2 000）×15%−125+12 000×（1−20%）×20% = 775+1 920 = 2 695（元）

七、财产租赁所得的计税方法

财产租赁所得应纳所得税额计算公式如下：

应纳税所得额 = 每次收入额−费用扣除

应纳所得税额 = 应纳税所得额×适用税率

适用的税率如下：

（1）财产租赁所得适用 20%的比例税率。

（2）个人按市场价格出租的居民住房取得的所得，减按 10%的税率征收。

费用扣除：每次收入不超过 4 000 元的，定额减除费用 800 元；每次收入在 4 000 元以上的，定率减除 20%的费用；一个月扣除一次费用。

依次扣除以下费用：

（1）财产租赁过程中缴纳的税费；

（2）由纳税人负担的该出租财产实际开支的修缮费用（不超过 800 元）；

（3）税法规定的费用扣除标准。

【案例 8.8】郑某于 2016 年 1 月将其自有的四间面积为 100 平方米的房屋出租给齐某居住，租期 1 年。郑某每月取得租金收入 5 000 元。计算郑某全年租金收入应缴纳的个人所得税。

【案例分析】财产租赁收入以每月内取得的收入为一次，郑某每月及全年应纳税额计算如下：

（1）每月应纳税额 = 5 000×（1−20%）×10% = 400（元）

（2）全年应纳税额 = 400×12 = 4 800（元）

【案例 8.9】张某于 2016 年 5 月份将其自有的房屋出租给一个体业主居住，租期 1 年，年租金 24 000 元，税率为 3%（城建税、教育费附加不考虑），8 月份张某因房屋陈旧而进行了简单维修，发生维修费用 1 500 元（取得合法有效凭证）。张某 2016 年 9 月份应缴纳个人所得税额是多少?

【案例分析】

张某应纳个人所得税 =［24 000÷12×（1−3%）−800−700］×10% = 44（元）

八、利息、股息、红利所得的计税方法

利息、股息、红利所得应纳所得税额计算公式如下：

应纳所得税税额=应纳税所得额（每次收入额）×适用税率（20%）

其中，有关应纳税所得的确定的规定如下：

（1）股份制企业以股票形式向股东个人支付应得的股息、红利时，应以派发红股的股票票面金额为所得额，计算征收个人所得税；

（2）对个人投资者从上市公司取得的股息红利所得，自 2005 年 6 月 13 日起暂减按 50%计入个人应纳税所得额；

（3）对证券投资基金从上市公司分配取得的股息红利所得，在代扣代缴个人所得税时，也暂减按 50%计入个人应纳税所得额。

银行存款所取得的利息征免税——按时间段规定如下：

（1）2007 年 8 月 14 日（含）以前孳生的利息按 20%征税；

（2）2007 年 8 月 15 日起到 2008 年 10 月 8 日（含）税率由 20%降为 5%；

（3）自 2008 年 10 月 9 日（含）起，暂免征收储蓄存款利息所得税。

【案例 8. 10】某储户 2007 年 2 月 14 日存入一年定期人民币 200 000 元，假定年利息率 3. 78%，存款到期日，即 2008 年 2 月 14 日把存款及利息取出。利息及利息税分别是多少？

【案例分析】

（1）应结付利息额=200 000×3. 78%=7 560（元）

（2）2007 年 8 月 14 日前后滋生的利息各有 6 个月，利息应缴纳个人所得税计算如下：

应缴纳的个人所得税=7 560×6/12×20%+7 560×6/12×5%=945（元）

【案例 8. 11】张先生为自由职业者，2008 年 4 月取得如下所得：

（1）从 A 上市公司取得股息所得 16 000 元；

（2）从 B 非上市公司取得股息所得 7 000 元；

（3）兑现 4 月 14 日到期的一年期银行储蓄存款利息所得 1 500 元。

请分别求出其应纳个人所得税。

【案例分析】

（1）取得上市公司的股息所得减半征收个人所得税。

股息所得应纳个人所得税=16 000×50%×20%=1 600（元）

（2）非上市公司取得股息应纳个人所得税=7 000×20%=1 400（元）

（3）2007 年 8 月 15 日起到 2008 年 10 月 8 日储蓄存款利息个人所得税适用税率为 5%。

储蓄存款利息应纳个人所得税=1 500÷12×4×20%+1 500÷12×8×5%=150（元）

九、财产转让所得的计税方法

财产转让所得应纳所得税额计算公式如下：

应纳税所得额=每次收入额-财产原值-合理税费

应纳所得税额=应纳税所得额×适用税率

其中，财产原值是指以下内容：

（1）有价证券、股权，为买入价买入时按照规定缴纳的有关费用以及投入的原始成本；

（2）建筑物，为建造费或者购进价格以及其他有关费用；

（3）土地使用权，为取得土地使用权所支付的金额、开发土地的费用以及其他有关费用；

（4）机器设备、车船，为购进价格、运输费、安装费以及其他有关费用；

（5）其他财产，参照以上方法确定。

合理税费是指卖出财产时按照规定支付的有关费用；转让债权财产原值的确认，债权、有价证券的原值为买入价以及买入时按规定交纳的有关费用。一般情况下，转让债权的成本采用加权平均法来确定。

【案例 8.12】成某 3 月买进某公司债券 20 000 份，每份买价 8 元，共支付手续费 800 元，11 月份卖出 10 000 份，每份卖价 8.3 元，共支付手续费 415 元，7 月末债券到期，成某取得债券利息收入 2 700 元。该公民应缴纳个人所得税是多少？

【案例分析】

（1）一次卖出债券应扣除的买价及费用=(20 000×8+800)÷20 000×10 000+415
=80 815（元）

（2）转让债券应缴纳的个人所得税=(10 000×8.3-80 815)×20%=437（元）

（3）债券利息收入应缴纳的个人所得税=2 700×20%=540（元）

（4）该公民应缴纳个人所得税=437+540=977（元）

【案例 8.13】丁某于 2016 年 5 月转让私有住房一套，取得转让收入 800 000 元。该套住房购进时的原价为 350 000 元，转让时支付有关税费 28 000 元。计算丁某转让住房应缴纳个人所得税。

【案例分析】

（1）应纳税所得额=800 000-350 000-28 000=422 000（元）

（2）应纳所得税额=422 000×20%=84 400（元）

十、偶然所得和其他所得的计税方法

偶然所得是指个人得奖、中奖、中彩票以及其他偶然性质的所得，以每次取得该项收入为一次，不扣除任何费用。除有特殊规定外，每次收入额就是应纳税所得额。

应纳所得税额=应纳税所得额（每次收入额）×适用税率

【案例 8.14】若某人购买体育彩票中奖 10 000 元，则其应缴所得税为多少？

【案例分析】应纳所得税额=10 000×20%=2 000（元）

任务三　个人所得税的减免

一、免税所得

《中华人民共和国个人所得税法》（以下简称《个人所得税法》）和相关法规、政策规定，对下列各项个人所得，免征个人所得税：

（1）省级人民政府、国务院部委和中国人民解放军军以上单位，以及外国组织、国际组织颁发的科学、教育、技术、文化、卫生、体育、环境保护等方面的奖金。

（2）国债和国家发行的金融债券利息。其中，国债利息是指个人持有的中华人民共和国财政部发行的债券而取得的利息；国家发行的金融债券利息是指个人持有经国务院批准发行的金融债券而取得的利息所得。

（3）按照国家统一规定发给的补贴、津贴。这是指按照国务院规定发给的政府特殊津贴、院士津贴、资深院士津贴和国务院规定免纳个人所得税的补贴、津贴。

（4）福利费、抚恤金、救济金。其中，福利费是指根据国家有关规定，从企业、事业单位、国家机关、社会团体提留的福利费或者从工会经费中支付给个人的生活补助费；救济金是指国家民政部门支付给个人的生活困难补助费。

（5）保险赔款。

（6）军人的转业安置费、复员费。

（7）按照国家统一规定发给干部、职工的安家费、退职费、退休工资、离休工资、离休生活补助费。其中，退职费是指符合《国务院关于工人退休、退职的暂行办法》规定的退职条件，并按该办法规定的退职费标准所领取的退职费。

（8）依照我国有关法律规定应予免税的各国驻华使馆、领事馆的外交代表、领事官员和其他人员的所得。

（9）中国政府参加的国际公约、签订的协议中规定免税的所得。

（10）对外籍个人取得的探亲费免征个人所得税。可以享受免征个人所得税优惠待遇的探亲费，仅限于外籍个人在我国的受雇地与其家庭所在地（包括配偶或父母居住地）之间搭乘交通工具且每年不超过2次的费用。

（11）对学生个人参与“长江小小科学家”活动并获得的奖金，免予征收个人所得税。

（12）按照国家有关城镇房屋拆迁管理办法规定的标准，被拆迁人取得的拆迁补偿款，免征个人所得税。

（13）经国务院财政部门批准免税的所得。

二、享有税收优惠待遇的所得

有下列情形之一的，经批准可以减征个人所得税：

（1）残疾、孤老人员和烈属的所得；

（2）因严重自然灾害造成重大损失的；

（3）其他经国务院财政部门批准减税的。

模块二　个人税收筹划实务

你需要税收筹划吗？

别急着回答，我们先来做个小测试。

请回答以下问题：

（1）你的月薪在五位数以上吗？

（2）你是单身吗？

（3）除了薪水，你有其他收入来源吗？包括投资行为吗？

（4）总有其他机构愿意为你支付一笔额外的收入吗？

（5）收入增加了，你却发现生活水平其实没有什么变化吗？

（6）你热衷各种投资吗？你名下的账户金额变动频繁吗？

（7）你经常需要跨城市、跨地区、跨境工作吗？

（8）你每每看到自己的税单都会心痛吗？你喜欢用“这个月又缴了一台液晶电视”来衡量缴税的数字吗？

（9）你讨厌计算，更不喜欢一大堆复杂的公式吗？

（10）你有各种固定开支，让你生活在城市平均收入之下吗？

如果有 3 个问题你回答“是”，就说明你该去见一位税务筹划师，听听他的建议；如果有 4~6 个问题你回答“是”，就说明你该马上制定一个税收筹划书了；如果回答的“是”超过 7 个，那么完成税收筹划后也许你可以多一套家庭影院了。

我国目前的税制结构叫“分类所得税”。从个税角度解释，就是把收入按照不同的类别分项征收，每一项的起征点、税率甚至优惠措施都有所不同。这样的话，如果你有很多种收入，每一项所得都合法，且低于征税标准，就无须缴税———即使你的总收入足以让你位列“福布斯富豪榜”。这个规律就是：你的收入构成越是多元化，所缴纳的税金就越低。如此这般，税金降到零也不奇怪。

税收筹划必须在事前进行，也就是提前做好准备。如果等到所有的结果都出来了，再去想办法减少个税就比较困难了。目前，进行个人税收筹划时主要有两个思路：一个思路是通过主动降低收入来避税；另一个思路是在收入确定的情况下，将其拆分成各种收入形式，你的收入来源越多样，所缴纳的个税就越低。

任务一　利用税收优惠筹划

税收优惠，用现在比较通用的说法叫作税式支出或税收支出，是政府为了扶持某些特定地区、行业、企业和业务的发展，或者对某些具有实际困难的纳税人给予照顾，通过一些制度上的安排，给予某些特定纳税人以特殊的税收政策。例如，免除其应缴纳的全部或者部分税款，或者按照其缴纳税款的一定比例给予返还等。一般而言，税收优惠的形式有：税收豁免、免征额、起征点、税收扣除、优惠退税、加速折旧、优惠税率、盈亏相抵、税收饶让、延期纳税等。这种在税法中规定用以减轻某些特定纳税人税收负担的规定，就是税收优惠政策。随着税收制度的发展与完善，税收优惠政策的范围和作用也越来越大，对于纳税人来说，机会也就越来越多。这种筹划要求纳税人非常熟悉国家税收政策，尤其是优惠政策，在这种前提下才可能进行该种筹划。

技巧一：熟悉税收政策，充分享受相关税收优惠

为抑制投机和投资性购房需求，同时完善制度、加强征管，国家税务总局于2006年先后下发了《国家税务总局关于加强住房营业税征收管理有关问题的通知》（国税发〔2006〕74号）和《国家税务总局关于个人住房转让所得征收个人所得税有关问题的通知》（国税发〔2006〕108号），以进一步加强个人住房转让营业税和个人所得税的征收管理。

按照税法的规定，个人出租房屋主要涉及房产税、营业税、城市维护建设税和教育费附加、印花税、个人所得税等税种。对个人出租的住房，按租金收入征收12%的房产税、5.5%的营业税及附加；并按扣除相关费用后的净收入征收20%的个人所得税。依此计算，此类住房出租的整体税收负担为租金收入的17.5%~30%，如果再加上地方性的税收附加，负担更重。

鉴于税收政策对房屋租赁市场的重大影响，2000年12月7日，财政部、国家税务总局联合下发了《关于调整住房租赁市场税收政策的通知》（财税〔2000〕125号）。根据《关于调整住房租赁市场税收政策的通知》等文件的精神，对个人住房出租用于居住的，暂减按3%的税率缴纳营业税，暂减按4%的税率缴纳房产税。对个人住房出租用于生产经营的，应按5%的税率缴纳营业税，按12%的税率缴纳房产税。这为人们进行税收筹划提供了空间。

【案例8.15】甲有一套住房准备出租，现有乙、丙两人分别出价3 000元/月及2 900元/月要求租用。其中，乙租入该房后将用于经营餐饮业，丙用于居住（当地个人出租房屋营业税起征点为1 000元）。如果从税收角度考虑（不考虑相应附加及印花税，同时由于居住和经营的个人所得税适用税率相同，在此不进行计算），租给谁更合算呢？

【案例分析】

如果租给乙，按税法对个人住房出租用于生产经营的相关规定，每月（取得租金收入）应缴纳营业税150元（3 000×5%），缴纳房产税360元（3 000×12%），则甲每月应纳营业税、房产税合计510元（150+360），每月实际收入为2 490元（3 000−510）。

如果租给丙，按税法对个人住房出租用于居住的相关规定，每月应缴纳营业税87元（2 900×3%），缴纳房产税116元（2 900×4%），则甲每月应纳营业税、房产税合计203元（87+116），每月实际收入为2 697元（2 900−203）。

虽然每月租金少100元，却因为承租人用途不同，租金收入分别适用不同的税率，使得租给丙比租给乙每月节省税收 307 元（510－203），反而增加了 207 元（2 697－2 490）的实际收入。显然，租给丙更合算。

技巧二：利用税收临界点免征点和起征点筹划

税法规定个人所得税实行代扣代缴、代征代缴，即实行源泉扣缴的管理办法。因此，通过合理安排收入渠道及支付次数，充分利用免征额的规定，使免征额达到最大化，以减少应纳税款，从而降低税负。例如，在劳务费报酬的安排上可通过多次支付的方法使每次支付额在 800 元以下，由于每次的收入所得均在免征额以下，因此取得免于缴纳个人所得税的税收收益。

【案例 8. 16】陈某为某行政单位软件开发员，利用业余时间为某电脑公司开发软件并提供一年的维护服务，按约定可得劳务报酬 24 000 元，陈某可要求对方事先一次性支付该报酬，亦可要求对方按软件维护期 12 个月支付，每月支付 2 000 元。

【案例分析】尽管后一种付款方式会有一定的违约风险，但考虑个人所得税因素后，两种付款方案利弊会有新变化。

若对方一次支付，则陈某应纳个人所得税＝24 000×（1－20%）×20%＝3 840（元）

若对方分次支付，则陈某每月应纳个人所得税＝（2 000－800）×20%＝240（元）

12 个月共计缴税 2 400 元，比一次支付报酬少缴纳个人所得税税款 1 440 元。

该案例中陈某可以要求对方按月支付劳务报酬，因为是多次劳务报酬所得，每次可扣除 20%的费用。经过多次分摊，多次扣除来实现降低税负。

根据《中华人民共和国营业税暂行条例实施细则》的规定，各省、自治区、直辖市人民政府所属税务机关可在规定的幅度内，根据实际情况确定本地区适用（营业税）的起征点。据此，各地结合当地实际情况，对个人出租房屋的营业税起征点进行了确定，如广州市的起征点全省统一为 1 000 元（含）。税法同时规定：纳税人（个人，下同）的营业额未达到财政部规定的营业税起征点的，免征营业税；达到起征点的，应按营业额全额计算应纳税额。这为人们利用起征点进行纳税筹划提供了便利。

【案例 8. 17】张三和李四同为某市居民（该市个人出租房屋营业税起征点为 4 000 元），2016 年 7 月份他们将各自的原有住房出租。其中，张三每月租金收入为 4 020 元，而李四的每月租金收入为 3 980 元。

【案例分析】由于张三的月租金收入达到了该市的起征点，要按营业额全额计算应纳营业税额，则张三应纳营业税及附加为 132. 66 元（4 020×3. 3%）；李四的月租金收入未达到该市的起征点，不用缴纳营业税。

假设不考虑其他税收，则张三实际收入为 3 887. 34 元（4 020－132. 66），李四实际收入为 3 980 元（3 980－0），张三多收了 40 元的租金，实际收入反而比李四少了 92. 66 元（3 980－3 887. 34）。

出现上述情况，正是由于起征点征免税的原因引起的。

假设当地个人出租房屋营业税起征点为 A，租金收入为 X（城市维护建设税税率为 7%，教育费附加 3%）。

对纳税人而言，若 $X<A$，则不需要纳税，实际净现金流入为 X；若 $X \geqslant A$，则需要纳税，纳税人要获得更多的净现金流入，那么租金收入高出营业税起征点部分必须大于或等于按规定所缴纳的各项税费，即 $X-A \geqslant X \times 3\% \times (1+7\%+3\%)$，求得 $X \geqslant 1.034A$，即租金大于或等于起征点的 1.034 倍时，纳税人在缴纳营业税及其附加后所带来的利益大于起征点所带来的利益，因而对纳税人来说是划算的。

技巧三：正确计算各项扣除税费，有效节省个人所得税

依照《个人所得税法》和《征收个人所得税若干问题的规定》（国税发〔1994〕89 号）的规定，纳税人出租财产取得财产租赁收入，在计算征税时，除可依法减去规定费用和有关税费外，还准予扣除能够提供有效、准确凭证，证明由纳税人负担的该出租财产实际开支的修缮费用。允许扣除的修缮费用，以每次 800 元为限，一次扣除不完的，准予在下一次继续扣除，直至扣完为止。国家税务总局《关于个人所得税若干业务问题的批复》（国税函〔2002〕146 号）明确了关于财产租赁所得计算个人所得税时税前扣除有关税费的次序问题。个人出租财产取得的财产租赁收入，在计算缴纳个人所得税时，应依次扣除以下费用：

（1）财产租赁过程中缴纳的税费；

（2）由纳税人负担的该出租财产实际开支的修缮费用；

（3）税法规定的费用扣除标准。

这为人们进行相应的个人所得税筹划创造了条件。

【案例 8.18】刘大爷准备在下月初把地处市区的一套老房子出租，租期为 12 个月。主管地方税务机关根据刘大爷的房屋出租收入减去应纳的税费及其他相关费用后，核定月应纳税所得额为 10 000 元。同时，刘大爷还有意向将该房子进行装修。经维修队的技术员测算，房屋维修费要 10 000 元。如果现在装修，只需一个星期的时间就可维修好，不会影响房屋出租。张大爷到底什么时候装修更划算呢？

【案例分析】

方案一：房屋出租期满后维修。

税法规定，从 2001 年 1 月 1 日起，对个人出租房屋取得的所得暂减按 10%的税率征收个人所得税。张大爷应纳税所得额为 10 000 元，每月应纳个人所得税为 1 000 元（10 000×10%），即在 12 个月的房屋租赁期内，张大爷总共应纳个人所得税 12 000 元（1 000×12）。

方案二：对房屋马上进行维修。

假定维修费用为 10 000 元，依照上述规定，房屋租赁期的第 1 个月至第 12 个月，每月应纳税所得额为 9 200 元（10 000−800），每月应纳个人所得税为 920 元（9 200×10%），在房屋租赁期的第 1 个月至第 12 个月内，累计可扣除房屋维修费 9 600 元（800×12），剩余房屋维修费 400 元（10 000−9 600），可在以后的房屋租金中扣除。张大爷在出租房屋 12 个月的时间内，实际缴纳个人所得税应为 11 040 元（920×12）。

该房产1年租期满后，采用方案二可以节税960元（12 000-11 040）。如果今后仍对外出租，该房产维修费可以在以后扣除。当然，纳税人在支付维修费时，一定要向维修队索取合法、有效的房屋维修发票，并及时报经主管地方税务机关核实，经税务机关确认后才能扣除。

技巧四：了解税法一些特殊规定

两个或两个以上的个人共同取得同一项目收入的，如编著一本书、参加同一场演出等，应当对每一个人取得的收入分别按照税法规定减除费用后计算纳税，即实行“先分、后扣、再税”的办法。

【案例8.19】某高校5位教师共同编写出版一本教材，共同取得稿酬收入21 000元。其中，主编一人取得主编费1 000元，其余稿酬5人平分。计算各教师应缴纳的个人所得税。

【案例分析】

扣除主编费后所得=21 000-1 000=20 000（元）

平均每人所得=20 000÷5=4 000（元）

主编应纳税额=［（1 000+4 000）-2 000］×20%×（1-30%）=560（元）

其余四位老师每人应纳税额=（4 000-800）×20%×（1-30%）=448（元）

任务二　设计纳税人身份进行筹划

技巧一：居民纳税人与非居民纳税义务人的转换

在实行收入来源地管辖权的国家，对临时入境者和非居民大多提供税收优惠。我国规定，外国人在中国境内居住时间连续或累计居住不超过90日，或者在税收协定规定的期间内连续或累计居住不超过183日的个人，其来源于中国境内的所得，由中国境外雇主支付并且不是由该雇主设在中国境内机构负担的工资、薪金所得免于缴纳所得税。

通过流动来降低税负还有一种方式，即在取得适当的收入之后，将财产或收入留在低税负地区，人则到高税负但生活费用较低的地方生活，以取得低税负、低费用的双重好处。例如，我国香港的收入高、税收负担低、生活费用高，于是有的香港人在取得收入后，就到内地来消费，既不承担内地的高税收负担，又躲避了香港的高消费费用。

【案例8.20】美国公民A从2016年1月在中国境内合资企业甲任工程师。2016年他在中国境内停留310天；2016年4月和12月在美国休假共25天；2016年3月1日~21日和2016年10月1日~11日分别到合资企业甲的中国香港公司和日本公司提供技术支持。在以下两种情况，分析A的纳税义务：

（1）由美国总部支付A工资，中国合资企业甲不负担任何费用；

（2）由美国总部支付A工资，其报酬成本最终由中国合资企业甲负担。

【案例分析】中国境内企业雇佣的个人，其“在中国境内实际工作期间”包括在中国境内工作期间所度过的法定公共假期、在中国境内或境外度过的年度休假或是培训的时间。因此，2016年在中国实际工作时间是335天（即310+25）。按照一年居住时间算，在一个日历年内累积少于90天的离境忽略不计。因此，2016年在日本和中国香港的30天时间忽略不计，即2016年整个年度都视为在中国居住。

（1）A在中国境内的实际工作期间（335天）内所获工资所得向中国缴纳个人所得税。其临时离境期间在中国境外提供劳务而获得的收入无须向中国缴纳个人所得税。

（2）A应就所有工资所得（来自中国境内实际工作期间及临时离境期间所获得的收入）向中国缴纳个人所得税。

技巧二：针对经营所得的纳税人身份规划

1. 企业承包方式的选择

根据有关规定，企业实行个人承包经营、承租经营后，如果工商登记仍为企业的，不管其分配方式如何，均应先按照企业所得税的有关规定缴纳企业所得税。然后，根据其利润分配方式对承包、承租经营所得征收个人所得税。也就是说，如果企业在被个人承包后没有改变性质的话，那么承包、承租经营者除了缴纳个人所得税外，还要缴纳企业所得税。这里就出现了重复征税的问题，使得总体税负增加，从而最后归到个人手中的收入就会大大减少。如果承包、承租者经营有条件的话，可以考虑改变企业的性质为个体户或者其他性质，这样就可以免交企业所得税，节省部分税款，使得总体收益最大化。

【案例8.21】张先生欲承包一企业，承包期为2001年3月1日至2001年12月31日。2001年3月1日至2001年12月31日期间，企业固定资产折旧5 000元，上交租赁费50 000元，预计实现会计利润53 000元（已扣除租赁费，未扣除折旧费），张先生不领取工资。已知该地区规定的业主费用扣除标准为每月2 000元。

【案例分析】

方案一：将原企业的工商登记改为个体工商户。这样，经营所得就按个体工商户的生产经营所得计算缴纳个人所得税。按照《个体工商户个人所得税计税办法（试行）》（国税发〔1997〕第43号文）的规定，个体工商户在生产经营过程中以经营租赁方式租入固定资产的租赁费，可以据实扣除。假定该企业所在地区规定的业主费用扣除标准为每月2 000元，则：

本年度应纳所得税额＝53 000－2 000×10＝33 000（元）

换算为全年的所得税＝33 000 ÷10×12＝ 39 600（元）

按全年所得计算的应纳税额＝39 600×30%－6 750＝5 130（元）

实际应纳税额＝5 130÷12×10＝6 156（元）

张先生实际取得的税后利润＝53 000－6 156＝46 844（元）

方案二：如果张先生仍使用原企业的营业执照，则按规定在缴纳企业所得税后，还要就其税后所得再按承包、承租经营所得缴纳个人所得税。在这种情况下，原企业的固定资产仍属该企业持有，按规定可提取折旧，但上缴的租赁费不得在企业所得税前扣除，也不得把租赁费当成管理费用进行扣除。

该企业应纳税所得额＝53 000－5 000（折旧）＋50 000（承包费）＝98 000（元）

应纳企业所得税＝98 000×25%＝24 500（元）

张先生实际取得承包、租赁收入＝48 000－24 500＝23 500（元）

应纳个人所得税＝（23 500－2 000×10）×10%－25＝1 325（元）

张先生实际取得税后利润＝23 500－1 325＝22 125（元）

通过比较，方案一比方案二多获得利润 24 719 元（46 844－22 125）。

2. 承包时间的选择

（1）承包满一年的筹划。

【案例 8. 22】承包人胡某 2009 年承包经营一民营企业，合同签订承包期为 3 年，每年除上缴 8 万元以外，其余收入全部归承包人所有。这期间，由于胡某经营有方，该企业 2009 年的净利润为 20 万元。

【案例分析】

2009 年应纳企业所得税额＝20×25%＝5（万元）

净税后利润＝20－5＝15（万元）

胡某收入额＝15－8＝7（万元）

应纳个人所得税＝（70 000－12×2 000）×30%－4 250＝9 550（元）

胡某实际收益＝70 000－9 550＝60 450（元）

如果胡某通过一定的途径使得该民营企业性质变为个体户，同样每年给被承包单位 8 万元的上缴收入，则：

2009 年胡某收入额＝20－8＝12（万元）

应纳个人所得税＝（120 000－2 000×12）×35%－6 750＝26 850（元）

胡某实际收益＝120 000－31 890＝93 150（元）

同样可以求出胡某 2010 年实际收益为 93 150 元，可多获得收益 32 700 元。

（2）承包不满一年的筹划。根据国家税务总局《征收个人所得税若干问题的规定》（国税发〔1994〕089 号文件）规定，对于实行承包、承租经营的纳税义务人，在一个纳税年度内，承包、承租经营不足 12 个月的，以其实际承包、承租经营的月份数为一个纳税年度计算纳税。在这种情况下，纳税人如果将承包经营、承租经营的合同签为 12 个月，则可以节省部分税收，因为这时可以多抵扣若干个月的费用支出。

任务三　从征税范围角度筹划

技巧一：收入项目福利化

由于工资、薪金实行累进税制，对个人的支出只确定一个固定扣除额，收入越高支付税金越多。因此，如果企业将带有普遍性的职工福利以现金的形式直接支付给个人，将增加个人的税收负担，如果由企业提供各种福利设施，不将其转化为现金，则不会视为工资收入，也就不必计算个人所得税，从而可以减轻个人税负。

【案例 8.23】外出兼职路费让对方支出。

经济学家何教授应某公司邀请到广州讲课，对方答应讲课费 10 万元（包干）。根据《个人所得税法》有关规定，何教授应按照劳务报酬缴纳个人所得税。

【案例分析】根据《个人所得税法》第六条的规定，劳务报酬所得，每次收入不超过 4 000 元的，减除费用 800 元；4 000 元以上的，减除 20%的费用，其余额为应纳税所得额。因此，何教授本次劳务报酬所得的应纳税所得额为 100 000×（1−20%）= 80 000 元。

根据《中华人民共和国个人所得税法实施条例》第十一条规定，劳务报酬所得一次收入畸高，应纳税所得额超过 20 000 元，对前款应纳税所得额超过 20 000～50 000 元的部分，依照税法规定计算应纳税额后再按照应纳税额加征五成；超过 50 000 元的部分，加征十成。

应纳税额 = 20 000×20%+30 000×20%×（1+50%）+30 000×20%×（1+100%）

= 25 000（元）

何教授本次讲课所得 10 万元中包括差旅费、食宿费等所有支出，到广州之行的所有花销预计为 4 万元。如果何教授与该公司签订合同时约定只收取讲课报酬 6 万元，另外来回机票、食宿等支出费用，可以提供票据，让企业以报销形式支付，这样一来，何教授应缴纳个人所得税计算过程如下：

应纳税所得额 = 60 000×（1−20%）= 48 000（元）

应纳税额 = 20 000×20%+28 000×20%×（1+50%）= 12 400（元）

比筹划前少缴费用 = 25 000−12 400 = 12 600（元）

技巧二：选择合理的筹资方法

企业的筹资渠道主要有：财政资金、金融机构信贷资金、企业自有资金、企业之间相互拆借、企业内部集资、发行债券或股票筹资、商业信用筹资、租赁筹资等。从纳税的角度看，这些筹资渠道产生的纳税效果有很大差别，对某些筹资渠道的利用可以有效地帮助企业减轻税负，获得税收上的好处。

采用内部积累这种筹资法，个体工商户要很长的时间才能完成。当然，如果一个个体户在生产经营过程中完全有能力自己解决资金问题，这对该个体户而言是其实力的表现，但从税收的角度来说，却并不是尽善尽美的。自我积累法中，资金的所有者和使用者是一致的，税收难以分摊和抵消，投入生产经营活动之后，产生的全部税负由企业自己负担，而且从税负和经营的效益关系看，自我积累资金要经过较长的时间，不利于企业的发展。

贷款则不同，贷款可以使所需资金不需要很长时间就可以筹足，而且投资产生效益后，出资机构实际上也要承担一定的税收，即企业归还利息后，企业的利润有所降低，特别是税前还贷政策，其本质就是用财政的钱还贷款。因此，企业实际税负被大大降低了。所以说，利用贷款从事生产经营活动是个体户减轻税负，合理避开部分税款的一个很好的途径。

此外，对于个体户来说，以贷款的方式进行资金筹措具有很多好处。首先，该个体户可以提前若干年进行投资，投资的结果是获得利润，其利润又可以进行新一轮的投资，如果延误了时间就不知道这种机会还会不会存在，因此先抓住机会就意味着胜利了一部分。其次是贷款使得企业承担的资金风险减少，当然相应地部分利润将以利息的形式支付给金融机构也会使得收益下降。虽然业主在资金十分雄厚并且感觉利润特别丰富时也可以用自有资金进行投资，但是这时和其他经济机构进行资金拆借可能更利于降低风险。最后，就是企业的税负大大地减轻了。贷款的利息支出是可以作为费用成本扣除的，费用增大则意味着净利润的减少，相应地应纳税额就会减少。

如果金融机构和该个体户之间达成一定的协定，由金融机构提高利率，使个体户计入成本的利息增大，还可以大大地降低其承担的税负。同时金融机构以某种形式将获得的高额利息返还给企业或以更方便的形式为企业提供贷款等，也可以达到减轻税负的目的。

【案例 8.24】某个体工商业者欲投资于某行业，预计前期投入需要 100 万元，按照其自身积累速度估计要 10 年时间，投产经营后可实现每年 25 万元的收益，每次投资可实现 12 年的收益（贷款年利率为 7%）。

【案例分析】

该个体户如果自身积累，10 年后可以每年实现 25 万元的收益。则：

年应纳税额＝250 000×35%－6 750＝80 750（元）

总共应纳税额＝80 750×12＝969 000（元）

如果该个体户利用银行贷款进行投资，则：

年应纳税额＝（250 000－1 000 000×7%）×35%－6 750＝56 250（元）

总共应纳税额＝56 250×12＝675 000（元）

共可节省税收＝969 000－675 000＝294 000（元）

任务四　兼有多种收入的税收筹划

兼有工资、薪金所得和劳务报酬等多种所得是一个非常现实的问题。实际工作中，劳务报酬所得与工资、薪金所得往往难以区分。一般而言，劳务报酬所得是指个人独立从事各种技艺、提供各种劳务服务而获取的报酬，提供所得的单位与个人之间不存在稳定的雇佣与被雇佣关系；工资、薪金所得则是个人在企事业单位、机关、团体、部队、学校以及其他组织中任职、受雇而获取的报酬，属于非独立个人的劳动。

根据我国现行的《个人所得税法》的规定，工资、薪金所得适用的是3%~45%的七级超额累进税率；劳务报酬所得适用的是20%的比例税率，对于一次收入很高的，可以加成征收，劳务报酬实际适用20%、30%、40%的超额累进税率。显而易见，相同数额的工资、薪金所得与劳务报酬所得所适用的税率不同，充分认识这一区别，并加以合法利用，能达到节税的目的。尤其是对高收入人群，纳税筹划会给他们带来更大的实惠。

技巧一：劳务报酬与工资薪金的转换

一般而言，当工资薪金比较少时，工资、薪金所得适用的税率比劳务报酬所得适用的税率低，将劳务报酬所得转化为工资、薪金所得，合并按工资、薪金所得缴纳个人所得税是合理的；当工资、薪金收入相当高时，适用的税率已累进到比较高的水平，此时，将工资、薪金所得转化为劳务报酬所得可以节约应纳税额；当两项收入都较大时，将工资、薪金所得和劳务报酬所得分开计算亦能节税。

技巧二：两收入分别纳税

刘小姐2016年2月从A公司获得工资收入共40 000元。另外，该月刘小姐还获得某设计院的劳务报酬收入40 000元。不同类型的所得应分类计算应纳税额，工资、薪金收入应纳税额为（40 000−5 000）×25%−1 410=7 340元；劳务报酬所得应纳税额为40 000×（1−20%）×30%−2 000=7 600元，刘小姐共纳税14 940元。如果刘小姐将劳务报酬所得转化为工资、薪金所得缴纳个人所得税，则其应纳税额为：（40 000+40 000−5 000）×35%−7 160=19 090元。如果刘小姐将工资、薪金所得转化为劳务报酬所得缴纳个人所得税，则其应纳税额为（40 000+40 000）×（1−20%）×40%−7 000=18 600元。可见，分开缴税比转化后缴税少。

因此，对个人所得中存在工资薪金和劳务报酬的，需要纳税人自行计算，考虑何种方式有利于合法减轻税负。

技巧三：劳务报酬化整为零

劳务报酬所得适用三级超额累进税率。在这种情况下，相对较少的应纳税所得额所适用的税率就会相对较低，这样税款加总后，比合并缴纳时的税款要少得多。

徐小姐是名演员，7月到9月取得一项目劳务收入60 000元，期间，刘小姐支付交通、食宿等费用9 000元。这样，徐小姐应纳个人所得税为60 000×（1−20%）×30%−2 000=12 400元，徐小姐取得的净收益为60 000−9 000−12 400=38 600元。若徐小姐与公司商议，改变支付方式，分3次申报纳税，并由电视台支付交通、食宿费用9 000元，支付给徐小姐的劳务收入由60 000元降为51 000元。这样，徐小姐每月应交的个人所得税为17 000×（1−20%）×20%=2 720元，3个月共纳税为2 720×3=8 160元，徐小姐获得的净收益为51 000−8 160= 42 840元，第二个方案比第一个方案多获得的净收益为 42 840－38 600＝4 240 元。同时，企业列支的交通、食宿费用可冲抵收入，少纳企业所得税，何乐而不为呢？

任务五　个人无偿赠与不动产的税收筹划

技巧一：选择赠与对象，节省相关税收

《国家税务总局关于加强房地产交易个人无偿赠与不动产税收管理有关问题的通知》（国税发〔2006〕144 号文件）规定，个人向他人无偿赠与不动产，包括继承、遗产处分及其他无偿赠与不动产等三种情况，在办理营业税免税申请手续时，纳税人应区分不同情况向税务机关提交相关证明材料。属于继承不动产的，继承人应当提交公证机关出具的继承权公证书、房产所有权证和个人无偿赠与不动产登记表；属于遗嘱人处分不动产的，遗嘱继承人或者受遗赠人须提交公证机关出具的遗嘱公证书和遗嘱继承权公证书或接受遗赠公证书、房产所有权证以及个人无偿赠与不动产登记表；属于其他情况无偿赠与不动产的，受赠人应当提交房产所有人赠与公证书和受赠人接受赠与公证书，或持双方共同办理的赠与合同公证书以及房产所有权证和个人无偿赠与不动产登记表。因此，人们在税收筹划中，最好的筹划技巧就是据实提供证明材料，防止因虚假赠与而遭受处罚。

【案例 8. 25】2006 年 10 月 31 日，张三准备将一套面积 110 平方米的房产对外捐赠。现有两个捐赠对象，一个是非直系亲属也非承担直接赡养义务的李四，另一个是当地政府所办敬老院。该房产市价为 40 万元（当地对普通标准住宅核定征收率为 2%）。

【案例分析】

方案一：捐赠给李四。

我国税法规定，个人将不动产无偿赠与他人，不征收营业税。因为该赠与属于其他情况无偿赠与不动产行为，按《国家税务总局关于加强房地产交易个人无偿赠与不动产税收管理有关问题的通知》的规定，受赠人应当提交房产所有人赠与公证书和受赠人接受赠与公证书，或持双方共同办理的赠与合同公证书，以及房产所有权证和个人无偿赠与不动产登记表。只有提供的相关证明材料经税务机关审核通过后，张三方可办理无偿赠与减免税手续。

纳税人张三在办理无偿赠与减免税手续时，特别要注意下面几个问题：一是提供的证明材料必须是原件，同时要将有关公证证书复印件提供给税务机关留存；二是资料必须齐全且填写正确规范；三是要填报个人无偿赠与不动产登记表并且做出无偿赠与声明；四是如赠与人死亡，由代理人代为填写个人无偿赠与不动产登记表并签字，并且由于税法规定税务机关不得向无偿赠与不动产的个人发售发票或者代为开具发票，张三所赠与房产不能取得税务发票。

税法规定，对财产所有人将财产赠送给政府、社会福利单位、学校所立的书据免纳印花税。张三还应当对所赠与房产按“产权转移书据”税目贴花，税率为万分之五，应纳印花税为 400 000×0.5‰=200 元。同时，税法规定，以赠与方式无偿转让房地产，不属于土地增值税的征税范围，这里赠与仅指房产所有人、土地使用权所有人将房屋产权、土地使用权赠与直系亲属或承担直接赡养义务人。张三选择捐赠给非直系亲属也非承担直接赡养义务的李四，按规定要计算缴纳土地增值税为 400 000×2%=8 000 元。合计应纳税为 8 000+200=8 200 元。

方案二：赠给敬老院。

从立法背景和目的来看，《国家税务总局关于加强房地产交易个人无偿赠与不动产税收管理有关问题的通知》主要是针对个人间无偿赠与不动产的，对教育、民政和其他社会福利、公益事业是否无偿赠与的判断，仍可主要参照《关于房地产交易与权属登记管理办理公证有关问题的通知》（中府办〔1999〕70 号）第三条的规定执行，即非涉外或我国港澳台的不动产赠与，可按以下两种办法之一进行确认：第一，赠与双方直接到国土房管部门签订赠与合同书；第二，凭公证处公证。只要纳税人能够提供上述资料，就可以到税务机关办理营业税免税申请手续。

同时，税法规定，对财产所有人将财产赠送给政府、社会福利单位、学校所立的书据免纳印花税，房产所有人、土地使用权所有人通过境内非营利的社会团体、国家机关将房屋产权、土地使用权赠与教育、民政和其他社会福利、公益事业的，不属于土地增值税的征税范围，因此张三选择将房产赠给敬老院应纳的印花税和土地增值税均为 0。

通过比较，方案二比方案一可以节税 8 200 元，而且办理无偿赠与减免税手续也相对更方便，仅从税收成本的角度和办理无偿赠与减免税手续方面，张三选择敬老院作为捐赠对象更合算。

技巧二：区分购房时间政策差异能省税

《国家税务总局关于加强房地产交易个人无偿赠与不动产税收管理有关问题的通知》规定将无偿赠与行为区分为一般赠与行为（包括继承、遗嘱、离婚、赡养关系、直系亲属赠与）和其他无偿赠与行为两类，并对如何确定以这两类无偿赠与方式取得住房的购房时间问题加以区分。对以一般赠与方式取得的住房，其购房时间仍按照《国家税务总局关于房地产税收政策执行中几个具体问题的通知》（国税发〔2005〕172 号）规定执行，对于非遗嘱、继承等其他无偿赠与行为，购房时间将会重新计算，如果房产受赠不满 5 年就转手，那么必须缴纳营业税。因此，在税收筹划时，必须严格区分所赠房产是否是普通住房，并对赠与行为正确归类，正确确认购房时间，避免多缴税款。

【案例 8.26】李四于 2006 年 10 月 20 日通过受赠方式分别取得 A、B 两套市价均为 50 万元的住房。其中，A 套所赠房产的原价为 20 万元，购房时间是 2002 年 1 月 30 日，李四是通过其他无偿赠与方式取得该住房的；B 套所赠房产的原价也为 20 万元，购房时间也是2002年1月30日，是通过继承、遗嘱等一般赠与方式取得该住房的。如果李四准备在2007年2月份转让其中的一套，他该转让哪套住房呢？

【案例分析】根据《国家税务总局关于加强住房营业税征收管理有关问题的通知》（国税发〔2006〕74号）的规定，从2006年6月1日起，个人将购买不足5年的住房对外销售，应全额征收营业税；个人将购买超过5年（含5年）的普通住房对外销售，免征营业税；个人将购买超过5年（含5年）的非普通住房对外销售，按其售房收入减去购买房屋的价款后的余额征收营业税。在此规定中，时间认定非常关键。

如果转让A住房，根据《国家税务总局关于加强房地产交易个人无偿赠与不动产税收管理有关问题的通知》的规定，以其他无偿赠与方式取得的住房，其购房时间确定为发生受赠行为后新的房屋产权证或契税完税证明上注明的时间。李四是通过其他无偿赠与方式取得该住房，并于2006年10月20日缴纳契税和办妥赠与产权转移登记手续，其购房时间即为2006年10月20日。因此，李四在2007年2月转让A套住房，远远没有达到5年免征或减征营业税的要求，要全额征收营业税及附加为500 000×5.5%=27 500元（营业税税率为5%、城建税税率为7%、教育费附加为3%，不考虑其他税收）。

如果转让B住房，根据《国家税务总局关于加强房地产交易个人无偿赠与不动产税收管理有关问题的通知》的规定，对以一般赠与方式取得的住房，其购房时间仍按照《国家税务总局关于房地产税收政策执行中几个具体问题的通知》规定执行，即“个人将通过受赠、继承、离婚财产分割等非购买形式取得的住房对外销售的行为，其购房时间按发生受赠、继承、离婚财产分割行为前的购房时间确定”。李四是通过一般赠与方式取得B住房的，其购房时间即为2002年1月30日，所以在2007年2月份转让B住房，符合5年免征或减征营业税的要求：如果是普通住房，则免征营业税；如果是非普通住房，则应纳营业税及附加为（500 000-200 000）×5.5%=16 500元。比较可知，转让B住房比转让A住房至少可以节税11 000元（27 500-16 500），甚至于27 500元（27 500-0），这还不包括其他税收，否则数字还要大。因此，本例中李四应该转让B住房。

技巧三：变赠与为买卖可减轻总体税负

《国家税务总局关于加强房地产交易个人无偿赠与不动产税收管理有关问题的通知》出台的目的，就在于防范不法分子在房地产交易中利用假赠与偷逃税款，从而有效堵塞税收征管漏洞。但是，对于那些准备将受赠房产进行转让的人来说，需要在赠与和买卖间进行合理筹划。

【案例8.27】2006年10月31日，张三欲将一套面积110平方米的房产以其他赠与方式赠给直接赡养义务人李四，该房产市场价值为40万元，张三不能提供取得该房产完整、准确的房屋原值凭证，当地个人所得税核定税率为1%，假定2年后李四以50万元出售，税务机关确定可以扣除的有关合理费用为5 000元。

【案例分析】

情形一：张三的房产购买时间超过 5 年（含 5 年）。

方案一，如果李四是通过赠与取得，则赠与时，张三应纳印花税为 400 000×0. 5‰ = 200 元，李四应纳契税为 400 000×3% = 12 000 元；应纳印花税为 400 000×0. 5‰ = 200 元；办理产权转移手续时缴纳 5 元印花税。

李四转让房产时，应纳营业税及附加（税率同上）为 500 000×5. 5% = 27 500 元，印花税为 500 000×0. 5‰ = 250（元）。

同时，根据《国家税务总局关于加强房地产交易个人无偿赠与不动产税收管理有关问题的通知》规定，受赠人取得赠与人无偿赠与的不动产后，再次转让该项不动产的，在缴纳个人所得税时，以财产转让收入减除受赠、转让住房过程中缴纳的税金及有关合理费用后的余额为应纳税所得额，按 20% 的适用税率计算缴纳个人所得税。在计征个人受赠不动产个人所得税时，不得核定征收，必须严格按照税法规定据实征收，

则李四应纳个人所得税 = （500 000 - 12 000 - 205 - 27 500 - 250 - 5 000）×20%

= 91 009（元）

双方合计应纳税 = 200 + 12 000 + 200 + 5 + 27 500 + 250 + 91 009 = 131 164（元）

方案二，如果李四是通过购买取得，则张三应纳印花税 200 元、个人所得税 4 000 元。

李四应纳印花税 455 元（205 + 250）；契税 6 000 元（减半征收）；营业税及附加 27 500 元。

个人所得税 = （500 000 - 400 000 - 6 000 - 205 - 27 500 - 250 - 5 000）×20%

= 12 209（元）

双方合计应纳税 = 200 + 4 000 + 205 + 250 + 6 000 + 27 500 + 12 209 = 50 364（元）

方案二比方案一节税 80 800 元（131 164 - 50 364）。而如果税务机关对李四也是采用核定征收方式计征个人所得税，则方案二双方合计应纳税为 200 + 4 000 + 205 + 250 + 6 000 + 27 500 + 5 000 = 43 155 元，方案二将比方案一节税 88 009 元（131 164 - 43 155）。

情形二：张三所赠房产购买时间不足 5 年。

方案一，如果李四是通过赠与取得，则双方合计应纳税为 200 + 12 000 + 200 + 5 + 27 500 + 250 + 91 009 = 131 164 元（计算同情形一）。

方案二，如果李四是通过购买取得，则张三应纳营业税及附加为 400 000×5. 5% = 22 000 元，印花税 200 元为个人所得税为 400 000×1% = 4 000 元。李四应纳印花税 455 元、契税 6 000 元、营业税及附加 27 500 元、个人所得税 12 209 元，双方合计应纳税为 22 000 + 200 + 4 000 + 205 + 250 + 6 000 + 27 500 + 12 209 = 72 364 元。

方案二比方案一节税 58 800 元。如果税务机关对李四也是采用核定征收方式计征个人所得税，则方案二双方合计应纳税为 22 000 + 200 + 4 000 + 205 + 250 + 6 000 + 27 500 + 5 000 = 65 155 元，方案二将比方案一节税 66 009 元。

从上述两种情形分析可知，在个人真实无偿赠与不动产时，如果受赠人取得赠与

人无偿赠与的不动产后，准备再次转让该项不动产，则利用买卖方式按规定先缴纳相应税收，往往可以减轻总体税负，而且可以取得税务机关开具的发票。当然，如果受赠人取得赠与人无偿赠与的不动产后，不准备转让该项不动产的，则另当别论。同时，在税收筹划时，必须视具体情况和国家政策法规而定，所采用的筹划方案必须符合国家立法精神和政策导向，具备合法性。

任务六　补偿收入的免税筹划

个人因与用人单位解除劳动关系而取得的一次性补偿收入（包括用人单位发放的经济补偿金、生活补助费和其他补助费用），其收入在当地上年职工平均工资3倍数额以内的部分，免征个人所得税；超过的部分按照有关规定，计算征收个人所得税。

个人领取一次性补偿收入时，按照国家和地方政府规定的比例实际缴纳的住房公积金、医疗保险费、基本养老保险费、失业保险费，可以在计征其一次性补偿收入的个人所得税时予以扣除。

企业依照国家有关法律规定宣告破产，企业职工从该破产企业取得的一次性安置费收入，免征个人所得税。

财政部、国家税务总局联合发出通知，从2001年10月1日起，个人与用人单位解除劳动关系取得的一次性补偿收入免征个人所得税。

【案例8.28】2002年6月28日某饮品有限公司为了提高企业产品的知名度，委托国内著名歌星A为其产品拍摄形象广告，根据协议约定，A的个人所得税由该饮品有限公司承担，A实际取得报酬100万元。该广告委托某电视台播放，由某电视台广告部具体负责广告的设计和制作工作，广告部聘请业余作家B负责设置有关广告用语，B为此取得报酬3 000元，广告部职员C因设计制作广告取得奖金2 000元，当月领取工资4 000元。

7月1日，该饮品有限公司又委托某报社为其刊登广告，该广告由报社具体负责设计、制作工作，报社采用了业余作家B设置的广告用语，B为此又取得报酬2 000元。

7月3日，该饮品有限公司解除已有5年工龄职工D的劳动关系，一次性支付补偿金99 800元，其中经济补偿金15 000元、生活补助费11 800元、其他补助费用18 000元、住房公积金12 000元、医疗保险费13 000元、基本养老保险费14 000元、失业保险费16 000元。

【案例分析】根据《广告市场个人所得税征收管理暂行办法》的有关规定，结合上述资料，A、B和C三人应纳个人所得税税额如下：

纳税人在广告设计、制作、发布过程中提供名义、形象而取得的所得，应按“劳报报酬所得”项目计算纳税。由于A取得的报酬为不含税收入，在计算应纳税额时应换算成应纳税所得额。

应纳税所得额=[(不含税收入额-速算扣除数)×(1-20%)]÷[1-税率×(1-20%)]
=[(1 000 000-7 000)×(1-20%)]÷[1-40%×(1-20%)]
=794 400÷0. 68
=1 168 235. 29（元）

应纳税额=应纳税所得额×适用税率-速算扣除数=1 168 235. 29×40%-7 000
=460 294. 12（元）

广告部职员 C 在广告设计、制作、发布过程中取得的由本单位支付的所得，按工资、薪金所得项目计算纳税。

应纳税额=（4 000+2 000-800）×20%-375=665（元）

根据《中华人民共和国个人所得税法实施条例》的解释，稿酬所得是指个人因其作品以图书、报刊形式出版、发表而取得的所得。因此，报社向 B 支付的报酬，应按“稿酬所得”项目计算纳税，电视台广告部约请业余作家 B 设计广告用语而支付的报酬，属提供著作权的使用权而取得的所得，不适用“稿酬所得”项目，而应按“特许权使用费所得”项目计算纳税。

特许权使用费所得应纳税额=（3 000-800）×20%=440（元）

稿酬所得应纳税额=（2 000-800）×20%×（1-30%）=168（元）

B 应纳个人所得税合计=440+168=608（元）

再来看 D 应纳个人所得税问题。根据财政部、国家税务总局《关于个人与用人单位解除劳动关系取得的一次性补偿收入征免个人所得税问题的通知》文件的规定，饮品有限公司因解除与职工 D 的劳动关系而支付的住房公积金 12 000 元、医疗保险费 13 000 元、基本养老保险费 14 000 元、失业保险费 16 000 元四项共计 55 000 元免征个人所得税；将 99 800 元减去 55 000 元剩下的 44 800 元，看是否越过该市 2001 年职工年均工资 13 500 元 3 倍数额，超过部分按国家税务总局《关于个人因解除劳动合同取得经济补偿金征收个人所得税问题的通知》的有关规定计算征收个人所得税。

计算分析该饮品有限公司职工 D 应纳个人所得税额如下：

月应纳税所得额=（44 800-13 500×3）÷5-800=60（元）

月应纳税额=60×5%=3（元）

应纳税额合计=3×5=15（元）

任务七　受赠的住房对外转让时的纳税筹划

《国家税务总局关于加强房地产市场个人无偿赠与不动产税收管理有关问题的通知》（国税发〔2006〕144 号）下发后，舆论众口一词表示“假赠与将杜绝”。原先，房屋无偿赠与只要缴纳 3%的契税；而现在除了要缴纳 5%全额契税外，再次转手时，受赠人还得以财产转让收入减除受赠、转让住房过程中缴纳的税金及有关合理费用后的余额为应纳税所得额，按 20%的适用税率计算缴纳个人所得税。在计征个人受赠不动产个人所得税时，不得核定征收，必须严格按照税法规定据实征收，比正常的买卖缴税还高。这将对正常的赠与需求产生很大的打击，而且打击面很广。有的人认为该文件“明修栈道，暗度陈仓”。感觉像是变相、有条件地征收遗产税，可能对我们现行的社会关系产生深刻的影响。那么，将受赠的住房对外转让时有没有纳税筹划的空间呢？

【案例 8.29】北京的黄先生 2006 年 9 月继承了一套普通住房性质的 A 住房（当时的评估价格为 100 万元）。2009 年 1 月，黄先生将该房产卖出，售价 100 万元。那么，黄先生该缴纳的个人所得税不能按照核定税率 1%征收（1 000 000×1% = 10 000 元），必须要以财产转让收入减除受赠、转让住房过程中缴纳的税金及有关合理费用后的余额为应纳税所得额。

【案例分析】

个人所得税应纳税所得额 =（转让收入-受赠时契税）×20%

=（1 000 000-50 000）×20%

= 19（万元）（为了简化计算不考虑印花税）

受赠的住房再次转让时需缴纳 19 万元的个人所得税，而正常转让相同价格的二手房只需缴纳 1 万元的个人所得税，两者相差甚远。

按照《财政部、国家税务总局、建设部关于个人出售住房所得征收个人所得税有关问题的通知》（财税字〔1999〕278 号）的规定，对出售自有住房并拟在现住房出售 1 年内按市场价重新购房的纳税人，其出售现住房所缴纳的个人所得税应先以纳税保证金形式缴纳，再视其重新购房的金额与原住房销售额的关系，全部或部分退还纳税保证金。

假设在 2009 年 2 月份黄先生买了一套价值 100 万元的 B 住房（系普通住房）。按照《财政部、国家税务总局、建设部关于个人出售住房所得征收个人所得税有关问题的通知》的规定，黄先生出售住房一年内重新购房，而且购房金额等于原住房销售额，应该全部退还纳税保证金。个人购买普通住宅，在 3%税率基础上减半征收契税，黄先生购买这套房屋的成本为 100+100×1.5% = 101.5 万元。同时黄先生应该得到 19 万元的退税。

2009 年 3 月份黄先生将 B 住房以 100 万元的价格卖出，这时黄先生应该缴纳的个税为 0，也不用缴纳营业税。

按照《国家税务总局关于个人住房转让所得征收个人所得税有关问题的通知》（国税发〔2006〕108 号）的规定，对转让住房收入计算个人所得税应纳税所得额时。纳税人可凭原购房合同、发票等有效凭证，经税务机关审核后，允许从其转让收入中减除房屋原值、转让住房过程中缴纳的税金及有关合理费用。纳税人未提供完整、准确的房屋原值凭证，不能正确计算房屋原值和应纳税额的，税务机关可根据《中华人民共和国税收征收管理法》第三十五条的规定，对其实行核定征税。按纳税人住房转让收入的一定比例核定应纳个人所得税额。具体比例由省级地方税务局或者省级地方税务局授权的地市级地方税务局根据纳税人出售住房的所处区域、地理位置、建造时间、房屋类型、住房平均价格水平等因素，在住房转让收入1%~3%的幅度内确定。由于黄先生拟转让的房产没有发生增值，黄先生选择据实征收个人所得税比较好，因为选择据实征收，黄先生缴纳的个人所得税为0；如果选择核定征收要缴纳个人所得税1万元。按照《北京市地方税务局转发国家税务总局关于个人住房转让所得征收个人所得税有关问题的通知》（京地税个〔2006〕348号）的规定，对于纳税人未能提供完整、准确的有关凭证，不能正确计算应纳税额的，可以采取核定征税。核定征收率暂按1%执行。

按照《国务院办公厅关于促进房地产市场健康发展的若干意见》（国办发〔2008〕131号）和《财政部、国家税务总局关于个人住房转让营业税政策的通知》（财税〔2008〕174号）的规定，自2009年1月1日至12月31日，个人将购买不足2年的非普通住房对外销售的全额征收营业税；个人将购买超过2年（含2年）的非普通住房或者不足2年的普通住房对外销售的按照其销售收入减去购买房屋的价款后的差额征收营业税；个人将购买超过2年（含2年）的普通住房对外销售的免征营业税。黄先生应该缴纳的营业税及附加为0，因为住房的销售收入为100万元，购买房屋的价款也为100万元。

从以上分析我们可以看出，黄先生买卖B住房的收益为-1.5万元。因为买B住房花去101.5万元，而卖出B时只得到100万元，但通过这样的买卖可以退还当初将受赠的A住房转让时的个人所得税19万元，这样总体算下来，黄先生的收益为19-101.5+100=17.5万元。

以上的分析是假设房价基本稳定的情况下得出的，现假设房价有所上涨，假设黄先生以110万元的价格将B住房卖出，这时应该缴纳营业税及附加为（110-100）×5.5%=0.55万元，缴纳的个税为110×1%=1.1万元。这时，黄先生买卖B住房的收益为110-101.5-0.55-1.1=6.85万元。通过这样的买卖可以退还当初将受赠的A住房转让时的个人所得税19万元，这样总体算下来，黄先生的收益为19+6.85=25.85万元。

现假设房价有所下跌，假设黄先生以90万元的价格将B住房卖出，应该缴纳营业税及附加为0，缴纳的个税为0。这时，黄先生买卖B住房的收益为90-101.5=-11.5万元。通过这样的买卖可以退还当初将受赠的A住房转让时的个人所得税19万元，这样总体算下来，黄先生的收益为19-11.5=7.5万元。

假设黄先生以82.5万元的价格将B住房卖出，这时应该缴纳营业税及附加为0，缴纳的个税为0。这时，黄先生买卖B住房的收益为82.5-101.5=-19万元。通过这样的买卖可以退还当初将受赠的A住房转让时的个人所得税19万元，这样总体算下来，黄先生的收益为19-19=0元。也就是说，本案例中B住房只要能以82.5万元以上的价格卖出，黄先生就有收益。

筹划依据如下：

本案例筹划的难点是黄先生买的B住房能够以合适的价格卖出，因为黄先生买B住房的目的是要求退还卖A住房时缴纳的个人所得税。

按照《财政部、国家税务总局、建设部关于个人出售住房所得征收个人所得税有关问题的通知》（财税字〔1999〕278号）的规定，跨行政区域售、购住房又符合退还纳税保证金条件的个人，应向纳税保证金缴纳地主管税务机关申请退还纳税保证金。有些地方出台的政策没有完全按照中央的政策来执行，所以在做纳税筹划时，必须进一步熟悉当地的税收政策。例如，广州市出台的政策规定，一年内买卖房屋，符合三个条件才可以退还个人所得税：一是个人出售及新购住房的时间均发生在1999年12月2日以后，且出售及购买房屋的时间相隔不超过12个月（买房卖房不分先后，但期间不超过12个月）；个人出售住房的时间，以个人所得税完税证上代扣税款的时间为准；个人购买住房的时间，以商品房买卖合同或房产产权转让证明中房产交易所登记确认时间为准。二是个人出售及新购住房均坐落在广州地区范围（含原两区、两市）内。三是个人出售住房在广州市国土房管局办理房产交易过户，并由市调房总站按住房转让收入全额依1.3%代征了个人所得税。

请为以下各情况进行税收筹划。

学习活动

刘先生2015年每月工资、薪金800元，其所在单位采用减少平时工资发放、年底根据业绩重奖的方法，12月份刘先生一次性获得公司年终奖金12 000元。试分析刘先生应缴纳个人所得税的情况。

王某开设了一个经营水暖器材的公司，由其妻负责经营管理。王某同时也承接一些安装维修工程。预计其每年销售水暖器材的应纳税所得额为40 000元，承接安装维修工程的应纳税所得额为20 000元。试做出降低税负的筹划方案。

李某系一高级软件工程师，2016年10月获得某公司支付的工资类收入为50 800元。试做出降低税负的筹划方案。

本章小结

缴纳个人所得税是每个公民应尽的义务，然而在履行缴纳个人所得税义务的同时，人们还应懂得利用各种手段提高家庭的综合理财收益，进行个人所得税合理避税，尤其是随着收入的增加，通过税务筹划合理合法避税也是有效的理财手段之一。

本章主要向大家介绍了个人税务规划。具体来说包括什么是个人所得税，个人所得税的计算方法，我国个人所得税的减免规定以及合法、合理避税的技巧。

项目九　子女教育规划

【案例导入】

秦先生今年38岁，在一家外企公司担任高管，妻子在某媒体当编辑，两人年收入100万元左右。他们的儿子12岁，今年小学毕业，准备上初中。秦先生夫妇准备让儿子去英国留学，为此他们希望能够及早为儿子准备好教育金。

秦先生家拥有市场价值200万元的房产，因为今年已经加息了2次，明年的按揭压力将会加大，秦先生与妻子商量，把按揭贷款全部还清。秦先生平时工作较忙，而他妻子比较有理财意识，在今年火热的基金行情中，他们购买了平衡型基金30万元，另外银行还有存款50万元，有一辆价值10万元的家庭轿车。家庭资产负债表见表9.1。

表9.1　家庭资产负债表

资产项目	金额/万元	负债项目	金额/元
存款	50	房屋贷款	0
基金	30	汽车贷款	0
自住房产	200		
家庭汽车	10		
资产合计	290	负债合计	0
净资产		290	

家庭支出方面：秦先生每年家庭全部生活开销约30万元；儿子现在上小学六年级，除了在学校正常上课外，秦先生还为儿子报了几个课后学习班，每年的教育费用大约5万元；每年汽车支出大约5万元；旅游支出大约5万元；赡养双方父母的费用每年4万元。秦先生夫妇没有任何商业保险支出。收支损益表见表9.2。

表9.2　收支损益表

收入项目	金额/万元	支出项目	金额/万元
薪金收入	100	生活费支出	30
基金收益	9	孩子抚养费学费支出	5
		汽车支出	5
		旅游支出	5
		赡养费	4
收入合计	109	支出合计	49
每年净储蓄		60万元	

近期理财目标：积累够6年后儿子到英国的教育费用。

秦先生的家庭处于家庭稳定期，收入稳定，具有较强的风险承受能力。因为具有较高的收入和较强的理财意识，他们已经基本完成了购房规划和购车规划，所以近期主要理财目标是子女教育规划。

因为子女教育金最没有时间弹性和费用弹性，也就是说到了孩子该上学的时候父母必须准备好应有的教育金，所以子女教育金应该提早规划。秦先生希望儿子到英国读书，英国目前留学花费大约需要每年20万元，以留学3年计所需留学经费现值为60万元。而且高等教育的学费年年上涨，上涨率普遍要高于通货膨胀率。这笔开销属于阶段性高支出，应该提前筹备，否则届时难以负担高额支出。

初步测算，秦先生儿子初中、高中以及到英国留学的教育经费现值约75万。因为秦先生家的储蓄率较高，具有较好的资产结构，基本可以用目前的储蓄和今后的储蓄来完成教育经费的积累。

秦先生是家庭的主要收入来源，收入结构也主要以薪金收入为主，应当注意防范家庭收入中断的风险。目前他们夫妇二人都没有购买保险，应当在保险方面尽早规划。

第一，保险规划。

为防范家庭收入中断的风险，首先要进行保险规划。秦先生夫妇没有买过商业保险，提高保险保障是十分必要的。

子女教育金的准备是缺乏时间弹性的，6年后无论家庭情况如何，孩子的高等教育都不能耽误。

因此，建议夫妻两人购买保额为100万元左右的定期寿险，保障期限10年，防止家庭意外变故而影响子女的高等教育。

重大疾病附加住院医疗、意外险，保额40万元，保障期限20年。秦先生夫妇虽然还没有进入疾病高发期，但是应该提早预防，提早准备。可以考虑购买重大疾病和住院医疗险，重疾险保额每人20万左右。秦先生因为经常出差，应该投保意外险保额100万左右，以防万一发生意外，影响到家人的生活。

以上两项保额相加为240万元，相当于家庭净资产的数额，与资金需求相关，每年的保费支出在2万元左右。

第二，教育金规划。

因为秦先生的儿子到国外留学还有6年的时间，秦先生可以将选择平衡型基金作为教育基金，预计平均每年的回报率为3%~5%，如果暂时不考虑教育费增长率的话，那么需要实现一笔60万元的基金，6年后基金的价值将会达到75万元。

秦先生也可以选择用基金定投的方式积累教育基金。基金定投业务是指在一定的投资期间内，投资人以固定时间、固定金额申购某只基金产品的业务。基金管理公司接受投资人的基金定投申购业务申请后，根据投资人的要求在某一固定期限（以月为最小单位）从投资人指定的资金账户内扣划固定的申购款项，从而完成基金购买行为。比较类似于银行的零存整取方式。一般来说，基金定投比较适合具有特定理财目标需要的父母（如子女教育基金、退休金计划）和刚离开学校进入社会的年轻人。

对秦先生家庭来说，通过基金定投，可以使小钱变大钱，每月大概需要投资基金1万元，6年后也可以积累一笔价值75万元左右的教育基金。

模块一　子女教育规划概述

“望子成龙，望女成凤”，是每个父母的心愿。如何为子女筹集一笔充足的教育经费成为父母们的心头大事。据中国人民银行的调查显示，城乡居民储蓄的目的，子女教育费用排在首位，所占比例接近30%，位列养老和住房之前。

由于学费逐年上涨，家长们积攒子女教育经费的压力陡增，子女教育费用已经成为仅次于购房的一项重大家庭支出。子女教育费用需求也成为家庭理财的重要需求，家长们应该尽早规划。

任务一　了解教育规划的意义

一、子女教育规划的意义

调查表明，在城乡居民储蓄目的中，子女教育费用需求已成家庭理财的第一需求，居民储蓄的首要目的就是“攒教育费”。在我国，子女接受教育的费用确实成为现代社会中每个家庭的阶段性高支出，而且也是家庭的最主要支出项目之一。对于一个普通的家庭来说，孩子的教育开支是在十多年后的大学阶段才进入高峰期的，但是到了孩子的大学学习阶段，子女教育金确是最没有时间弹性与费用弹性的了。因此，子女接受教育的费用最重要的就是要预先规划，在孩子年龄较小的时候，如果能为孩子准备一个好的教育理财计划，相信会对整个家庭的理财事业添加比较成功的一笔。

从“双独二孩”“单独二孩”，到2016年实施“全面二孩”，再到2021年的“三孩”生育政策，中国生育政策逐渐放开，社会面临这样一个问题：政策来了，你准备生吗？这些年来，中国的人口出生率是一年比一年低，出生率逐渐递减的背后，当代一些年轻人的生育愿望比较低。要是看更深层次的原因的话，高昂的养育成本、生活压力大是一些年轻人不生孩子的主要“顾虑”。

《理财周刊》按照当时的市场行情做了一个测算，撇开将来的物价和教育费用上涨因素，在中国养育一个孩子至其大学毕业，至少需要花费50万~130万元。如果还要海外留学，那就至少需要200万元，而且这样的费用支出在上海、北京、广州、深圳等高消费城市，基本上已经算是“最低标准”了。

在孩子的总经济成本中，教育成本仅低于饮食营养费，占子女费用的平均比重为21%，但是自子女读高中起，教育费用在子女总支出中的比重超过饮食费用，这一比重在高中阶段为34%，大学阶段为41%。学前教育的花费也显著高于义务教育阶段，幼儿班每年的学杂费人均4 600元，占子女总支出的比重为30%。有少数家庭还支出了高额的择校费与赞助费。

从上面内容可以看出，对于大多数家庭来说，提前对子女教育金进行规划的意义非常重大。

二、子女教育规划的分类

家庭在子女教育上进行的有计划的资金投入，分为家庭个人投资和自我扩张性、发展性教育投入两个方面。

1. 家庭个人投资

家庭个人投资主要是指孩子在校学习期间，家庭应分担的学校教育的合理费用，即培养一个学生一年所需要的费用中，家庭应当负担的费用。在我国义务教育阶段原则上是由国家承担大部分培养费用，不存在个人家庭投资问题，家庭主要负担的是非义务教育的投资。由于在非义务教育阶段受教育者接受教育层次越高，人力资本、晋升机会、择业机会等个人收益就越高，所以家庭应该分担一部分学费和其他费用。

2. 自我扩张性、发展性教育投入

自我扩张性、发展性教育投入是一种选择性教育投入，其实质是家庭为买到优质的教育资源而付出的费用，即购买教育服务所缴纳的费用。家庭购买的教育服务一般包括优质教育服务、名牌教育服务和适合个性发展的教育服务。在一般情况下，择校费、报课外辅导班的费用、购买和教育相关书籍的费用，以及在校外付出的为培养孩子某一方面的爱好、技能参加培训班的费用都属于自我扩张性、发展性教育投入。

三、子女教育规划的特点

1. 教育金值得投资，但关键在于提前规划

学者们研究表明，用于子女教育的支出并非是一种简单的消费性支出，而是一种生产性投资，即教育投资。教育投资将增加子女的知识和技能，并为了增加子女能获得较好的职业适应性、较多的就业机会、较高的收入等教育投资的收益。理财专家指出，如果从小学开始算起，国内培养一个大学生的平均开销需要20万~50万，按照现在大学生平均月薪和增长速度来计算，快的话，5~7年就可以收回投资，因此哪怕是单独从个人收入的角度来看，教育投资也还是划算的。鉴于目前教育投资的风险在不断增加，而其边际效用却不断在减少，因此孩子能否成为有价值的“生产品”，关键还是在于做好子女教育投资的规划。

2. 子女高等教育期间的开支属于阶段性高支出，不事先准备，届时的收入将难以应付

有民间调查机构数据表明，中国家庭子女教育的支出比重已接近家庭总收入的三分之一。城乡贫困人群中有40%~50%的人提道：“家里穷是因为有孩子要读大学。”另外，家庭准备子女高等教育经费的阶段与父母准备自己退休经费的时期高度重叠，因此应避免顾此失彼。

3. 高等教育学费的上涨率高于通货膨胀率，储备教育资金的报酬率要高于学费增长率

近20年，什么价格上涨最快？很多家长会异口同声地回答：“子女教育费用。”

仅以子女教育费用中的高校学杂费为例，20年前，大学学费200元/年，现在已经上涨至平均6 000元/年。近20年时间里，上涨了30倍。学费的涨幅远远超过了国民收入增长速度。

4. 子女教育金是最没有时间弹性和费用弹性的理财目标，因此更要预先规划，才不会有因财力不足而阻碍子女上进心的遗憾

子女的教育投资策划与退休规划和购房规划相比，最缺乏弹性。退休规划若财力不足，降低退休后的生活水平还熬得过去；购房规划若资金不够，选择地点偏远一点、房价较低的地段还可以将就；但子女的教育投资规划，因为缺乏时间弹性，且学费也相对固定，因此务必要提早准备。

四、子女教育规划的原则

子女的兴趣爱好转换很快，学习成绩和以后的发展方向也未定型，父母应该以较宽松的角度使准备的教育金可以应付子女未来不同的选择。例如，上普通大学还是艺术院校，是在国内上学还是出国留学。

宁可多准备，到时候多余的部分可留做自己的退休金准备。如果子女独立性较强，可能会以假期打工赚取生活费或者可以获得奖学金，但是由于这是不确定因素，作为父母还是不能做这样的假定，在筹集资金时多一些为好，多余的资金可以当成自己未来的退休金，降低退休后对子女的依赖程度。

充分利用定期定额计划来实现子女教育基金的储蓄。每月存一点，别看存得不多，正是这样的习惯性储蓄计划能为子女教育打下坚实的基础。目前，很多工具可以用来强制储蓄，如教育储蓄、教育保险等。

投资时注意以保守投资为主，不要太冒险。不要因为筹集资金的压力大而选择高风险的投资工具，因为如果本金遭受损失对以后子女的教育安排的不利影响会更大，所以还是要以稳健为原则。

任务二　教育规划的步骤

既然孩子的教育资金是不得不花的，而父母又无法预知这些资金具体的金额支出，那么未雨绸缪当然是尤其重要的了。作为一项重大工程，孩子的教育投资规划也不单单只是“攒钱”可以解决的，我们把这种规划分为四个步骤，父母可以遵循这四个步骤计算一下自己的家庭到底需要积累多少教育金，以及如何筹措这些费用，并找到适合的投资方式。

一、确定子女教育要达到的程度以及目前所需的费用

每个家长都要根据自己孩子的特点，制定理财目标。例如，有的孩子今后准备到国外读书，那就要有比较大的资金储备和比较高的理财目标。另外，大多数家长都希望孩子按照从幼儿园—小学—初中—高中—大学这样中规中矩的模式成长。因此，孩子接受普通的学历教育所需要的花费也是必不可少的支出。

二、设定一个教育费用增长率，计算未来子女入学时所需的费用

随着经济的发展，教育的费用越来越高，教育费用的增长率一般要比通货膨胀率高，所以计算时应该在通货膨胀率上加上 2~3 个百分点，假如未来某一阶段的通货膨

胀率为5%，则教育费用的增长率就为7%~8%。因为教育费用没有弹性的特点，为了避免到时资金不足的情况出现，所以一般都会预计多一点的费用。

有了教育费用增长率，我们就可以依据现在各教育阶段的费用计算子女未来某一教育阶段所需的费用。

三、计算出现在所需要的投资金额和资金缺口

通过对未来所需费用的贴现，我们可以计算出为了实现教育目标，当前一次投资所需费用或分次投资所需资金。假如按现在投资的金额去投资而未来金额不足的话，可以通过调低小孩未来教育目标、增加初期投资金额或调整理财工具来实现。由于这一步的计算涉及理财方面的计算公式，非专业人士很难操作，可以通过银行专业人士来处理。

四、选择适当的投资工具并进行投资

一般情况下，投资工具的回报率越高，初期投资的金额就越少，与之相适应的风险就越高。假如没有足够的本金进行投资的话，可能就要降低教育目标或选择高风险、高收益的投资产品，在进行投资时就要对风险管理投入更多的时间和精力。另外，假如初期没有足够的单笔投资资金，利用定期、定额计划来实现子女教育基金的积累也是一种比较科学的方式。对父母们而言，选择定期、定额业务的好处是分散风险、减轻压力、强制储蓄，即在不加重经济负担的情况下，做小额、长期、有目的性的投资，以应付未来对大额资金的需求，从而达到轻松储备子女教育金的目标。

子女教育规划步骤的流程图见图9.1。

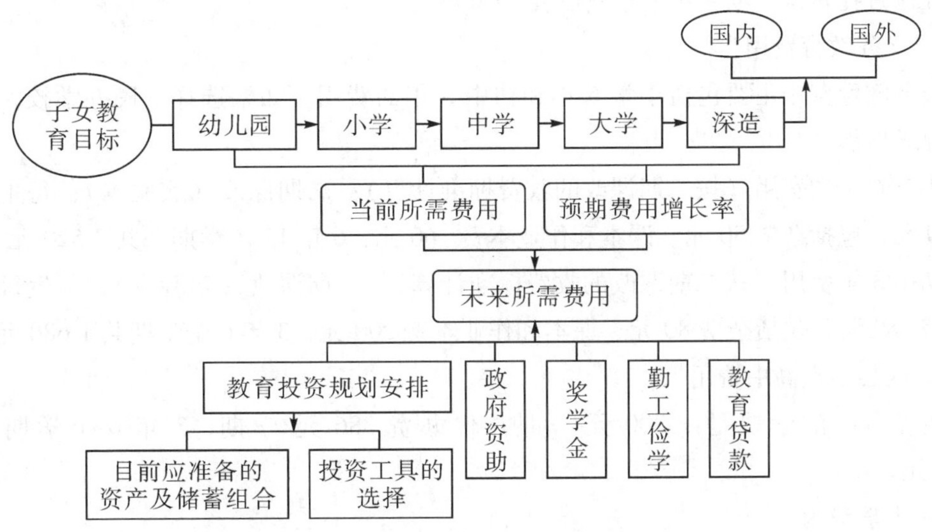

图9.1　子女教育规划步骤的流程图

学习活动

请讨论进行子女教育规划与其他理财规划相比有什么特点？

模块二 子女教育规划实务

任务一 确定子女教育要达到的程度以及目前所需的费用

一、了解当前的教育收费水平和增长情况

了解当前的教育收费水平和增长情况，就要了解包括学前教育、义务教育、大学教育和其他支出的所有内容。这是基础步骤，也是最关键的步骤，尽管最后计算出来的金额可能会让人感到惊讶。如今的教育费用正处在持续增长的阶段，如果没有前期准备，那么到时候付不起孩子的学费也不是不可能发生的状况。

如果一个小孩的成长过程包括幼儿园期、小学教育期、中学教育期、大学教育期和出国留学期五个阶段。让我们以上海为例来看看每个阶段所需要的费用大约是多少。

1. 学前教育——幼儿园费用

我们以月托费为例，上海市一般公立的幼儿园（市区一级一类）收取月托费为450元/月，而私立幼儿园的费用就远远不止这些。稍微好一点的私立幼儿园，包括保育费、伙食费等在内，价格为1 200元/月左右，如果按孩子在园时间为4年计算，仅支付幼儿园月托费这一项4年下来就需要57 600元。

2. 义务教育费用

义务教育费用主要包括小学6年和初中3年的费用。如果选择上民办学校，费用还要显著增加。

小学6年的费用（按二期课改的收费标准计算）：二期课改（实验本），每生每学期210元，包括杂费50元、课本和作业本费160元，6年12个学期一共2 520元。

初中3年费用（按二期课改的收费标准计算）：二期课改（实验本），每生每学期代办费280元，包括杂费80元、课本和作业本费200元，3年6个学期共1 680元。

3. 区县重点高中费用

重点高中的学费是1 200元/学期、代办费386元/学期，3年6个学期共计9 516元。

4. 大学费用

这是父母负担中最沉重的一项。目前普通高等院校（除去师范类、军校等院校外）的学费每学年都在4 000元以上，大学生在校的生活费同样是一大笔开支，由于通信费用大幅增长，大学生社会活动的增加，他们的月生活开支都达到1 000元以上。这样父母每年在一个大学生身上需要投入15 000元，4年共需要60 000元。如果继续攻读3年制研究生，那么这笔费用则需要120 000元。

5. 其他费用

除了上述费用外，课外书、兴趣班和家教的费用也是一大笔开支。例如，学钢琴的费用就要几万元，即使不学钢琴，这样那样的费用加起来没有 10 万元也是肯定不够的。另外，用于孩子的医疗费用我们按 3 万元计算，这个数字绝对不算高，因为现在小孩子看病比大人还贵。

通过上述分析，一个孩子一生接受教育的费用总计大约为：学前教育费用+义务教育费用+高中教育费用+大学教育费用+其他费用=321 316 元。

【案例 9.1】下面给出的是广州地区各个教育阶段的教育费用情况：

（一）幼儿园时期的费用（3~6 岁）

幼儿园时期的费用见表 9.3。

表 9.3　幼儿园时期的费用

项目	预计每年开支	费用开支合计	备注
学费与学校赞助费（10 000 元）	每月 1 000 元 每年 10 000 元(计 4 年)	50 000 元	包括赞助费、各种学杂费、补习费及活动费

（二）小学时期的费用（7~11 岁）

小学时期的费用见表 9.4。

表 9.4　小学时期的费用

项目	预计每年开支	费用开支合计	备注
学校教育费用	6 000 元 （每月 500 元）	36 000 元	包括各种学杂费、补习费及活动费
特长教育支出	12 000 元 （每月 1 000 元）	72 000 元	钢琴、英语、奥数及益智类教育
生活开支	14 400 元 （每月 1 200 元）	86 400 元	包括零花钱、服装费、交通费用、生日费用
旅游开支	3 000 元	18 000 元	包括寒暑假带孩子外出旅游和学校夏令营
医疗开支	2 000 元	12 000 元	
额外开支	12 000 元		如给孩子买电脑、手机等
小学期合计开支	236 400 元		时长：6 年

（三）中学时期的费用（12~17 岁）

中学时期的费用见表 9.5。

表 9.5　中学时期的费用

项目	预计每年开支	费用开支合计	备注
教育费	10 000 元	60 000 元	包括各种书杂费、补习费及活动费
补习班费用	3 000 元	18 000 元	学校和家庭为孩子安排的各种补习课
生活开支	18 000 元（每月 1 500 元）	108 000 元	年龄增大，生活各种开支也会增加
旅游开支	3 000 元	18 000 元	同小学保持同样的水平
医疗保健	2 000 元	12 000 元	学习压力大，要为孩子准备滋补品和保健品
额外一次性开支	15 000 元		更换电脑、手机，每年生日聚会开支
中学期合计开支		231 000 元	时长：6 年

（四）大学时期的费用（18~21 岁）

大学时期的费用见表 9.6。

表 9.6　大学时期的费用

项目	预计每年开支	费用开支合计	备注
学杂费	20 000 元	80 000 元	以中国本科大学费用概算
生活开支	12 000 元	48 000 元	—
选修考证开支	1 000 元	4 000 元	—
服装费	3 000 元	12 000 元	如是女大学生则更多
探亲交通费	2 000 元	8 000 元	寒暑假回家交通费用
其他开支	2 000 元	8 000 元	—
大学期间合计开支		160 000 元	时长：4 年

（五）出国留学时期的费用（22~24 岁）

出国留学时期的费用见表 9.7。

表 9.7　出国留学时期的费用

国家	现在每年费用	3 年总费用	21 年后总费用测算
英国	20 万~28 万元	84 万元	约 175 万元
美国	18 万~30 万元	90 万元	约 210 万元
澳洲	18 万~25 万元	75 万元	约 160 万元
新加坡	15 万~20 万元	60 万元	约 130 万元

（六）孩子成长教育总费用（出国前）

孩子成长教育总费用（出国前）见表 9.8。

表 9.8　孩子成长教育总费用（出国前）

阶段	幼儿园	小学期	中学期	大学期	总计
费用	50 000 元	236 400 元	231 000 元	160 000 元	677 400 元

由此可见，以广州大众家庭的标准来看，从孩子 3 岁到 21 岁，要为子女成长教育支出 67.7 万元，可以完成在国内上大学的支出费用；如果是去美国读研再加 100 万元；从幼儿园到研究生毕业需要的总费用为 167.7 万元。

家长需要准备约 170 万的孩子成长教育储备金，是以目前的物价水平和汇率水平来测算的，事实上在未来 20 年里，相关的教育费用、生活费用、留学费用等都将随着通货膨胀而增长，甚至还要高于通货膨胀率的增长，因此未来孩子实际支出的成长教育开支远远高于 170 万元。

算一算自己从入学到现在的教育费用大致有多少。

学习活动

任务二　计算未来子女所需的教育费用

前面提到，随着经济的发展，家庭用于教育的费用会越来越高，因此进行教育费用的计算时一定要考虑教育费用增长率，而教育费用的增长率一般要比通货膨胀率高，因此应该通过在通货膨胀率上加上 2~3 个百分点来假定。例如，如果未来一个阶段的通货膨胀率为 5%，则教育费用的增长率就为 7%~8%。又因为教育费用没有弹性的特点，为了避免到时资金不足的情况出现，所以一般都会预计多一点的费用。

【案例 9.2】王先生的儿子今年 6 岁。王先生估计儿子上大学之前的教育费用不多。他的子女教育投资规划目标是在儿子 18 岁上大学时能积累足够的大学本科和硕士的教育费用。王先生目前已经有 3 万元教育准备金，不足部分打算以定期定额投资基金的方式来解决。王先生投资的平均回报率大约为 4%。

为实现这一教育目标，请做一个教育投资规划。

【案例分析】

1. 确定实现教育目标的当前费用

我国目前大学本科四年需要花费 48 000~72 000 元，取中间值 60 000 元；硕士研究生需要花费 30 000~40 000 元，取中间值 35 000 元。

简便起见，假设学费一次性支付，不考虑学费支付的时间差异。

2. 预测教育费用增长率

结合通货膨胀率、大学收费增长、经济增长等因素，预测教育费用年均增长率为 5%。

3. 估算未来所需教育资金和当前现值

12 年后，王先生的儿子上大学时：

应准备大学教育费用 = 60 000 ×(F/P ,5% ,12) = 107 751（元）

已准备金额 = 30 000 ×(F/P, 4% ,12) = 48 031（元）

尚需准备金额 = 107 751 - 48 031 = 59 720（元）

每年应提存金额 = 59 720÷(F/A ,4% ,12) = 3 975（元）

每月应提存金额 = 3 975÷12 = 331（元）

（简便起见，不考虑每月提存金额的时间价值差异）

16 年后，王先生的儿子读硕士时：

应准备硕士教育费用 = 35 000 ×(F/P ,5%, 6) = 76 401（元）

每年应提存金额 = 76 401 ÷(F/A ,4% ,16) = 3 501（元）

每月应提存金额 = 3 501 ÷12 = 292（元）

任务三　选择适当的教育规划产品

目前比较适合做教育理财的金融产品主要有教育储蓄、基金定投、教育保险和子女教育信托等几大类。

1. 教育储蓄

教育储蓄是指个人按国家有关规定在指定银行开户、存入规定数额资金、用于教育目的的专项储蓄，是一种专门为学生支付非义务教育所需教育金的专项储蓄。教育储蓄采用实名制，开户时储户要持本人（学生）户口簿或身份证，到银行以储户本人（学生）的姓名开立存款账户。到期支取时，储户需凭存折及有关证明一次支取本息。

（1）开户对象：开户对象为在校小学四年级（含四年级）以上学生。

（2）存期与起点金额：教育储蓄存期分为一年、三年、六年；教育储蓄 50 元起存，每户本金最高限额为 2 万元。

（3）服务特色：税务优惠，按照国家相关政策的规定，教育储蓄的利息收入可凭有关证明享受免税待遇；积少成多，适合为子女积累学费，培养理财习惯。

（4）存款利率：一年期、三年期教育储蓄按开户日同期同档次整存整取定期储蓄存款利率计息；六年期按开户日五年期整存整取定期储蓄存款利率计息；教育储蓄在存期内遇利率调整，仍按开户日利率计息。

（5）利率优惠：一年期、三年期教育储蓄按开户日同期同档次整存整取定期储蓄利率计息，六年期按开户日五年期整存整取定期储蓄存款利率利息（储户提供接受非义务教育的录取通知书原件或学校开具的相应证明原件，一份证明只能享受一次优惠利率，按一般零整业务办理）。

（6）相对其他储蓄存款而言，教育储蓄有以下三方面好处：

①家庭可以为其子女（或被监护人）接受非义务教育（指九年义务教育之外的全

日制高中、大中专、大学本科、硕士和博士研究生）在储蓄机构通过零存整取方式积蓄资金；

②符合规定的教育储蓄专户，可以享受整存整取利率的优惠；

③教育储蓄存款的利息免征个人所得税。

按照有关规定，开立教育储蓄的对象必须是中国大陆在校小学四年级（含四年级）以上学生；享受免征利息税优惠政策的对象必须是正在接受非义务教育的在校学生，其在就读全日制高中（中专）、大专和大学本科、硕士和博士研究生的三个阶段中，每个学习阶段可分别享受一次2万元教育储蓄的免税和利率优惠。也就是说，一个人至多可以享受三次优惠。

2. 基金定投

基金定投是国际上通行的一种类似于银行零存整取的基金理财方式，最大的好处是可平均投资成本，自动逢高减筹、逢低加码。在这种情况下，时间的长期复利效果就会凸显出来，可以让平时不在意的小钱在长期积累之后变成大钱。

采用基金定投储备教育金，不会给家庭的日常支出带来过大压力，又可获得复利优势。应选择过往业绩表现稳健的股票型基金，关注中长期排名而淡化短期排名。

上投摩根基金公司联合新浪网进行的“子女成长费用调查”结果显示，多数家庭认为教育费已经成为孩子成长费用中最大的一项开支。有六成家庭愿意尝试基金定投的方式来储备子女教育费。调查显示，多数家庭认为养大一个孩子至少需要20万~30万元的费用，68%的受调查者认为在孩子成长过程中，教育费用所占比例最大。调查数据表明，多数家长对亲子理财很有兴趣，而在众多理财方式中，基金定投所具备的长期复利、纪律投资、门槛较低等特点，是他们倾向这一理财方式的原因。

【案例9.3】30岁的李先生，属于白领一族，家庭月收入20 000元，房屋月供4 000元，孩子刚出生不久，对于孩子的教育经费储备经济压力比较大。

【案例分析】李先生可以制定一个基金定投子女教育的理财计划。

第一个5年，由于花销较大，每月仅拿出1 000元来定投；

第二个5年，由于事业的发展，工资收入会有较大上涨，将每月投资额度上调为2 500元；

最后一个5年，由于更换住房，准备养老金等需求逐渐扩大，调整子女教育经费为每月1 500元。

按照上述“智能定投”的方法模拟定投上证指数为例，假设在2020年1月开始定投以上证指数为标的的模拟基金，15年后，即到2035年12月28日，基金账户将有122万元。

需要注意的是，进行基金定投要掌握以下投资技巧：

（1）用基金定投筹集子女教育经费要趁早开始。因为投资时间越长，复利效果越明显，累积的财富也越多。

（2）要坚持长期投资。基金定投采用平均成本概念降低了投资风险，但相应地也需长期投资，才能克服市场波动风险，并在市场回升时获利。

（3）基金净值低时停止扣款要慎重。基金净值有高低波动，最悲观的时候往往也是最低点的时候，由于低点时可买进较多的基金份额，等到股市回升后可以享受更丰厚的回报。

3. 教育保险

子女教育保险又称子女教育金保险，也叫作少儿教育险，是针对少年儿童在不同生长阶段的教育需要提供相应的保险金，充分体现父母对子女的呵护和关爱。

（1）教育保险的分类。从产品保障期限来看，主要分为非终身型教育保险和终身型教育保险。非终身型教育金保险一般属于真正的专款专用型的教育金产品。也就是说，在保险金的返还上，完全是针对儿童的教育阶段而定，通常会在孩子进入高中、进入大学两个重要时间节点开始每年返还资金，到孩子大学毕业或创业阶段再一次性返还一笔费用以及账户价值，以帮助孩子在每一个教育的重要阶段都能获得一笔稳定的资金支持。终身型教育险会考虑到一个人一生的变化，教育金仅是其中考虑问题之一。

（2）教育保险的特点如下：

①专款专用。子女教育要设立专门的账户，就像个人养老金账户用于退休规划，住房公积金账户用于购房规划一样，只有这样才能做到专款专用。

②没有时间弹性。子女到了一定的年龄就要上学（如 7 岁左右上小学，18 岁左右上大学），不能因为没有足够的学费而延期。

③没有费用弹性。各阶段的基本学费相对固定，这些费用对每一个学生都是相同的。

④持续周期长且总费用庞大。子女从小到大将近 20 年的持续教育支出，总金额可能比购房支出还多。

⑤阶段性高支出。比如大学教育，平均每个孩子每年 2 万，4 年就是 8 万元；出国留学费用，总价 15 万元以上。这些费用支付周期短、支付费用高都需要有提前的财务准备。

⑥额外费用差距大，必须准备充足。子女的资质不同，整个教育过程中的相关花费差距很大，所以宁可多准备不能少准备。

（3）教育保险的功能如下：

①“保费豁免”功能。所谓“保费豁免”功能，就是一旦投保的家长遭受不幸，身故或者全残，保险公司将豁免所有未交保费，子女还可以继续得到保障和资助。

②强制储蓄的功能。父母可以根据自己的预期和孩子未来受教育水平的高低来为孩子选择险种和金额，一旦为孩子建立了教育保险计划，就必须每年存入约定的金额，从而保证这个储蓄计划一定能够完成。

③保险的保障功能。教育保险可以为投保人和被保险人提供疾病和意外伤害以及高度残疾等方面的保障。一旦投保人发生疾病或意外身故及高残等风险，不能完成孩子的

教育金储备计划，则保险公司会豁免投保人以后应交的保险费，相当于保险公司为投保人缴纳保费，而保单原应享有的权益不变，仍然能够给孩子提供以后受教育的费用。

④理财分红功能。教育保险能够在一定程度上抵御通货膨胀的影响。教育保险分红一般分多次给付，回报期相对较长。

（4）教育保险的返还方式。少儿教育金保险现金返还方式一般可分以下三种：

①第一种是从缴费之日起，每隔几年返还一定数额；

②第二种是从特定时间点开始每年返还，如从孩子进入高中开始或者进入大学开始；

③第三种是在约定时间点一次性返还，如进入大学或大学毕业。

（5）教育保险的投保建议。从保障内容上看，教育保险通常仅仅能够提供身故保障，意外伤害、疾病等都不在保险的范围内。因此，家长还应考虑针对孩子的具体情况，选择附加高保障的意外险、重大疾病险、住院医疗保险等。这样就不至于出现买了保险却没有保障的尴尬。另外，教育保险应选具有投资功能的险种，如分红型产品、投连型产品等。分红型教育险收益并不高，但以稳定见长，保障功能非常明确；投连型教育险增值账户预期收益较为可观，但风险也相对比较大。

（6）购买教育保险的注意事项如下：

①先重保障后重教育。很多父母花大量资金为孩子购买教育金保险，却不购买或疏于购买意外保险和医疗保险，这将保险的功能本末倒置。

②应问清楚豁免条款范围。在购买主险时，应同时购买豁免保费附加险。这样一来，万一父母因某些原因无力继续缴纳保费时，对孩子的保障也继续有效。

③购买教育金保险要小心流动性风险。教育金保险的缺陷在于其流动性较差，而且保费通常比较高，资金一旦投入，需要按合同约定定期支付保费给保险公司，属于一项长期投资。

④购买教育保险时应兼顾保障功能，以应付小孩未来可能的疾病、伤残和死亡等风险。

⑤家长在为孩子购买教育金保险时应巧用组合，即在小学四年级前采用教育保险来做教育规划，在小学四年级后可采用“教育保险+教育储蓄”的组合方式。

⑥教育保险具有保险的保障功能，可以为投保人和被保险人提供疾病和意外伤害以及高度残疾等方面的保障。一旦投保人发生疾病或意外身故及高度残疾等风险，不能完成孩子的教育金储备计划，保险公司则会豁免投保人以后应交的保险费，相当于保险公司为投保人缴纳保费，而保单原应享有的权益不便，仍然能够给孩子提供以后受教育的费用。

【案例9.4】平安子女教育保险（见表9.9）实例。

表9.9　平安子女教育保险

产品名称	平安子女教育保险
险种类别	少儿保险

表9.9(续)

所属公司	中国平安人寿保险股份有限公司
投保范围	被保险人：0~14 周岁；投保人：20~50 周岁
缴费方式	趸交、年交至 14 周岁
保险期间	保至 21 周岁
保险责任	（1）被保险人生存至 15、16、17 周岁的生效对应日，本公司每年按基本保额的 10%给付高中教育保险金。 （2）被保险人生存至 18、19、20、21 周岁的生效对应日，本公司每年按基本保额的 30%给付大学教育保险金。在被保险人 21 周岁的生效对应日给付教育保险金后，本合同终止。 （3）被保险人身故，本公司退还保险单的现金价值，本合同终止。 （4）投保人身故或身体高度残疾，从投保人身故或被确定身体高度残疾之日起，若被保险人生存，本公司于每年的生效对应日按基本保额的 5%给付成长年金，直至被保险人 21 周岁的生效对应日为止。若投保人身故或身体高度残疾发生于缴费期内，从其身故或被确定身体高度残疾之日起，免缴以后各期保险费，本合同继续有效
综合事项	
产品特色	（1）五家中资寿险公司联合推出，统一的条款、统一的费率。 （2）教育年金减轻您的负担，确保子女顺利完成学业。 （3）成长年金呵护孩子幸福成长，告别“只要我在”的承诺。 （4）可豁免保费，体现保险真谛

总之，教育保险相当于将短时间急需的大笔资金分散开逐年储蓄，投资年限通常最高为 18 年。越早投保，家庭的缴费压力越小，领取的教育金越多；购买越晚，由于投资年限短，保费就越高。从理财的角度出发，教育保险也不宜多买，适合孩子的需要就够了。因为保险金额越高，每年需要缴付的保费也就越多。总体来讲，保险产品主要是保障功能，如果只看其投资收益率，甚至可能比不上教育储蓄。

4. 子女教育信托

子女教育信托是指委托人（子女的父母）将信托资金交付给信托机构（受托人），签订信托合同，通过信托公司专业管理，发挥信托规划功能。双方约定孩子进入大学就读时开始定期给付信托资金给受益人（子女），直到信托资产全部给付完。教育信托一是可以让父母事先规划，事后无后顾之忧。二是财产受《中华人民共和国信托法》保障，产权独立避免恶意侵占。也就是说信托财产具有较强的独立性，既不受父母债权人追索，又不受信托公司债权人的追索。即使信托公司破产了，委托人的信托财产仍可以完整地交予其他信托公司继续管理。三是不会让子女过早拿到大笔财产，失去人生奋斗目标。另外，父母每年可领取由信托公司代为管理和投资时所产生的收益。在新加坡、美国等国家，父母为子女设立专门的财产信托是一种非常普遍的现象。目前，子女教育信托在中国大陆地区并不普遍。

学习小贴士

教育储蓄操作指南

1. 开户

开户时，须凭客户本人（学生）户口簿或居民身份证到储蓄机构以客户本人的姓名开立存款账户，金融机构根据客户提供的上述证明，登记证件名称及号码。开户对象为在校小学四年级（含四年级）以上学生。

2. 存款

开户时客户须与银行约定每次固定存入的金额，分次存入，中途如有漏存，应在次月补齐，未补存者按零存整取定期储蓄存款的有关规定办理。

3. 支取

到期支取时，客户凭存折、身份证、户口簿（户籍证明）和学校提供的正在接受非义务教育的学生身份证明，一次支取本金和利息，每份证明只享受一次利息税优惠。客户如不能提供证明的，其教育储蓄不享受利息税优惠，即一年期、三年期按开户日同期同档次零存整取定期储蓄存款利率计付利息；六年期按开户日五年期零存整取定期储蓄存款利率计付利息。同时，应按有关规定征收储蓄存款利息所得税。

4. 提前支取

教育储蓄提前支取时必须全额支取。提前支取时，客户能提供证明的，按实际存期和开户日同期同档次整存整取定期储蓄存款利率计付利息，并免征储蓄存款利息所得税；客户未能提供证明的，按实际存期和支取日活期储蓄存款利率计付利息，并按有关规定征收储蓄存款利息所得税。

5. 逾期支取

教育储蓄超过原定存期部分（逾期部分），按支取日活期储蓄存款利率计付利息，并按有关规定征收储蓄存款利息所得税。

分小组调研目前我国市场上常见的教育投资产品，并进行讨论。

学习活动

本章小结

对于大多数家庭来说，提前对子女教育金进行规划意义非常重大。作为一项重大工程，孩子的教育投资规划也不单单只是“攒钱”可以解决的，本章把子女教育规划分为四个步骤：确定子女教育要达到的程度以及目前所需的费用；设定一个通货膨胀率，计算未来子女入学时所需的费用；计算出现在所需要的投资金额和资金缺口；选择适当的投资工具并进行投资。

目前比较适合做教育理财的金融产品主要有教育储蓄、基金定投、教育保险和子女教育信托等几大类。

项目十　养老规划

【案例导入】

让我们先通过案例来看一看早计划养老和晚计划养老的区别：

一对30岁双胞胎兄弟，两个人收入相同、支出相当、积蓄相同。哥哥30岁投入10万元，平均每年保持10%的收益率，后不再追加投资，但所得利润全部投入，那么10年后，他将拥有25.94万元，再过10年，他的财富为67.27万元，到他60岁时，这笔钱达到174.49万元，如果还坚持10年，那么70岁时，最终拥有453万元。我们可以发现，越到后来，财富增长越快。而他的弟弟35岁才开始理财，那么在相同的条件下，同样到70岁，只有281万元。只晚5年理财，最终收入相差却达172万元。这就是复利的力量。每一分钱都有时间价值，所以时间是富足退休养老最好的帮手。也就是说，养老要及早规划，养老不只是中年人的事情，更不应该到老了以后才进行规划，而是越早越好。

模块一　养老规划概述

任务一　了解养老规划的意义

据报道，在非洲，当地的土著人常用很原始的方法去捕捉猴子。他们会找一些椰子，在上面打一个口，刚好能容猴子的手臂伸进去，然后，他们在每个椰子壳里面都放一些花生。猴子看到以后，一定会从树上跳下来，去抓那些花生。猎人及时出现，这个时候猴子抓着花生不忍心放开，最后没办法攀越，很容易就被抓住了。猴子虽然聪明、灵巧，却放不开致命的花生。其实，我们人类也一样，在人生一些重大问题上，常常会犯各种各样的错误。例如，像养老这样的问题，一旦犯错就是致命的，因为我们根本没有重来的机会。有人觉得现在炒股票很赚钱，养老金已经准备好了，现在不需要考虑养老钱；还有人会觉得现在国家有社保，养老可以交给国家；也有人自己琢磨养儿防老……

对于养老的问题，很多人或多或少都会有一些认识误区，这些错误认识属于我们生活中常见的心态，今天的财富是属于今天的，不一定属于未来，养老规划的意义就是提前准备退休资金，保证将来有一个自尊、自立、保持水准的退休生活。

一、社保解决不了养老生活的全部问题

现在人越来越长寿，导致很多国家进入老龄化社会。这里的很多国家，主要是指一些发达国家，但中国现在还是一个发展中国家，就已经率先进入老龄化阶段了。也就是说，我们面临一个未富先老的困境。在这样的大前提下，国家政府还可以完全地、无限度地支持退休民众的生活吗？社保还够不够呢？

这里有个张女士的例子：张女士 54 岁，每月收入 3 000 元，如果她明天退休，以她的现状，结合现有的社保政策，会给她多少退休金呢？大概 1 000 元。我们可以试想一下，那将是张女士理想的生活吗？今天每月 3 000 元，明天就变成每月 1 000 元，这样一个 3 倍的落差，她的生活能够平衡吗？中国有句古话：由俭入奢易，由奢入俭难。所以说，养老仅靠国家、靠社保，也许只能解决我们部分的问题，没有办法实现我们期待的老年生活。

二、“养儿防老”观念的改变

按照我们国家传统的观念，养儿防老是一个很坚固的传统观念。目前在北京，仍有接近 30%的人还是觉得在未来，他们的老年生活要靠子女。而在西方国家，推崇的养老方式叫作接力式，即他们只负责抚养子女，在自己老年生活里面，加上他们本身所处的社会环境福利的情况，基本可以自己照顾自己的生活，不需要子女负担。而且，在很多西方国家人们的意识里面，也没有“养儿防老”的概念。

请看一个事实，我们国家长期以来推行的计划生育政策，造成一个很重要的社会现象：“4-2-1”的家庭结构。也就是说，1 位小孩子最终要负担 2 位父母，然后再加上 4 位老人。一个人要抚养 6 个人，在这种结构里面，先不说子女孝不孝顺，就算孝顺还有可能心有余而力不足。尽管现在计划生育政策开始放松，但是人们的生育意识也已经发生了变化。还有长寿的问题，可能等到 80 岁需要更多的养老金的时候，我们再看自己的子女，他们也要面临养老的问题了。另外，在今天的社会变革当中，还有很多值得关注的社会现象，这些社会现象都有可能会对于未来的老年生活造成一些问题。十几年前，说这一个人 30 岁还不结婚，我们会怎么想？这个人可能有毛病、脑子有问题，怎么不结婚呢？两个人结婚了不生孩子，我们也会想，这两口子有问题、是不是有病？他们怎么不要孩子呢？但在看今天的社会，独身主义是新型的名词；丁克一族，即结婚不要孩子，就自己过，不抚养子女，这样的族群越来越大，这就是社会的变化。那么，单身或丁克一族靠什么养老呢？靠子女养老并不科学。

三、养老金准备不足将无法事后补救

李嘉诚讲过一句话：每年存一笔钱，给出一定的报酬率，几十年的时间，每个人都会成为千万富翁。现在应该去过一些更好的生活，至于老年问题以后再说——很大部分的年轻人可能都有这样的想法。庞大的医疗费支出、庞大的生活的成本，怎么样来考虑？年轻人要不要考虑养老？专业登山队员在爬珠穆朗玛峰的时候，一般不会选择

北坡，因为南坡坡度很小，而且风景秀丽。其实，养老如同爬山，如果我们选择在20岁爬60岁的山，这个坡度我们走路就可以过去，我们需要的只是时间而已；如果到55岁，甚至到60岁的时候再考虑爬60岁的山，这时我们需要扶梯才能上山，甚至还需要专业的登山工具；等到60岁以后，就不需要再爬了。爬山就是一个过程，而选择什么时候来爬？在什么地方爬？就会呈现出不同的效果。

很多人会说：现在的生活有太多压力，每月要还房贷、车贷，还要抚养子女等，因此养老的问题现在根本没有办法考虑，船到桥头自然直；还有不少人认为，现在我还没有养老规划，一代一代人不都是这么过来的嘛，到时候我也会有自己的办法。如果我们确认养老是今后每个人都将会面对的问题，这个问题如果今天不去解决，依然存在，那么当它出现的时候，有可能就会演变为更大的问题出现在我们面前，最终让我们无法接受，即所谓积劳成疾。年轻时有压力不可怕，可怕的是到了老的时候我们没有力气、没有能力、没有办法。年轻不怕苦，怕的是老来苦。因此，年轻的时候就要做好准备。每个月哪怕存100元、200元、300元，一些不必要的开支和应酬我们省下来放到养老的储备里面。然后，1年、5年、30年日积月累下来，也会变成一笔财富。因此，如果你今天感觉有压力，你更应该为未来去做好准备。

四、用今天赚的钱来规划明天

今天有钱，不代表明天有钱。养老的钱是明天的钱，如何把你今天的钱搬到未来，确实是一个技术问题。人生如棋，我们要走一步看三步，学会运筹帷幄。当我们有钱时，就可以开始准备养老金了，让我们不但现在有钱，未来也能有钱。因此，有钱更需要去做科学合理的养老规划。

现在投资市场、投资产品越来越丰富多样，人们的投资意识不断增强，通过多样的投资途径也可能会赚取很高回报。但我们要知道，今天的财富是属于今天的，不一定属于未来。科学理财的实质是如何把今天的钱放到未来，要去选择很好的方法，这就需要科学的技巧。

任务二　养老规划的步骤

一个完整的退休养老规划主要包括职业生涯设计、退休后生活方式的设计和为弥补养老金缺口而进行的投资增值设计三个部分。退休养老规划的步骤就是由退休生活目标测算出退休后到底需要花费多少钱，同时由职业生涯状况推算出可领多少退休金，然后计算出退休后需要花费的资金和可受领的资金之间的差距，即应该自筹的退休资金。养老规划流程图如图10.1所示。

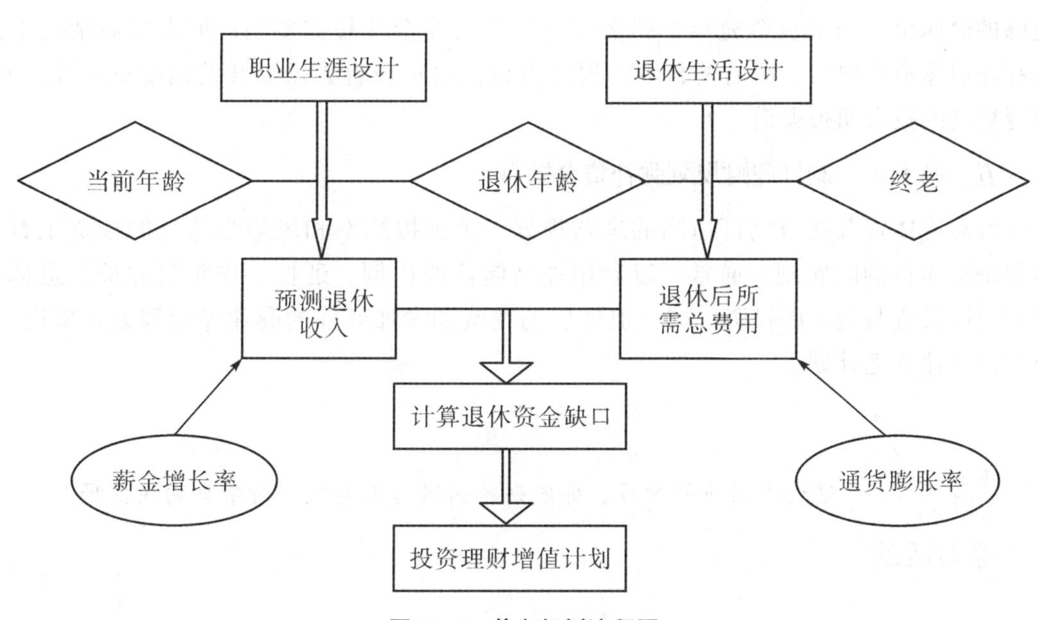

图 10.1　养老规划流程图

一、第一步：确定退休年龄

我国现行法定的企业职工退休年龄是男年满 60 周岁，女工人年满 50 周岁，女干部年满 55 周岁。研究显示，退休人员的退休年龄普遍低于法定退休年龄。国外一些充满干劲的年轻人，都会很早开始进行储蓄和投资，然后便可以提早退休。退休规划的第一步就是要确定退休的年龄。退休年龄直接影响着个人工作积累养老基金的时间和退休后所需要的生活费用。在个人预期寿命（全国平均寿命）不变的情况下，退休年龄越早，退休后生活的时间越长，而积累养老基金的时间则越短，这意味着每年要积累的资金越多，压力越大，甚至要降低当前消费质量。

二、第二步：设定退休生活方式

直接决定退休后所需费用的另一大因素是退休后的生活方式。退休后是只想过仅满足三餐温饱，并支付一些小病医疗费的生活，还是希望退休后依旧“想去哪旅游就去哪”，过着有品质的生活，做个“即使长着鱼尾纹也优雅美丽、有风度的老人”呢？答案恐怕是后者。因此，退休规划的第二步就是设定退休生活方式，以此推算出每年所需的退休费用再结合第一步推出的退休后的生活时间，测算出退休后所需总费用。

三、第三步：预测退休收入

构成退休收入的来源主要有社会保障收入、企业年金、商业保险、儿女孝敬、投资回报和兼职工作收入等。退休规划的第三步就是要计算退休时所能领到的退休金，以及现在手边的股票、基金、存款等，预计到退休时，共可累计多少可用资金。

四、第四步：计算退休资金缺口

根据前面对退休后所需费用的预算和退休收入的计算，可以确定在退休时是否有足够的退休金。如果资金充裕，那么注意资金的安全性是首要的；但大多数情况下，会存在退休资金缺口，即需要自筹的退休资金，这意味着必须要开始储蓄更多钱，或找寻更高的投资回报渠道。

五、第五步：制订理财规划弥补资金缺口

针对退休资金缺口制订适当的理财规划，挑选报酬率和风险都适合的投资工具，以保证退休目的的实现。通常可以利用提高储蓄的比例、延长工作年限并推迟退休、进行更高投资收益率的投资、减少退休后的花费和参加额外的商业保险等方式来进一步修改退休养老计划。

学习活动

通过本模块的学习，你能列举出进行养老规划时常见的误区吗？

模块二　养老规划实务

【案例导入】

尼尔森和妻子朱莉原先都在美国军中服役，20 多年的军旅生涯一共搬了 15 次家，在 4 个国家居住过，3 次被送到战争前线。当尼尔森 44 岁、他的妻子朱莉 40 岁时，他们在军中服役的时间已符合退休的条件，两人决定一起退休，在余下的时光陪伴 3 个孩子，过稳定的生活。如今尼尔森一家人居住在圣路易斯市一处有 4 个卧房的独立住宅，每天早晨尼尔森起来为要上学的孩子们做早餐，下午尼尔森和妻子朱莉一同到校车停车站接回放学的孩子。

尼尔森和妻子朱莉的故事不在于他们离开了军队，过着一种安逸的生活，关键是美国人的退休制度尤其是军职人员优厚的退休待遇使这对夫妇早早就能安享生活。美国很多军职人员选择服役 20 年后退休，然后到私人公司再谋求一份工作。尼尔森和妻子朱莉却没有走这条路，而是选择了完完全全的退休。

一年 60 000 美元退休金收入的尼尔森夫妇是美国最普通的家庭，但他们以 20 年的节俭生活和有效的理财，实现了 40 岁就退休的梦想，并且为未来几十年生活提供了经济保障，其中的秘密何在呢？

下面看一下尼尔森夫妇退休后家庭收入和支出的情况。尼尔森的退休金每年 36 900 美元，朱莉的退休金每年 21 600 美元，两人合计退休金 58 500 美元。尼尔森夫妇工作 20 年，最高收入是每年 127 000 美元，在短短 20 年中他们能积累 500 000 美元的家庭净资产，而且有 380 000 美元的退休基金和 36 000 美元的银行存款，不得不说，他们不仅很能节俭过日子而且也善于理财。

将近 60 000 美元的收入，对于一个五口之家而言并不是太宽裕。但尼尔森夫妇在花钱上还是保持着一贯的节俭生活方式，除了支付日常的开支外，他们每年还可节省下 5 000 美元用于退休基金投资。让我们看一看他们是如何进行理财的。

两人婚后的生活从节约开始，他们在家里自己煮饭，而不是下饭馆。他们买二手车开、在旧货店买衣服、趁着商店大甩卖时购物。虽然这些做法看起来都是在省小钱，但积少成多，每个月他们能将收入的 35% 节省下来，投入到退休计划中。女人天生就爱逛商店，朱莉说，每次逛商店都有点不把这月的工资花光不罢休的气势，但结婚后只好忍痛割爱了。

两人积攒下来的钱先是投资共同基金，然后是股票，当其他人在打牌或是看电视时，尼尔森却是抽空读一些投资的书籍。结婚两年后，尼尔森夫妇就积攒了 40 000 美元用于投资。结婚初期的生活方式为后来 20 年的生活奠定了基调，他们决定在军中服役 20 年就退役，最起码朱莉要在 40 岁退休以便照顾孩子。朱莉说，在过去 20 年的生活中她对 40 岁退休的目标也动摇过，而且在有了 3 个孩子以后非常想立刻辞掉工作。但尼尔森告诉她要坚持住，不能半途而废。

20 世纪 90 年代末，尼尔森和朱莉的退休投资组合资金已达到 200 000 美元，然而 2000 年和 2001 年的金融风暴使他们的投资缩水一半。好在尼尔森得到提升、薪水上涨，再加上他们更加省吃俭用，到他们正式退休时，养老储蓄金已累积到 380 000 美元。

尼尔森计划在 10 年内不去动用退休储蓄资金，并让它继续在市场上增值。而日常的生活开销用退休金来支付。虽然是退休了，也有了一大笔的退休资金，但他们依旧坚持勤俭持家。他们绝大多数食品和用品是在当地空军基地商店购买，那里的价格要比市场上低 20%。尼尔森要自己修理汽车和换机油，朱莉收集报纸上的折扣券用来购物，而他们也不为孩子们买名牌衣服。

在退休前，尼尔森的投资策略是将退休基金投资于高风险、高回报率的股票上。退休后，理财专家对他的建议是：鸡蛋不能都装在一个篮子里，越到晚年越要平衡投资风险。在投资组合上，资金的 30% 可以投到高风险、高回报率的股票上，30% 投资到平稳增长的共同基金上，20% 购买债券，10% 投资到低风险股票，10% 投资到外国股票。

理财专家针对尼尔森一家的财务状况提出的建议是：40 岁退休的人要考虑到未来几十年的生活能有足够的经济来源。现在尼尔森一家有 380 000 美元的退休基金投资在金融市场，而且每年还要追加 5 000 美元。如果他们每年追加的退休基金能够增加到 10 000 美元，按照 8% 的投资回报率，12 年后他们的退休基金将增长到 1 300 000 美元。到那时他们每年可以提出 50 000 美元用于生活，退休基金至少可以让他们花上近 30 年。即使每年只保持追加 5 000 美元资金，在 15 年后他们的退休基金总额也会达到 1 200 000 美元，这对于未来几十年的生活有着强大的经济保障。

20 年、30 年的节俭生活和有效的理财，这就是尼尔森夫妇可以在 40 岁就退休而且能够为未来几十年生活打好经济基础的真正秘密，也许这能给现代的年轻人一点有益的启示。

任务一 设定养老目标

若要老有所养、退而无忧，甚至保持退休前的生活质量，更重要的还是依靠自愿性的个人储蓄投资来提供退休后的生活所需，所以一个周详的退休规划，主要是财务上的规划，就显得相当必要。

在开始介绍这部分内容之前，请大家先回答如下两个问题：

您计划何时退休？

您退休后期望达到什么样的生活水平？

由这两个问题衍生出来的是所有关于设定养老目标的方方面面。你计划何时退休？就是你准备在什么时候开始你的夕阳生活，那时你将很难指望大为减少的收入来满足养老需求。你期望退休得越早，你的养老金缺口会越大，需要积累的养老金会越多。这意味着你需要每年为养老预留更多的钱，或者为了弥补这个缺口而要在养老金投资中冒更大的风险。

在设定你退休后生活水平时，有很多人会非常茫然，毕竟十年后的状况是难以预料的。最简单的办法是，假设今天退休，你期望的生活水准如何？当然你不再需要职业套装、交际应酬、出差旅费等与工作有关的支出，也不用考虑子女的抚养教育。但是，在退休后会有几个必须考虑的项目：日常开支、健康护理、休闲活动。

接下来，让我们结合实际例题进行学习。

【案例 10.1】李先生夫妇今年都是 40 岁，计划 60 岁退休，预期寿命 80 岁。当前家庭的月收入为 18 000 元，拥有一套价值 90 万元的自有住房，房贷 50 万元，每月还贷 5 000 元，有活期存款 3 万元，定期存款 8 万元，基金 15 万元，股票 6 万元。

【案例分析】根据李先生对退休后老年生活的设计，得出其退休前后饮食与穿着方面的费用大致相当于当前费用的 70%，则李先生家当前月支出及退休后预期月支出如表 10.1 所示。

表 10.1 李先生家当前月支出及退休后预期月支出 单位：元

支出项目	当前月支出	退休后月支出
食品	2 000	1 400
衣服	1 000	700
交通	500	200
娱乐、旅游	600	1 000
礼物等交际支出	500	200
房屋贷款	5 000	0

表10.1(续)

支出项目	当前月支出	退休后月支出
医疗保健	200	500
税	2 000	500
保险	800	500
支出总额	12 600	5 000

由表10.1可知，退休后各种生活费用的变化并不是一致的，有些费用可能会不再存在，如房贷的月还款额；有些费用可能增加，如医疗保健方面的费用；还有些费用可能会减少，如一般的饮食。考虑到货币的时间价值等因素，可以预期李先生夫妇退休后第一年的生活费用为12万元。

根据退休后第一年所需的生活费用12万元和退休后的预期寿命20年，以及假设退休生活费用增长率为5%和投资回报率为10%，则可以计算出李先生夫妇整个退休期所需的养老金总额。

根据公式：整个退休期所需的养老金总额

$=\{1-[(1+\text{费用增长率})/(1+\text{投资回报率})]^n\}/(\text{投资回报率}-\text{费用增长率})$

可以算出，李先生夫妇整个退休期所需的养老金总额大约为145.34万元。我们试想一下，即便李先生夫妇退休后可以通过领取养老金或养老保险解决1/3的养老资金需求，那仍需要通过自己退休前的努力，去补充那2/3近96.89万元的养老资金需求缺口。

通过上述计算可以发现，养老费用的数额确实庞大，因此必须尽早进行规划。以上只是一个非常简单的例子，当具体到你自身的情况时，可能还要添加其他复杂的项目。例如，退休后你是否会把你的一套房子出租来增加收入，或者换一个较小的公寓以减少开支，甚至你决定在退休后开一家洗衣店并且可预期的每月有一笔可观的进账等。

学习活动

尝试帮助自己的父母算一算他们所需的养老金总额。

任务二 选择养老规划产品

在上一个任务中，已经根据退休目标的设定计算出了退休期间养老费用总额，如果已有基本养老金、年金等养老投资，就可以从养老费用总额中扣除这部分，从而确定出养老金缺口。那么这部分缺口资金应如何准备呢?

通过前面的导入案例，大家可以发现选择适合的养老规划产品非常关键。市场中可供选择的退休养老方面的投资产品很多，个人应该从安全性原则、流动性原则和收益性原则出发来进行投资选择，下面就请大家了解一下一些常用的养老投资产品。

一、储蓄

储蓄是指利用银行提供的现金储备理财产品，专门为退休生活积累现金。目前我国银行业尚没有专门为个人退休计划而设计的储蓄产品，但可以巧妙地将现有的整存整取、零存整取、存本取息、定期储蓄等不同的储蓄产品进行组合，以达到为退休计划理财的目的。该产品的主要特点是风险低、回报低，适用于风险承受能力较低的人，如接近退休年龄或已退休人员。

二、保险

投保商业养老保险可作为养老金缺口的有效补充。因为中途退保会损失，所以商业养老保险有强制储蓄的作用，使工薪阶层能长期坚持储备养老金，做到专款专用。若选择具有分红功能的商业养老险，其复利增值作用具有抵御通胀风险的作用。选择商业养老保险时，应同时兼顾意外、健康险等保障类商业保险，以抵御人生中各种风险。作为规划可以从 30 岁开始，每年用年收入的 10%~15%进行养老保险投资。许多保险公司都提供了灵活的领取方式，可选择 60 岁退休时一次性领取，或选择每月领取，也能部分弥补退休后的养老金缺口。

目前，市场上可覆盖养老需求的保险产品主要有以下几种：

1. 传统型养老险

预定利率固定，一般在 2%~2.4%，什么时间开始领养老金、领多少，都是投保时就可以明确选择和预知的。

（1）优势：回报固定。在出现零利率或负利率的情况下，也不会影响养老金的回报利率。

（2）劣势：很难抵御通货膨胀的影响。若通货膨胀率较高，从长期看，存在贬值风险。

（3）适合人群：较保守、年龄偏大的投资者。

2. 分红型养老险

通常有保底的预定利率，但这个利率比传统养老保险稍低，一般只有 1.5%~2%。分红险除固定生存利益外，每年还有不确定的红利获得。

（1）优势：收益与保险公司经营业绩挂钩，理论上可回避或部分回避通货膨胀对养老金的威胁，使养老金相对保值甚至增值。

（2）劣势：分红具有不确定性，也有可能因该公司的经营业绩不好而受到损失。要挑选一家实力强、信誉好的保险公司来购买该类产品。

（3）适合人群：理财较保守、不愿承担风险、易冲动消费、比较感性的投资者。

3. 万能型寿险

这一类型的产品在扣除部分初始费用和保障成本后，保费进入个人投资账户，有保证最低收益，目前收益比率为 1.75%~2.5%。除了必须满足约定的最低收益外，还有不确定的“额外收益”。

（1）优势：其特点是下有保底利率，上不封顶，每月公布结算利率，目前大部分为 5%~6%，按月结算，复利增长，可有效抵御银行利率波动和通货膨胀的影响。账户较透明，存取相对较灵活，追加投资方便，寿险保障可根据不同年龄阶段提高或降低。万能型寿险可灵活应对收入和理财目标的变化。

（2）劣势：存取灵活是优势也是劣势，对储蓄习惯不太好、自制能力不够强的投资人来说，可能最后存不够所需的养老金。

（3）适合人群：较理性、坚持长期投资、自制能力强的投资者。

4. 投连险

设有不同风险类型的账户，与不同投资品种的收益挂钩。不设保底收益，保险公司只是收取账户管理费，盈亏由客户全部自负。

（1）优势：以投资为主，兼顾保障，由专家理财选择投资品种，不同账户之间可自行灵活转换，以适应资本市场不同的形势。只要坚持长线投资，有可能收益很高。

（2）劣势：保险产品中投资风险最高的一类，若受不了短期波动而盲目调整，有可能损失较大。

（3）适合人群：较年轻、能承受一定的风险、坚持长期投资理念的投资者。

三、基金

说到长期投资，恐怕没有什么比养老金储备更长期。做养老金储备，一般储备期都在 10 年以上，年轻人储备养老金时间还会更长。基金定投是可以作为储备养老金的方式的，而且基金定投是最简单、最有效的投资方式之一。在社保体系逐步完善的情况下，对一般投资者来说，都可以在社保体系内获得基本的养老保障。因此，通过个人投资来储备养老金实际上是一种补充养老金，其目的是把日常收支余额做更有效管理，使这部分长期备用资产有效升值。如此前提下，10 年以上的养老金储备是可以承受较高风险的，也就是说完全可以忽略一段时间内的收益波动。虽然股市波动幅度大，但长期看，股票类资产提供的平均回报一般会高于债券类资产，因此股票型基金可作为定投养老的主投品种。养老金投资的期限通常能够涵盖一个或数个完整的“牛熊循环”，因此一段时间的涨跌不用特别在意。由于定投的平均时间和分散成本作用，中途亏损的幅度也是有限的。

对于定投养老金，有两点需特别注意：一是养老储备金应主要来自日常收支结余，这样就不会因为收支压力而改变定投计划；二是定投计划一旦设定就应坚持，而不应因短期收益波动而改变，以避免错误择时导致收益受损。至于定投养老金的选择，可以采用被动+主动组合的方式。被动方式就是选一只指数基金，最好是市场代表性强的指数基金；主动方式是选一只优秀公司旗下的长期绩优偏股基金。

四、房产

一般来说，如果有两套或两套以上的房子，养老是没有问题的，如果只有一套房子的怎么办？其实，有一套房子也一样能够以房养老，以下是有别于“倒按揭”的五种以房养老方案。

方案一：可以采取“卖房”办法筹措补充养老金，但不是卖给外人，而是把房子卖给自己的子女。也就是说，老人可将自己的房子抵押给子女。老人每月可从子女那儿得到一笔退休金补助，而子女也可以以远低于市场价的价格买下父母的房子，这将更加增进老人与子女之间的感情。

方案二：可以采取“以房换养”方式筹措补充养老金。就是当子女的生活也不宽裕时，老人可将自己的房子租出去，拿着租金住进养老院，用收租金来支撑养老院的费用，作为老人不仅没有失去房子，而且在物质生活大为改善的同时，老人的精神生活也将更为丰富。

方案三：可以采取“以大换小”的方式筹措补充养老金。就是大房换小房，在相同地段把原有的二室一厅换成一房一厅。得到的差价作为补充养老金。人越老，其活动空间就越小，老人不会因此产生失落感。

方案四：可以采取“以近换远”的方式筹措补充养老金。就是将位于市中心的房子置换到郊区去，把置换到的区域差价，作为未来的补充养老金。这种方法可能会使老人有背井离乡的感觉，但总比没钱好。

方案五：还可以采取“以一换二”的方式筹措补充养老金。就是在相同地段把原有的二室一厅换成两套一房一厅，或者将市区的一套房子换成郊区的两套房，其中一套自己住，另一套出租，从而赚取稳定的养老金。

五、股票

退休规划中不应过多地持有低收益债券，适当增加股票持有比例可以保证自己有能力度过漫长的退休时光，在投资的组合中选择持续分红能力较强的大盘蓝筹股，行业选择方面以银行、电力和消费为上。在这些持续分红能力较强的股票中挑选大盘蓝筹股长期持有，便是养老股最好的挑选策略。相对收益较固定的债券而言，股票投资的风险和难度要大得多。那我们该如何尽早给自己挑选几只适合养老的股票呢？

与一般的股票投资相比，为养老而准备的股票投资具有如下三个鲜明的特点：

一是投资期限较长，因此更看重长期回报，而不是短期获利。如果我们50岁开始买入的话，那距离60岁退休开始逐步动用这笔钱还有10年的投资期限。如果我们理财意识觉醒较早，在30岁就开始未雨绸缪，为了今后的养老支出而积极买入质地优良适合养老的股票的话，就有长达30年的“缓冲期”。因此，养老股首先应该挑选企业持续盈利能力强，能给投资者带来长期回报的绩优股，而决不能追逐带有短线炒作性质的各种题材股、消息股和概念股。

二是作为一种刚性需求，为养老而进行的投资必须稳健第一、安全至上。这就要求养老股必须是一只股性不活跃、不容易被投机炒作的股票。某种程度上说，养老股还需要有一定的“债性”。而一般来说，股票的盘子越大，炒作难度越大，波幅越是小，走势也越是平稳，因此养老股就应该挑选大盘股，而不能是容易被炒作的中小盘股。

三是养老需要长时间的持续开支，因而养老投资必须采用一种“细水长流”类似存本取息的投资模式。这样的话，养老金的本金规模才不会随时间流逝而逐渐缩小。在股票投资上，“取息”就表现为股票分红，尤其是可以直接用于消费的现金分红。

学习小贴士

如何判断养老股标准？

养老股标准1：大盘蓝筹股

由于适合做养老股的股票必须具有较强的确定性和可预测性，因此我们与其费尽周折去“挖掘”一些被市场低估的成长股和“黑马股”，还不如直接选择目前已经奠定行业龙头地位，且经营业务和业绩均具备较高确定性的大盘蓝筹股。

由于大盘蓝筹股大部分都是大型国有企业的股票，部分企业还带有垄断性质，因此经营业绩往往较为稳定，这种持续的盈利能力能够给投资者带来持续的投资回报。同时，这些国家控股或者政策扶持的企业万一将来哪一天经营不善、业绩下滑，甚至濒临破产，往往也有政府“善后”，投资者投资这类企业就等于让国家做了“担保人”。这就给以股养老的投资者吃了一粒最大的定心丸。

更重要的是，由于市值巨大，导致大盘蓝筹股的炒作难度较大，使得股价波动相对较小，出现让心理承受能力较差的老年人无法接受的“过山车行情”概率也小。较少炒作也使大盘蓝筹股的市盈率与其他股票相比相对较低，相应的投资风险也会较低。对于投资者来说，长期持有会有非常稳定的收益，是挑选养老股的上佳品种。值得一提的是，比起数量众多的中小盘成长股，大盘蓝筹股的绝对数量较少，并大都具有较高的社会知名度和较好的行业口碑，因此挑选起来也相对容易。

养老股标准2：持续分红能力强

尽管市场上盘子大、业绩佳的大盘蓝筹股数量不多，但我们要想从这几十只股票中挑出一只或几只作为自己的养老股，依然不是件容易的事情。要解决这个问题，我们就需要考虑到养老投资的第三个特性：细水长流，即养老股还必须具有较强的分红意愿和分红能力，以此来满足退休后持续不断的养老支出。

在西方发达国家，我们经常可以听到很多老年人长期持有优质股票，靠每年的现金分红来维持日常生活支出的故事。在股东回报意识较强的西方成熟股票市场，股票的高比例分红是司空见惯的事。有些股票平均每年分红高达3%，在牛市来临或者业绩增长突出的年份，还会派发额外红利，使中小投资者一样可以分享公司成长的收益。因此，依靠股票分红来维持养老开支已经成为西方人的一种主流养老手段。需要特别注意的是，我们所说的“高分红股票”不只是一次分红特别多的股票，而是能够持续多年都有分红，而且每次分红的比例还不低的股票，这样才能真正做到“细水长流”。只有在牛市或者业绩爆发性增长的年份才会想起为股东分红的股票，就不能算合适的养老股，而每股分红只有几分钱的“象征性分红”股票也同样被我们排除在外。

在中国股市中，投机性相对较强，大部分投资者还是通过股价波动所导致的价差来实现收益，而非通过长期持有股票以获取红利来实现收益。当然，这在一定程度上也是由于中国上市公司的分红意识较差导致的。不过在这样的大环境下，我们还是能够找出一些具有持续分红能力的优质养老股。

养老股标准3：银行、电力与消费

在今天的A股市场中具有较强分红能力的股票分红企业大部分集中在银行股、电力子股以及与民生息息相关的消费类股票中。

作为关乎国计民生和国家安全的电力行业，一直以来都由国有企业垄断，可以预见的是，未来电力行业依然将是国有企业一家独大的局面。由此而造成的持续盈利能力是毋庸置疑的。尽管眼下电力行业正受到煤价上涨所带来的冲击，但长期看，国家财政补贴不可能长期补贴发电厂，“煤电联动”也是必然的趋势，其长期盈利能力依然看好。此外，像高速公路板块、交通运输板块的一些股票和钢铁及电力股具有同样的优势：国有垄断，也可作为养老股。除了这类国有控股企业外，在我国居民消费能力升级的长期大环境下，具有明显行业优势地位的消费类股票也是养老股的不错选择。

除了上述投资产品以外，还可以购买黄金和收藏品等投资产品。总之，在选择退休投资产品时，一定要遵循两个基本的原则：一个基本原则是长期稳健投资；另一个基本原则是合理分配组合。

学习活动

请结合自己家庭的实际情况，选择合适的投资产品，并说明原因。

任务三　认识我国养老保险制度

一、现行养老保险制度的组成

中国新型社会养老保险制度的建立及改革已经走过了十几年的历程，经过多年的摸索、实践，在资金的管理上逐步形成了“社会统筹与个人账户相结合”的筹资模式，建立了多层次的养老保险体系。但目前我国养老保险也面临更严峻的挑战，加速发展的人口老龄化、覆盖面窄、统筹层次低、隐性债务和个人空账等问题，已使现有的养老保险制度力不从心；而农村传统的“家庭养老与土地保障”功能已日趋退化，新型农村养老保险刚刚开始试点，任务艰巨。因此，我们急需加快构建多层次养老保险政策体系，在基本养老保险全覆盖的基础上，大力发展企业年金、职业年金制度，积极探索建立有中国特色的养老保险第三支柱，以满足不同群体的保障需求。

我国的养老保险由四个层次（或部分）组成。第一层次是基本养老保险，第二层次是企业补充养老保险，第三层次是个人储蓄性养老保险，第四层次是商业养老保险。在这种多层次养老保险体系中，基本养老保险可称为第一层次，也是最高层次。

1. 基本养老保险

基本养老保险（亦称国家基本养老保险），是国家和社会根据一定的法律和法规，为解决劳动者在达到国家的解除劳动义务的劳动年龄界限，或因年老丧失劳动能力退出劳动岗位后的基本生活而建立的一种社会保险制度。基本养老保险以保障离退休人员的基本生活为原则。它具有强制性、互济性和社会性。它的强制性体现在由国家立法并强制实行，企业和个人都必须参加而不得违背；互济性体现在养老保险费用来源，一般由国家、企业和个人三方共同负担，统一使用、支付，使企业职工得到生活保障并实现广泛的社会互济；社会性体现在养老保险影响很大，享受人多且时间较长，费用支出庞大。

2. 企业补充养老保险

由国家宏观调控、企业内部决策执行的企业补充养老保险，又称企业年金，是指由企业根据自身经济承受能力，在参加基本养老保险基础上，企业为提高职工的养老保险待遇水平而自愿为本企业职工所建立的一种辅助性的养老保险。企业补充养老保险是一种企业行为，效益好的企业可以多投保，效益差的亏损企业可以不投保。实行企业年金，可以使年老退出劳动岗位的职工在领取基本养老金水平上再提高一步，有利于稳定职工队伍，发展企业生产。

3. 个人储蓄性养老保险

个人储蓄性养老保险是我国多层次养老保险体系的一个组成部分，是由职工自愿参加、自愿选择经办机构的一种补充保险形式。实行职工个人储蓄性养老保险的目的为扩大养老保险经费来源，多渠道筹集养老保险基金，减轻国家和企业的负担；消除长期形成的保险费用完全由国家“包下来”的观念，增强职工的自我保障意识和参与社会保险的主动性；对社会保险工作实行广泛的群众监督。

4. 商业养老保险

商业养老保险是以获得养老金为主要目的的长期人身险，它是年金保险的一种特殊形式，又称为退休金养老保险，是社会养老保险的补充。商业性养老保险的被保险人，在交纳了一定的保险费以后，就可以从一定的年龄开始领取养老金。这样，尽管被保险人在退休之后收入下降，但由于有养老金的帮助，他们仍然能保持退休前的生活水平。商业养老保险，如无特殊条款规定，投保人缴纳保险费的时间间隔相等，保险费的金额相等，整个缴费期间内的利率不变且计息频率与付款频率相等。

我国现行的养老保险制度是公共选择与社会经济发展的结果，在提高制度效率和促进公平、保障社会平稳运行与防范老年贫穷方面发挥了一定的作用。一是在较短的时间内，运用创新思维探索出有中国特色的养老保障改革道路，初步形成了养老保险制度的多层次体系框架，与国际上流行的“三支柱”保障理论相契合；二是通过全面和渐进的改革实现了由传统保障制度向社会化的责任分担制度转变，改变了依靠政府和单位的传统保障观念，适应了经济与社会发展的要求；三是为一定数量的居民提供了养老保障，并开始形成了养老金的正常调整机制，使离、退休人员能够分享经济社会的发展成果；四是有效改善了公众的消费心理预期，促进了即期消费，为经济社会的发展提供了有力的支持。

二、社会基本养老保险金的筹集

基本养老保险基金由以下部分组成：

（1）用人单位和职工、城镇个体劳动者缴纳的基本养老保险费；

（2）财政投入；

（3）基本养老保险基金的利息等增值收益；

（4）基本养老保险费滞纳金；

（5）社会捐赠；

（6）依法应当纳入基本养老保险基金的其他资金。

县级以上人民政府每年应当安排一定比例的财政性资金投入基本养老保险基金，并列入财政预算。

职工个人每月按照本人上一年度月平均工资（以下称缴费工资）的8%缴纳基本养老保险费。

新参加工作、重新就业和新建用人单位的职工，从进入用人单位之月起，当年缴费工资按用人单位确定的月工资收入计算。

职工缴费工资低于上一年度全省在岗职工月平均工资60%的，按照60%确定；高于上一年度全省在岗职工月平均工资300%的，按照300%确定。全省上一年度在岗职工月平均工资，由省统计部门核定，由省劳动保障行政部门公布。

职工个人缴纳的基本养老保险费，由用人单位每月从职工工资中代扣代缴。

职工个人按规定比例缴纳的基本养老保险费不计入个人所得税的应纳税所得额。

企业、民办非企业单位等每月按照全部职工工资总额的一定比例缴纳基本养老保险费。国家机关、事业单位和社会团体每月按照参保人员工资总额的一定比例缴纳基本养老保险费。

用人单位的缴费比例一般不得超过20%。具体比例按照国家和省人民政府规定的权限确定。

用人单位缴纳的基本养老保险费按照规定列支。

城镇个体工商户、城镇灵活就业人员（以下统称城镇个体劳动者）每月按照上一年度月平均实际收入的20%缴纳基本养老保险费。其中，有雇工的城镇个体工商户，雇主的养老保险费全部由其本人缴纳；雇工的养老保险费，由雇工缴纳8%，雇主缴纳12%。

城镇个体劳动者上一年度月平均实际收入低于上一年度当地在岗职工月平均工资80%的，按照80%确定缴费基数；高于上一年度当地在岗职工月平均工资300%的，按照300%确定缴费基数。

省人民政府可以根据本省实际，对城镇个体劳动者的缴费标准进行调整。

城镇个体劳动者按规定比例缴纳的基本养老保险费依法不计入个人所得税的应纳

税所得额。

用人单位应当自依法成立之日起 30 日内，向社会保险经办机构办理职工基本养老保险登记手续。城镇个体劳动者应当按规定向社会保险经办机构办理职工基本养老保险登记手续。用人单位、城镇个体劳动者在办理税务登记的同时，向地方税务机关办理职工基本养老保险缴费登记手续。

用人单位在办理职工基本养老保险注册登记后增员或者减员的，应当自增员或者减员之日起 30 日内，向社会保险经办机构办理职工增减登记手续。社会保险经办机构应当将用人单位基本养老保险登记情况及时告知地方税务机关。

用人单位应当在每月 10 日前按照规定自行计算应缴费额，向地方税务机关申报缴纳上月的基本养老保险费，并对申报事项的真实性负责。

职工个人应缴的基本养老保险费报经社会保险经办机构核定后，由用人单位代扣并向地方税务机关申报缴纳。

城镇个体劳动者凭社会保险经办机构核定的应缴费额向地方税务机关申报并缴费。

经地方税务机关和劳动保障行政部门确认后，用人单位、城镇个体劳动者可以直接向地方税务机关申报缴纳职工个人、城镇个体劳动者应缴纳的基本养老保险费。地方税务机关应当及时将职工个人和城镇个体劳动者的缴费基数、缴费金额等情况反馈社会保险经办机构。

用人单位伪造、变造、故意毁灭有关账册、材料，或者不设账册，致使基本养老保险费无法确定的，地方税务机关按该单位上月缴费数额的 110% 确定应缴数额。没有上月缴费数额的，地方税务机关根据该单位的经营状况、职工人数等有关情况，按规定确定应缴数额。

基本养老保险费应当以货币形式全额征缴，不得减免，不得以实物或者其他形式抵缴。

用人单位分立、合并的，由分立、合并后的单位继续缴纳基本养老保险费。

用人单位改变名称、住所、所有制性质、法定代表人或者负责人、开户银行账号等基本养老保险登记事项的，应当自变更之日起 30 日内向社会保险经办机构办理职工基本养老保险变更登记手续。

用人单位歇业、被撤销、宣告破产或者因其他原因终止的，应当依法清偿欠缴的基本养老保险费，并在终止之日起 30 日内向社会保险经办机构办理基本养老保险注销登记手续。

用人单位在办理税务变更登记、注销登记的同时，向地方税务机关办理职工基本养老保险缴费变更登记、注销登记手续。

国有企业或者城镇集体所有制企业职工的缴费年限，如有部分为视同缴费年限的，在国有企业或者城镇集体所有制企业破产清算时，应当依法从其破产财产中提取尚未缴纳的视同缴费年限部分的基本养老保险费。视同缴费年限基本养老保险费的具体标准由省人民政府规定。

上述所称缴费年限，是指职工个人和其所在用人单位、城镇个体劳动者分别按规定足额缴纳基本养老保险费的年限。国有企业或者城镇集体所有制企业参加职工基本养老保险社会统筹之前，职工参加工作的年限，经劳动保障行政部门审核，符合国家和本省有关规定的，为视同缴费年限。

基本养老保险基金实行收支两条线和财政专户管理，任何单位和个人不得挪用、截留。

基本养老保险基金按照国家规定的方式保值增值，其各项增值收益全部计入基本养老保险基金。

基本养老保险基金存入银行或者购买国债的，在确保职工基本养老金等发放的同时，应当选择合理的存款期限或者国债期限，提高基金的利息收益。

按国家规定建立省级基本养老保险调剂基金。各市、县应当按时足额缴纳省级调剂基金。省级调剂基金用于调剂基本养老保险基金支付困难的市、县。省级调剂基金建立和调剂使用的具体办法，由省人民政府规定。

基本养老保险基金免征税、费。

三、社会基本养老金的待遇支付

目前，我国的企业职工法定退休年龄为：男职工 60 岁；从事管理和科研工作的女职工 55 岁，从事生产和工勤辅助工作的女职工 50 岁。

职工领取基本养老金的条件：一是达到法定退休年龄，并已办理了离退休手续；二是所在单位和个人依法参加养老保险并履行了养老保险缴费义务；三是个人缴费至少满 15 年（过渡期内缴费年限包括且视同缴费年限）。

基本养老金由基础养老金和个人账户养老金组成。个人缴费不满 15 年的，不发给基础养老金，个人账户全部储存额一次支付给本人。

1.“新人”的基本养老金

1997 年后参加工作的职工，称为“新人”，达到法定退休年龄且个人缴费满 15 年的，基础养老金月标准为省（自治区、直辖市）或市（地）上年度职工月平均工资的 $n\%$（n 为缴费年限）。基础养老金由社会统筹基金支付；个人账户养老金由个人账户基金支付，月发放标准根据本人账户储存额除以计发月数。计发月数根据职工退休时城镇人口平均寿命预期、本人退休年龄、利息等因素确定，具体如表 10.2 所示：

表 10.2　个人账户养老金计发月数表

退休年龄/周岁	计发月数/元	退休年龄/周岁	计发月数/元
40	233	56	164
41	230	57	158
42	226	58	152
43	223	59	145
44	220	60	139

表10.2(续)

退休年龄/周岁	计发月数/元	退休年龄/周岁	计发月数/元
45	216	61	132
46	212	62	125
47	208	63	117
48	204	64	109
49	199	65	101
50	195	66	93
51	190	67	84
52	185	68	75
53	180	69	65
54	175	70	56
55	170	—	—

职工退休时的养老金主要由两部分组成（忽略过渡性养老金）。

个人养老金=个人账户养老金+基础养老金

个人账户养老金=个人账户储存额÷计发月数

基础养老金=(全省上年度在岗职工月平均工资+本人指数化月平均缴费工资)÷2×n%

【案例10.2】某企业职工预计于2035年1月满60岁时办理退休手续，退休时其国家基本养老保险缴费年限已达37年，指数化月平均缴费工资为7 000元，个人养老账户为258 200元，当时社会职工的平均工资为4 500元。假设按现今基本养老金制度，此员工到时可以拿多少退休金?

【案例分析】计算公式如下:

基础养老金=（4 500+7 000）÷2×37%=2 127.5（元）

个人账户养老金=258 200÷139=1 857.55（元）

待遇总额=2 127.5+1 857.55=3 985.05（元）

2.“中人”的基本养老金

1997年统一全国企业职工基本养老保险制度前参加工作的人员，但在新政策实施后退休的职工，称为“中人”，其退休后在发给基础养老金和个人账户养老金的基础上，再发给过渡性养老金。

个人养老金=个人账户养老金+基础养老金+过渡性养老金

过渡性养老金=指数化月平均缴费工资×R×“中人”临界点之前的本人缴费年限

（R为计发系数，其值为1%~1.4%，由各地测算后确定）

【案例10.3】某女干部，2007年7月满55周岁退休。其于1973年参加工作，1981年7月参加社保，从未中断缴费，缴费年限共计26年，视同缴费年限15.5年，平均缴费指数为1.38，个人账户储存额为57 698元，计发系数为1.3。2006年当地在岗职工平均工资为2 289元。

【案例分析】计算公式如下:

基础养老金=(2 289+2 289×1.38)÷2×26%=708.22(元)

个人账户养老金=57 698÷170=339.40(元)

过渡性养老金=2 289×1.38×1.3%×15.5=636.50(元)

待遇总额=708.22+339.40+636.50=1 684.12(元)

3."老人"的基本养老金

新政策实施前,即2006年1月1日前已经退休的人员,称为"老人",仍按国家原有规定发给基本养老金,并随以后基本养老金调整而增加养老保险待遇。

本章小结

一个完整的退休规划主要包括职业生涯设计、退休后生活方式的设计和为弥补养老金缺口而进行的投资增值设计三个部分。退休规划的步骤就是由退休生活目标测算出退休后到底需要花费多少钱,同时由职业生涯状况推算出可领多少退休金,然后计算出退休后需要花费的资金和可受领的资金之间的差距,即应该自筹的退休资金。

本章主要向大家详细介绍了退休规划的这几个步骤,帮助大家了解和掌握进行退休规划的方法。

第四篇
综合理财规划应用

项目十一　个人综合理财规划实务

本部分通过选取一份较为全面和实用的综合理财规划案例，从专业理财规划师的角度为大家展示进行个人（家庭）理财的全过程。

模块一　理财声明

“和谐理财 美好生活”

理财的意义不是简单的金钱积累，而是在财务保值增值的基础上达到财务自由、资产合理配置，并最终实现经济和精神双重发展的高质量美好生活。理财的宗旨就是“和谐理财 美好生活”。

本理财规划方案是以客户目前家庭及经济财务等基本状况为依据，希望帮助客户实现现有资金有效增值，长期生活有所保障，在物质生活以及精神生活方面都得到发展。该方案按照以下逻辑线索（见图 11.1）制订。

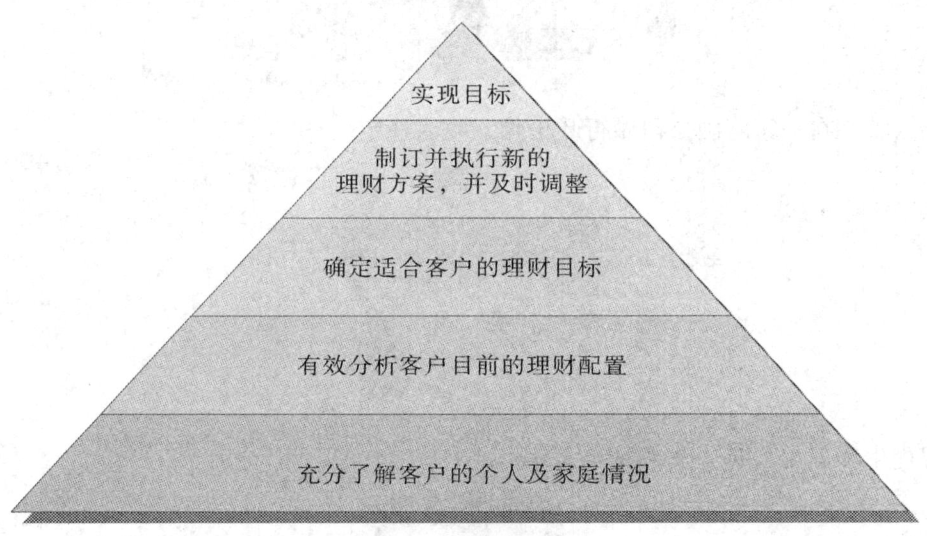

图 11.1　逻辑线索

在实施理财规划时，客户应该知晓并明确理财产品的一般风险，包括市场风险、本金风险、收益风险、流动性风险等因素，理财投资决定需经郑重考虑并及时做出调整以实现预期理财目标。本项目方案制订于 2008 年 8 月，且仅适用于客户本人；方案的制订是基于目前市场的情况和对将来市场走势的假设，这些因素都会对日后该方案的执行产生影响，客户应该明确了解并定期对其理财方案进行重新评估，并结合其自身生活和财务状况的变化做出调整以适应新的需要。

模块二　客户家庭及财务情况分析

一、客户家庭情况

温先生：中年，来沪定居已近10年，从事外贸行业，自己开店经营布料生意，工作较忙，家庭资产已积累到一定水平。

温太太：在一家跨国公司做行政工作，收入稳定。

温先生和温太太有一个5岁的女儿。

温先生的父母：目前来沪与温先生一家同住。

二、客户财务经济状况

客户温先生提供的个人财务情况介绍，家庭每月收支表见表 11.1。

表 11.1　家庭每月收支表　　单位：元

收入		支出	
本人月收入	0	房屋月供	0
配偶月收入	4 500	基本生活开销	8 000
其他收入	0	医疗费	0
合计	4 500	合计	8 000
每月结余	-3 500		

★ 每月结余比例

每月结余比例 = 每月结余 / 每月收入 < 0

一方面，由于温先生自己打理生意，收入较不稳定，因此每月支出主要依靠妻子的收入；另一方面，家中有老人和孩子，故每月消费较多。表 11.1 也反映出温先生一家每月的收入来源较单一，应在收入来源的多元化配置方面多做考虑。温先生的家庭年度收支表如表 11.2 所示。

表 11.2　家庭年度收支表　　单位：元

收入		支出	
年度收入	30 万~50 万	保费支出	6 230
其他收入	0	其他支出（探亲）	10 000
合计	30 万~50 万	合计	16 230
年度结余	28 万~48 万		

温先生的家庭是处于中等收入水平的家庭，年度结余较多（见表 11.3），但温先生生意不是很稳定，目前的家庭保障支出主要集中在妻子身上，自己和父母及孩子的保障不够，需要在长期及全面保障上多做配置。

表 11.3　家庭资产负债状况　　单位：万元

家庭资产		家庭负债	
活期存款及现金	5	房屋贷款	0
定期存款	38	其他贷款	0
基金	20		
国债	0		
股票	0		

表11.3(续)

家庭资产		家庭负债	
房产（自用）	200+200		
房产（投资）	0		
黄金及收藏品	0		
汽车	0		
合计	463	合计	0
家庭资产净值	463		

★净资产状况

净资产为资产扣除负债之后的总额。根据上表，温先生家庭资产净值为463万元，属于中等偏上收入水平家庭。

★净资产流动比率

在客户的资产中房产占到绝大部分，分配具有一个明显的特点即资产种类较单一，固定实物资产占总资产的86.39%。

★净资产投资率

净资产投资率=投资资产总额/净资产×100%=13.6%。

一般家庭净资产投资率较理想比率50%，目前温先生家的金融资产的盈利能力较低，且投资方式较单一。

★ 债务偿还比率

客户目前没有任何债务偿还项目，家庭债务压力较小。

三、客户的理财目标

1. 客户当前理财模式评估

资产配置不合理：资产配置较单一，不动资产占比过高，净资产投资率过低等（见表11.4）。

表11.4 家庭资产负债数值对比分析

个人理财指标	客户温先生数值	理想经验值数值
资产负债率	0%	小于50%
债务偿还比率	0%	小于35%
净资产流动比率	86.39%	15%
净资产投资率	13.6%	大于50%

收入来源较单一：温先生每年收入绝大部分由其布料店取得，目前有两处房产处于闲置状态，未能有效利用以增加收入；金融工具投资经验较少，尚未有效利用多样

投资工具。

长期保障未跟进：温先生家中上有父母需要照顾、下有小孩需要培养，家庭经济支出较大，因为自营布料生意，收入波动性大，且妻子收入增长性较差。这些因素要求温先生应十分注重长期保障。

2. 理财变量假设

在制订该理财方案中涉及一些宏观金融数据和微观变量，结合客户基本情况及目前经济市场形势，对相关数据做出如下分析：

★ 最低现金持有量

一般情况下，个人或家庭应当持有 3~4 个月的月度支出作为日常最低现金储备，以此来应对意外情况和紧急之需。为了保障财务的稳定和安全，结合客户的家庭收支财务状况和生活情况，建议其最低现金持有量为 3 万元，另外需注意的是该最低现金持有量应随着通货膨胀率及收入增长率的变化做出调整。

★ 生活支出增长率

日常支出的增长与家庭收入的增长有关，考虑到温先生的父母随着年龄的增加医疗费用的花费要增加，5 岁的女儿教育费用的增加，以及家庭生活质量的提高，同时结合预计的通货膨胀，因此把预计温先生家庭的生活支出年增长率为 6%。

★ 住宅租赁价格增长率

本理财方案以当时《上海统计年鉴》中公布的房地产价格指数为依据，预计未来上海住宅租赁价格指数增幅情况，详见表 11.5。

表 11.5　上海住宅租赁价格指数增幅情况（2001—2006 年）

类别	年份					
	2001	2002	2003	2004	2005	2006
房屋销售价格指数	104.4	112.0	134.5	155.9	171.1	168.9
商品房	101.8	110.1	132.7	153.7	167.8	162.8
住　宅	102.1	111.0	134.7	156.0	170.4	165.0
非住宅	98.3	102.0	114.0	132.3	143.6	141.6
公　房	107.4	108.2	108.2	108.2		
二手房	110.8	117.1	142.4	167.3	185.1	188.4
房屋租赁价格指数	104.9	103.9	106.0	111.9	115.9	120.6
住　宅	107.4	107.4	108.7	110.1	113.7	116.4
公　房	115.2	115.2	115.2	115.2		
办公楼	98.6	97.9	103.0	110.1	117.2	121.6
商业娱乐用房	107.2	104.0	102.8	110.4	111.4	118.2
厂业仓储用房	118.8	121.2	125.5	131.8	133.7	135.1
土地交易价格指数	97.2	103.3	118.9	143.1	153.0	154.8

表11.5(续)

类别	年份					
	2001	2002	2003	2004	2005	2006
居住用地	92.2	102.3	125.1	161.8	170.6	169.7
工业仓储用地	91.6	82.7	84.0	85.1	88.3	90.8

①按照国家统计局新的调查制度规定，取消房屋价格统计中原“私房”调查指标，改为“二手房”统计指标。

②二手房是指进入房屋市场进行交易，第二次以上进行产权登记的商品房。表中2005年以前二手房为私房数据。

③自2005年起，按照国家统计局新的调查制度规定，取消房屋价格统计中“公房”价格统计指标。

④设2000年房地产销售价格指数为100。

⑤资料来源：上海统计局网站 http://www.stats-sh.gov.cn/2003shtj/tjnj/nj07.htm? d1=2007tjnj/C0812.htm(2007年8月)。

根据以上数据本理财方案，我们绘出上海房屋租赁价格指数（住宅）的柱状图，如图11.2所示。

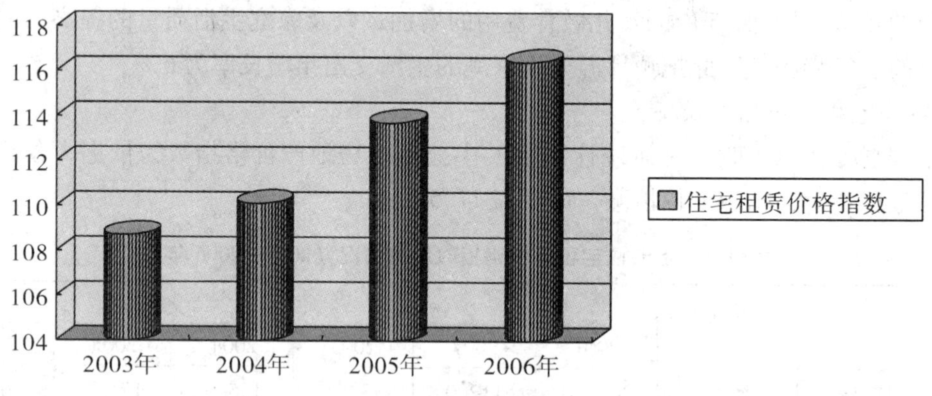

图11.2 上海房屋租赁价格指数（住宅）

3. 客户理财目标的确立

为客户制定合理的理财目标是理财规划中十分重要的一步，本方案主要依据以下理论：

★ 理财生命周期

生命周期理论是个人理财理论中十分重要的基础，它将人的生命周期和理财策略相联系。客户温先生目前处于人生的中年期，为其简单地制定表11.6作为参考。

表11.6 基本情况

	理财特点	理财目标	理财策略
中年稳健期	风险规避程度提高 追求稳定的投资收益	财务独立自由 财富稳健累积	以稳健操作为主

★客户风险承受能力分析

通过填写风险评估问卷，分析得出客户的投资者类型及风险承受能力。风险评估与评估结果如表 11.7 所示。

表 11.7　风险评估与评估结果

投资者类型：	均衡
注释：	客户是一个愿意接受以少量风险换取较高及稳定回报的投资者。一般而言，可考虑分散投资在股票及债券组成的均衡型投资组合
资产组合①：	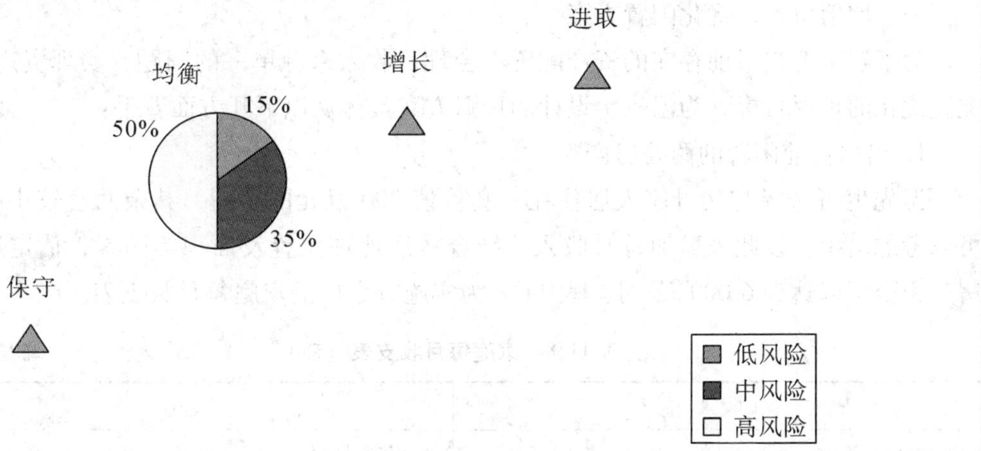 进取　增长　均衡（15%、35%、50%）　保守　■低风险　■中风险　□高风险

结合上述分析，温先生理财目标可归纳为：

第一，优化理财配置，多元化收入来源。

第二，提高防范风险能力，加强长期保障。

模块三　理财目标分析及理财方案设计

本理财方案的制订宗旨是在保持一定现金持有量的基础上，对现有资产进行多元化的投资组合，在保证生活质量和加强未来风险防范能力的前提下，有效运用多种投资工具和方式以实现资产的保值与增值。

目前温先生家庭除去房产的可分配资产总计为 63 万元，将按如下比例投入不同理财资产配置项目中（见图 11.3）。

① 该风险评估问卷中资产组合的高、中、低风险以较一般商业银行之较保守标准衡量。

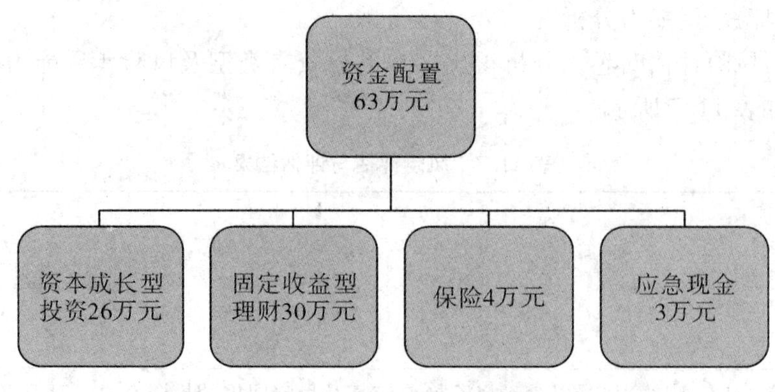

图 11.3　理财资产配置项目

一、增值资产，优化配置方案

为了解决客户目前存在的资产配置不合理，收入来源单一的问题，实现资产增值，配置优化的理财目标，为温先生设计的理财方案具体从以下几方面着手：

1. 出租目前闲置的两处房产

温先生可选择与父母家人居住在一套价值 200 万元的房屋，其余两套较小的房产可以考虑出租，以此来增加每月收入。结合房产地理位置及面积等因素，估定这两套房产租金可以达到 6 000 元/月。表 11.8 为实施方案后的家庭每月收支表。

表 11.8　家庭每月收支表（新）　单位：元

收入		支出	
本人月收入	0	房屋月供	0
配偶月收入	4 500	基本生活开销	8 000
其他收入	6 000	医疗费	0
合计	10 500	合计	8 000
每月结余	2 500		

2. 合理分配金融理财资金

根据理财方案中对于客户的基本情况分析，温先生的资金应主要进行稳健型打理。主要侧重于两种投资模式，即固定收益型理财和资本成长型理财。

（1）固定收益型理财分配。

概述：固定收益型理财，即保证收益型理财项目，投资产品到期银行会依据约定条款向支付客户所承诺的固定收益，或者向客户支付最低收益，额外投资收益则按合同约定分配。投资对象包括短期国债、央行票据以及协议存款等。

理财预期年平均收益：3%~6%。理财资产配置项目见图 11.3。

理财产品参考：××银行“汇率挂钩保本投资产品（人民币）”。汇率挂钩保本投资产品提供 100%本金保障，如果在观察期内任何时间，预先设定货币组合的汇率曾触及或超出其限定范围，投资者便有机会赚取潜在收益。否则，投资者仍能获取保证收益。

汇率挂钩保本投资产品——系列3（人民币）的运作如下：

投资期：3个月。

货币组合：澳元/美元（以每1澳元兑美元的报价）。

投资收益如下：

假如在观察期内任何时间，货币组合的汇率曾触及或超出第2层限定范围的最高及最低限价，投资者于到期日将可获取年收益率6.00%之潜在收益；否则，假如在观察期内任何时间，货币组合的汇率未曾触及或超出第2层限定范围的最高及最低限价，但曾触及或超出第1层限定范围的最高或最低限价，投资者于到期日将可获取年收益率5.02%之潜在收益；否则，投资者于到期日将可获取年收益率3.33%之保证收益。

第1层限定范围如下：

最高限价：开始价格 + 0.005 0

最低限价：开始价格 - 0.005 0

第2层限定范围如下：

最高限价：开始价格 + 0.400 0

最低限价：开始价格 - 0.400 0

（2）资本成长型理财分配。

概述：在资本成长型理财项目中，我们根据不同的风险级别可将其大致划分为保本浮动收益型和不保本浮动收益型。投资保本浮动收益型产品，客户的本金保证不会亏损，但需承担本金以外的投资风险；投资非保本浮动收益型产品，客户需承担损失本金的风险，但预期收益率较高。

理财预期平均年收益：10%~20%。

理财分配及举例：在投资市场上，资本成长型理财工具众多，它们分别具有不同的特点。结合客户的情况（理财经验少，审慎投资者），如保本理财产品或稳健型、历史表现良好、业绩浮动不大、投资于大盘蓝筹股的基金等。待积累了一定资本，且具有更多投资经验时可以选择高风险高回报类的投资工具。

在资本成长型理财产品中的非保本投资部分，客户已经有了一定配置，即20万元的基金。对于温先生来说，投资基金是比较好的选择，但建议温先生在配置基金时注意风险的控制，可以选择风险相对较低的债券或货币基金。另外，在保本浮动收益型产品中，温先生可以多元化投资标地，如配置部分资金在投资商品、指数的挂钩产品中，做到分散投资，降低风险。

二、长期保障方案（针对不同家庭成员的保险配置）

为了实现温先生家庭“提高防范风险能力，加强长期保障”的理财目标，结合客户经济指标及家庭情况，温先生家庭保险费用的支出应当占家庭纯收入的10%~15%，而保障应为纯收入的 5~10 倍，因此温先生的大致保险费用应为每年 3 万~4 万元。

温先生的收入是家庭收入的主要来源，他也是全家的支柱，因此温先生个人的人身保障和医疗保障显得尤为重要。为温先生规划到 60 岁的定期寿险，附加意外伤害保险，年保费大概为 9 000 元，缴费 20 年，温先生一旦发生意外，其家人可以拿到 300 万元的保险费，足够整个家庭后半段的生计维持。虽然该保障是消费型，即 20 年的总保费约 20 万元是消费掉的，但是按照温先生的年收入来算，如果 20 年中没有发生任何问题，收入至少是 800 万元，所以这份保障是很合理、很有必要的。另外在医疗保障方面，规划年保费约 8 000 元，保障为 20 万元的终身重大疾病保险，20 万元是作为对生病期间造成的收入损失的补偿。

温先生的太太在家庭收入中所占比例较小，且已经有了一定的社保和商保（社会保险基本忽略不计），所以可不用考虑人身寿险，因此只为其规划年保费约 4 000 元，保障为 10 万元的重病保险，同样是为了补偿因重病而对家庭收入造成的损失。

将收入不稳定以及养老问题统一规划，最好的办法是以子女为投资标的，为子女购买返还型储蓄+分红保险，年保费约 14 000 元，2 年返还或 3 年返还，年均返还约为 5 000 元，返还金可由父母领取，可基本解决部分养老的问题。

在女儿的教育经费方面，购买“宝宝型商业保险”，在孩子上小学、初中、高中都可以领到一笔返还金，可以保证孩子在读大学期间每年拿到一定现金。

对温先生的家庭保险规划，前 5 年为积极存款期，年存相应较多，之后年存基本在 3. 5 万元/年。

参考文献

[1] 张旺军. 个人理财规划 [M]. 北京：科学出版社，2020.

[2] 姜学军. 个人理财规划 [M]. 沈阳：东北财经大学出版社，2020.

[3] 王静，裘晓飞. 个人理财 [M]. 2 版. 北京：科学出版社，2015.

[4] 廖旗平. 个人理财 [M]. 2 版. 北京：高等教育出版社，2016.

[5] 刘彦斌. 理财工具箱 升级版 [M]. 北京：中信出版社，2012.

[6] 柴效武. 个人理财规划 [M]. 3 版. 北京：北京交通大学出版社，2017.

[7] 徐秀红，郑久荣. 工薪阶层个人所得税筹划模型的探讨 [J]. 福建农林大学学报（哲学社会科学版），2009，12（5）：57-60.

[8] 李洪义. 浅析企业员工个人所得税的筹划 [J]. 现代商业，2009(8)：107-107.

[9] 任大菊. 浅谈个人所得税纳税筹划 [J]. 财经界(学术版)，2009(10)：213-214.

[10] 廖博. 国内个人理财业务发展的原因 [J]. 湖南城市学院学报，2010（5）：77-79.

[11] 王广宇，马占新，李祎宁. 个人理财中投资组合问题分析 [J]. 中国证券期货，2010（10）：83-85.

[12] 刘晔. 资金时间价值原理在企业财务管理中的应用 [J]. 中国集体经济，2010（7）：168-169.

[13] 宋媛媛. 资金时间价值在企业财务活动中的运用分析 [J]. 现代商贸工业，2010，22（20）：198-199.

[14] 刘雯隽. 互联网金融理财产品现状及未来趋势 [J]. 中国集体经济，2014（24）：81-83.

[15] 刘子玮，雷生茂. 互联网理财产品对我国金融行业的影响 [J]. 江苏商论，2014（17）：209-211.

[16] 龚明华. 互联网金融：特点、影响与风险防范 [J]. 新金融，2014（2）：8-10.